浙江省生态经济促进会组织编写

《浙江生态经济发展报告》年度系列

2013 浙江生态经济发展报告

沈满洪　李植斌　马永喜　等著

中国财政经济出版社

图书在版编目（CIP）数据

2013 浙江生态经济发展报告/沈满洪等著．—北京：中国财政经济出版社，2013.12

（《浙江生态经济发展报告》年度系列）

ISBN 978-7-5095-4986-5

Ⅰ．①2…　Ⅱ．①沈…　Ⅲ．①生态经济-经济发展-研究报告-浙江省-2013　Ⅳ．①F127.55

中国版本图书馆 CIP 数据核字（2013）第 291768 号

责任编辑：周桂元　　　　责任校对：李　丽

封面设计：楠竹文化　　　　版式设计：董生萍

中国财政经济出版社 出版

URL：http：//www.cfeph.cn

E-mail：cfeph @ cfeph.cn

社址：北京市海淀区阜成路甲 28 号　邮政编码：100142

营销中心电话：88190406　北京财经书店电话：64033436　84041336

涿州市新华印刷有限公司印刷　各地新华书店经销

787×1092 毫米　16 开　17.5 印张　234 000 字

2014 年 1 月第 1 版　2014 年 1 月河北第 1 次印刷

定价：38.00 元

ISBN 978-7-5095-4986-5/F·4046

（图书出现印装问题，本社负责调换）

本社质量投诉电话：010-88190744

浙江省生态经济促进会组织编写

《浙江生态经济发展报告》年度系列

《2013 浙江生态经济发展报告》

作者：沈满洪　李植斌　马永喜　潘松挺

张　蕾　王　颖　邓洪娟

序　言

生态文明是对环境保护和可持续发展理论和实践的总结和升华，是人类文明演进的必然趋势。建设生态文明，是关系人民福祉、关乎民族未来的长远大计。党的十八大做出“大力推进生态文明建设”的战略决策，其报告全面深刻论述了生态文明建设的各方面内容，从而完整描绘了今后相当长时期内我国生态文明建设的宏伟蓝图。

中共浙江省委、省人民政府一直以来高度重视生态文明建设。自2002年起，几届浙江省委先后提出建设绿色浙江、建设生态省、建设生态浙江、建设美丽浙江的战略目标，既一脉相承又层层递进，引领浙江全省生态文明建设不断走向深入。从多年的实践工作来看，经过全省人民的共同奋斗，创建生态省工作取得了一定的成效，为推进生态文明建设奠定了坚实的基础。

当前，浙江省已进入了进一步提升全面小康社会水平，向基本实现社会主义现代化迈进的关键时期，对生态文明建设提出了更高的要求。我们必须深入学习贯彻党的十八大精神，按照经济建设、政治建设、文化建设、社会建设、生态文明建设的“五位一体”总体布局，坚持走生态立省之路，深化生态省建设，大力发展生态经济，不断优化生态环境，注重建设生态文化，加快形成节约能源资源和保护生态环境的产业结构、增长方式和消费模式，建设“美丽浙江”。

发展生态经济，推进产业转型升级，是建设生态文明的重要内容，也是当前的首要任务。浙江省经济社会发展中遇到的资源环境问题，其本质是粗放型的发展方式尚未转变，经济转型尚未完成。要破解发展难题，实现可持续发展，就必须坚定发展生态经济不动摇，全面推进节能减排，推动资源利用方式根本转变，提高资源利用效率和效益，严格控制开发强度，促进生产空间集约高效、生活空间宜居适度、生态空间山清水秀。

发展生态经济是一项艰巨、复杂的系统工程，涉及产业结构调整、体制机制建设等诸多内容，需要社会各方持之以恒的不懈努力，各级政府、企事业单位更要深刻学习和全面掌握中央的有关精神、省委的有关决策和生态经济的有关理论。为实现这一目标，近年来，浙江省生态经济促进会委托浙江理工大学浙江省生态文明研究中心主任沈满洪教授组织该校学者编写《浙江生态经济发展报告》（年度系列）。在出版了《2012 浙江生态经济发展报告》的基础上，又推出了《2013 浙江生态经济发展报告》。

《2013 浙江生态经济发展报告》以“生态农业发展”为主题，以“生态农业发展的‘浙江之路’”为主报告，以“生态种植业与绿色农产品开发”、“生态养殖业与绿色畜牧业发展”、“土地集约利用与土壤环境保护”、“水资源利用与水环境保护”、“美丽乡村建设与农业现代化”为分报告，描绘出浙江生态农业发展的现状和蓝图。整个报告思路清晰，观点鲜明，具有较强的指导性、创新性和可读性。《报告》结合浙江生态文明建设实践，听取各方建议，相信报告能成为广大干部群众开拓工作思路、提升理论素养的良师益友，方便使用者以理论促进实践，掌握生态农业发展的特点和规律，推进生态文明建设，打造“美丽浙江”。

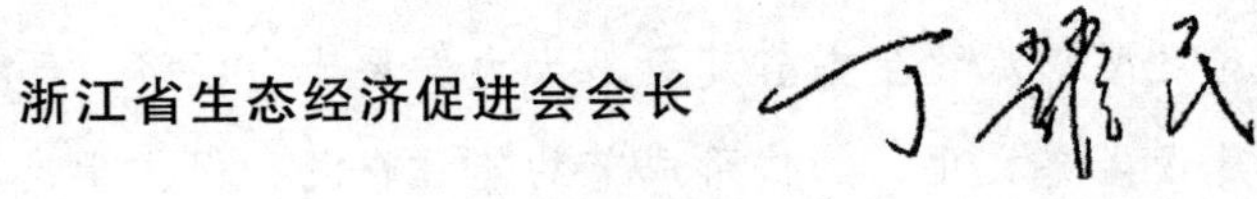
浙江省生态经济促进会会长

2013 年 10 月 24 日

目　录

总　论

生态农业发展的“浙江之路”

改革开放以来，浙江农业（包括农林牧渔）总产值增长了38倍，发生了翻天覆地的变化，同时浙江农业生产和经营不断革新升级，实现了从农业资源小省向效益农业强省的历史跨越，走出了一条富有时代特征和具有浙江特色的农业发展道路。新世纪以来，社会经济发展进入工业化中后期的浙江省结合自身的资源环境禀赋适时调整农业发展战略，在全国率先提出了发展高效生态农业的战略决策，促进了传统农业向现代农业的转型，推动了生态文明建设的全面开展。本部分首先对浙江省生态农业发展的战略思路进行回顾，然后总结和梳理出浙江生态农业发展的主要模式、基本经验和主要障碍，最后提出浙江生态农业发展的政策建议。

一、浙江生态农业发展的战略思路

1. 浙江农业发展的思路演变

改革开放以来，浙江省通过调整农业经营体制，优化农产品品种结构，积极发展效益农业，推进生态农业发展，农业的基础地位得到加强，农村经济综合实力明显提高，农民增收并在总体上已基本实现小康。为推进农业发展，中共浙江省委、省人民政府创造性地贯彻落实党中央、国务院的决策部署，准确把握市场经济规律和时代脉搏，紧密结合浙江实际，审时度势，不断革新农业发展新的内涵，及时转变发展思路，制定合理有效的农业发展战略，不断赋予农业发展新的活力。在农业发展思路上，浙江省实现了“全面恢复发展”向“一优两高”农业、“效益农业”进而向“高效生态农业”发展的历史转变。

（1）农业全面恢复发展阶段（1978—1991）

1978 年党的十一届三中全会后，对农村的生产关系进行了重大的调整和改革，实行家庭联产承包责任制，确立了农户家庭经营的主体地位。同时大幅度提高农产品收购价格，使农民生产积极性得以激发，主要农产品的种植面积与产量均实现一定幅度的增长。1984 年底，浙江省基本取消了主要农产品指令性计划指标（林本喜，2010）。1985 年国家取消了农产品统派统购制度，对粮棉油等大宗农产品实行合同定购与市场收购相结合的“双轨制”，进一步扩大农民的生产自主权。1985 年浙江省将粮食统购改为合同定购，1985 年开始，浙江省委、省政府积极引导推进农业结构调整和多种经营，率先在全国推进了农业适度规模经营和贸工农一体化经营，初步形成农作物合理布局，园艺类作物水果和水产品等高效益农产品生产增长呈现出强劲的发展势头。1990 年粮食收购改为国家定购，进一步放开粮食交易市场，农产品内部结构调整力度开始加大，农业结构由单一的粮食主导型，向以粮食为主积极发展多种经营的农业结构调整。按可比价格计算（以 1978 年为基准），到 1992 年农林牧渔业总产值指数和农业总产值指数分别达到 193. 70 和 179. 20。

浙江省非常重视农业资源的合理开发和利用，全面系统地开展了农业资源调查和农业区划，组织编制市级和地区级的农业区划，为因地制宜地调整农业生产布局和实行分类指导提供了相应依据，并先后出台了一系列有关政策法规，其中包括：《浙江省自然保护区条例》（1981）、《浙江省土地管理实施办法》（1987）和《浙江省实施〈中华人民共和国水法〉办法》（1991）等农业环境保护法规，为全省农业资源环境保护提供了法律保障（林本喜，2010）。

（2）“一优两高”农业发展阶段（1992—1997）

20 世纪 90 年代后，随着社会主义市场经济体制改革的推进，我国逐步放开了绝大部分农产品价格。1992 年，浙江省委、省政府作出了关于发展“一优两高”（优质高产高效）农业的决定，即要优化农产品的质量、品种结构，提高农产品的产量，提高农业的综合效益，按照市场的需求，合理开发和充分利用农业资源，使各种生产要素实现最佳配置和组合，增加社会有效供给，使农业成为充满生机和活力、具有较强的自我发展能力的现代产业（“一优两高”农业课题组，1993；林本喜，2010）。1993 年浙江省又率先推进了农业市场化改革，并在全国率先放开粮食购销价格，浙江省农业生产进入一个以“稳定调整产品结构、着重提高质量和效益”为特征的新阶段。在这一思路指引下，粮棉麻等传统大宗农产品生产结构适度调整，蚕丝生产从北部平原向中西部丘陵山区推进发展，茶叶等传统经济作物逐步稳定面积并提高质量；蔬菜、各类水果以及畜禽水产品继续保持增长，城郊型外向型农业比重不断增大，逐步形成以水果、蚕丝、畜禽、蔬菜、竹笋、茶叶、水产品、食用菌和蜂产品为支柱的优势产业，优势农产品的区域化、规模化、专业化生产得到较快发展（胡豹，2006）。按可比价格计算（以 1978 年为基准），到 1997 年农林牧渔业总产值指数和农业总产值指数分别达到 270. 66 和 223. 18。

1993 年浙江省出台了《浙江省森林管理条例》，并从 1995 年起实行从省政府到乡镇政府层层建立保护耕地责任的行政首长负责制，切实加强森林资源、耕地资源的保护。1996 年中共浙江省委、省人民政府联合发布了《关于完善农业投入机制　增加农业投入的决定》，提出了完善全社会范围内的支农投入保障机制，以保障农业的可持续健康发展。同时，为了提升农业科技水平，浙江省在全省范围内实施农业“星火计划”，发展具有地方特色的农业经济作物，提高农民的农业技术水平；开展“一优两高”农业技术工程，开展“吨粮田”工程、千斤鱼塘工程建设，进行低丘红壤综合开发、滩涂综合开发和圩区开发等区域农业综合开发，这些工作都有效地推动浙江“一优两高”农业的发展（林本喜，2010）。

（3）“效益农业”发展阶段（1998—2002）

进入 20 世纪 90 年代后期，我国粮食等主要农产品的供需状况已逐步由过去的长期短缺转变为“总量大体平衡、丰年有余”的局面。按可比价格计算（以 1978 年为基准），到 2002 年农林牧渔业总产值指数和农业总产值指数分别达到 1676.85 和 1006.33。在粮食供给已经得到基本保障的背景下，浙江省进行了农业结构调整，发展效益农业是中共浙江省委、省人民政府审时度势作出的世纪抉择。1998 年 12 月，中共浙江省委九届十四次全会通过了《浙江省农业和农村现代化建设纲要》，明确提出“调整优化农业结构，大力发展效益农业”①。2000 年中共浙江省委、省人民政府发布了《关于加快推进农业结构战略性调整，大力发展效益农业的若干意见》，进一步明确通过大力推进农业市场化和产业化，走“效益农业”发展的路子，促使传统农业向现代农业转变②。为贯彻落实十五届五中全会和中央农村工作会议精神，切实加强农业的基础地位，围绕提前基本实现农业和农村现代化的目标，以市场为导向，以农业增效和农民增收为中心，以科技进步为动力，以农业产业化为载体，进一步加快农业和农村经济发展，中共浙江省委、省人民政府于 2001 年又发布了《关于进一步促进农业增效农民增收的若干政策意见》，提出要取消粮食定购实行粮食购销市场化，发挥各地比较优势大力发展效益农业等政策意见③。同年，浙江省人民政府又下发了《关于加快 1000 万亩标准农田建设有关政策措施的通知》，鼓励各地开展土地整理和标准农田建设，增加耕地有效面积，提高耕地质量，促使浙江省耕地保护由单纯数量型保护向数量质量生态型保护转变④。

为进一步提高农业产业化水平，增强农业国际竞争力，使得农业结

① 中国共产党浙江省第九届委员会第十四次全体会议通过的《浙江省农业和农村现代化建设纲要》，1998 年 12 月 18 日，http：//www. xcny. net/html/xcx/zcfgView/20060314872. html。

② 中共浙江省委、浙江省人民政府：《关于大力推进农业结构战略性调整　加快发展效益农业的若干意见》，2000 年 3 月 7 日，http：//vip. chinalawinfo. com/newlaw2002/SLC/slc. asp？ gid＝16794446。

③ 中共浙江省委、浙江省人民政府：《关于进一步促进农业增效农民增收的若干政策意见》，2001 年 1 月 6 日，http：//www. chinalawedu. com/falvfagui/fg22016/106602. shtml。

④ 浙江省人民政府：《关于加快 1000 万亩标准农田建设有关政策措施的通知》，2001 年，http：//www. zj. gov. cn/art/2008/12/19/art_ 1000_ 20537. html。

构由适应性调整向战略性调整的转变，并拓展农业增效和农民增收空间，2002年浙江省人民政府出台了《关于加快发展农产品加工业的通知》，提出浙江省要重点支持水产、果蔬、粮油、竹木、畜禽、饲料、乳品、茶叶、茧丝绸、中药材等农产品加工业的发展[①]。同时，为了应对浙江农业发展面临资源短缺和市场竞争加剧的双重压力，促进农业自然资源的合理高效和持续利用，1999年浙江省人大常委会制定了《浙江省农业自然资源综合管理条例》，进一步强化对农业资源综合管理，促进对农业资源多层次的合理保护开发和永续利用，为效益农业的发展提供良好的环境条件[②]。并通过实施种子种苗工程优质名牌战略等一系列工程，提高农作物优良品种覆盖率；通过实施农业综合开发工作，提高农业基础设施水平，改善农业生产条件；通过大力发展绿色农产品生产，提高农产品安全与市场竞争力（林本喜，2010）。

浙江省是全国较早提出效益农业概念的省份。所谓效益农业是指以市场为导向，以效益为中心，以科技为动力，以产业化经营为载体，实现区域化布局、专业化生产、一体化经营、企业化管理、社会化服务的现代农业。浙江省通过实施“效益农业”战略进行农业结构调整使得发展效益农业有了可能和空间，效益农业的良好发展加快了浙江省农业结构调整的步伐。

（4）“高效生态农业”发展阶段（2003年至今）

进入21世纪以来，在浙江省社会经济快速发展的同时，农村和农业发展所带来的资源环境问题也日益突出。为此，2002年12月中共浙江省委十一届二次全会明确提出要“积极实施可持续发展战略，以建设‘绿色浙江’为目标，以建设生态省为主要载体，努力保持人口资源环境与经济社会的协调发展”。为了保证生态省建设的顺利推进，将生态省建设

① 浙江省人民政府：《关于加快发展农产品加工业的通知》，2002年8月2日，http：//law. lawtime. cn/d412566417660_ 1_ p3. html。

② 浙江省人大常委会：《浙江省农业自然资源综合管理条例》，1999年11月1日，http：//www. chinalawedu. com/falvfagui/fg22016/105031. shtml。

工作落到实处，2003 年浙江省人民政府编制了《浙江生态省建设规划纲要》①。在省委十一届五次全会上，时任省委书记的习近平指出："积极推进农业体制创新结构优化和科技进步，把发展高效生态农业作为效益农业发展的主攻方向，加快发展现代农业。" 2005 年 2 月，中共浙江省委、省人民政府下发的《关于切实做好 2005 年农业和农村工作的若干意见》进一步指出要坚持以科学发展观统领"三农"工作，大力发展高效生态农业，进一步提升农业综合生产能力②。2006 年，浙江省人民政府发布了《浙江省国民经济和社会发展第十一个五年规划纲要》，再次强调要"加快高效生态农业发展，切实增加农民收入。"③ 同年，为扎实推进我省高效生态农业的发展，把浙江省农业真正建设成为具有强大市场竞争力、能持续致富农民和可持续发展的现代农业，根据《浙江省国民经济和社会发展第十一个五年规划纲要》和中共浙江省委、省人民政府《关于全面推进社会主义新农村建设的决定》，浙江省制定了《浙江省高效生态农业发展规划（2006—2010）》，提出要"按照构建和谐社会和全面推进新农村建设的要求，建立"工业反哺农业、城市带动农村"的机制，遵循经济发展规律和自然规律，充分发挥浙江农业的比较优势，扬长避短，以现代产业的理念谋划农业发展，以市场需求引领农业结构战略性调整和资源配置，以观念创新、结构创新、体制创新、科技创新推动农业增长方式的转变，大力构建农业产业化经营和社会化服务两大体系，强化科技和人才的两大支撑，切实加强农业基础设施和生态环境两大建设，努力走出一条经济高效、技术密集、资源节约、环境友好、凸

---

① 《浙江省人民政府关于印发〈浙江生态省建设规划纲要〉的通知》，2003 年 8 月 19 日，http://www.lawyee.net/act/act_display.asp? rid=237198。

② 中共浙江省委、省人民政府：《关于切实做好 2005 年农业和农村工作的若干意见》，2005 年 2 月 1 日，http://www.moa.gov.cn/zwllm/zcfg/dffg/200601/t20060124_542396.htm。

③ 《浙江省人民政府关于印发〈浙江省国民经济和社会发展第十一个五年规划纲要〉的通知》，2006 年 2 月 25 日，http://www.zj.xinhuanet.com/zjgov/2006-07/07/content_7459218.htm。

显人力资源优势的新型农业现代化路子。”[①] 2007 年，时任省委书记的习近平在《人民日报》上撰文指出：“浙江省应从农业发展进入新阶段的实际和农业自身的特点出发，坚持以科学发展观统领农业发展，以新型工业化理念引领农业、以新型工业化成果反哺农业、以新型城镇化带动农民转移，加快把传统农业改造成为有市场竞争力、能带动农民致富、可持续发展的高效生态农业，走新型农业现代化道路。”[②] 2007 年，浙江省人民政府出台了《关于加快发展农业主导产业 推进现代农业建设的若干意见》，确定了以市场为导向、以资源集聚为特色的四大产业带和重点产业发展领域，并从生态角度，对十大农业主导产业（蔬菜、茶叶、果品、畜牧、水产养殖、竹木、花卉苗木、蚕桑、食用菌、中药材等）提出了方向性的指导原则[③]。2010 年，中共浙江省委作出《关于推进生态文明建设的决定》，提出要“加快形成节约能源资源和保护生态环境的产业结构、增长方式和消费模式，打造“富饶秀美、和谐安康”的生态浙江，努力实现经济社会可持续发展，为“十二五”发展生态循环农业指明方向[④]。

为加快高效生态农业发展，浙江省十分重视法制、规划建设和政策引导。在法制建设上，省人民政府率先在全国颁布《浙江省农业废弃物处理与利用促进办法》（2010），将农业废弃物的处理与利用纳入法制管理的轨道。省人大常委会、省人民政府先后颁布《浙江省农作物病虫害防治条例》（2010）、《浙江省动物防疫条例》（2010）和《浙江省耕地质量管理办法》（2010）等法规规章，分别从农作物病虫害监测预防与绿

---

① 王国锋：“浙江出台高效生态农业发展规划，做好‘强’文章”，《浙江日报》，2007 年 1 月 20 日，http：//www. xinhuanet. com/chinanews/2007 - 01/20/content_ 9093654. htm。

② 习近平：“走高效生态的新型农业现代化道路”，《人民日报》，2007 年 3 月 21 日第 9 版，http：//theory. people. com. cn/GB/49154/49369/5492760. html。

③ 浙江省人民政府办公厅：《浙江省人民政府关于加快发展农业主导产业 推进现代农业建设的若干意见》，2007 年 4 月 30 日，http：//www. zj. gov. cn/art/2007/4/30/art _ 12461 _ 8310. html。

④ 中共浙江省委：《关于推进生态文明建设的决定》，2010 年 7 月 7 日，http：//www. forestry. gov. cn/portal/main/s/102/content -431023. html。

色防治、动物检疫和病死动物及产品的无害化处理、耕地质量监测评价与污染防控等方面，为发展生态循环农业提供法律保障。在规划制定上，把发展高效生态农业纳入现代农业发展规划，专门制定《浙江省高效生态农业发展规划》（2006）和《浙江省生态循环农业发展“十二五”规划》（2011），为发展生态循环农业提供规划保障。在政策引导上，省政府办公厅先后出台《关于印发浙江省发展生态循环农业行动方案的通知》（2010）和《关于促进商品有机肥生产与应用的意见》（2010），分别对做好农业污染防治提出了总体思路、工作目标、重点任务和生产、应用商品有机肥的鼓励政策，省财政每年安排生态循环农业技术模式、畜禽养殖排泄物治理与利用、农村沼气建设等生态循环农业示范项目。一些地方政府结合实际在推广生态循环农业模式、鼓励施用商品有机肥、鼓励农作物秸秆还田等方面也制定扶持政策，为发展生态农业提供政策保障。总体来看，浙江省在发展生态农业上实施了行之有效的战略措施，取得了良好的效果（邓启明，2007）。

高效生态农业是对效益农业的进一步深化和提升，它把农业生产与建设良好的生态环境紧密结合起来，是落实科学发展观的具体体现，也是建设生态省、打造“绿色浙江”的重要组成部分。从理论上来说，高效生态农业，是现代农业发展的基本实现阶段，各种现代农业的特征都应该得到较高水平的体现。因此，发展高效生态农业，必须处理好高效与生态、高效与粮食、高效与农业多功能性等关系。浙江省“高效生态农业”战略就是要大力实施以“高效、生态”为目标，以增强农业的市场竞争能力和可持续发展能力为核心，形成经济高效、产品安全、资源节约、环境友好、技术密集、凸显人力资源优势的高效生态农业。

2. 浙江生态农业发展战略的提出背景

经过改革开放 30 多年的快速发展，浙江省积极调整农业结构，大力发展产业化经营，创新经营理念和机制，稳定提高综合生产能力，推动农业迈上新的台阶，实现了农业从资源小省向效益农业强省的历史跨越，正加速从传统农业向现代农业转变。但是随着经济发展和农业内外部环境的不断变化，浙江省农业发展又出现了不少亟待解决的新难题。浙江省农业发展既面临增加农产品有效供给和农民收入双重目标，又面临农产品市场竞争日趋激烈、土地和水资源等要素短缺的双重压力，仅仅依靠资源和要素高投入获得高增长的方式已经难以为继。中共浙江省委、省人民政府在新的形势下高瞻远瞩、顺应形势，创新性地提出了“高效生态农业”战略，又一次体现了浙江人超前的市场理念和创新意识，也为浙江省农业发展注入了新的活力，指明了新的方向，确立了新的目标。

（1）实施“高效生态农业”战略的可行性

良好的自然生态系统为高效生态农业发展提供了有利条件。浙江属于亚热带季风气候，气温适中，四季分明，光照充足，雨量充沛。浙江省地处东南沿海、南北过渡地带，境内有水网、平原、丘陵、盆地、山区、海岛等多样性地形地貌，立体、差异分布特征明显；农业物种资源丰富，生物多样性明显，农林植物资源和生物资源总量居全国前列；气候适宜、四季分明，光温条件、雨水分布、气候生产潜力优于全国平均水平；生态环境相对较好，植被保护、森林覆盖水平较高，生态环境的自净、修复能力较强，发展生态循环农业有着良好的自然条件。特别是随着生态省建设和新农村建设的深入推进，农田基础设施不断完善，农村生态环境明显改善，为发展生态循环农业奠定了坚实基础[①]。

立体的产业结构为高效生态农业发展奠定了良好基础。经过农业产业结构调整，浙江省初步形成了富有资源特色和比较竞争优势的现代农业产业体系。农业产业结构不断优化，生态畜牧业、生物质产业、农产品加工业取得长足发展，呈现农林牧副渔各业协调发展的良好态势。改革开放30多年来，林业、牧业和渔业产值占农林牧渔总产值比重从1978年的14.6%上升至2012年的54.6%。农业产业布局日趋合理，区域块状特色农业蓬勃发展，产业集聚效应不断提高，区域化布局、专业化生产、规模化经营的格局初步形成。农业生产条件明显改善，基地化、标

① 浙江省农业厅课题组：《浙江省高效生态农业发展战略研究》，http：//www.lsnj110.gov.cn/programs/bbs/ view.jsp？id =76156。

准化、设施化水平逐步提升。蔬菜、茶叶、畜牧、水果等十大主导产业产值占农林牧渔业服务业总产值的比重已达 80%，实现农产品加工产值 1200 多亿元；复合型农业产业体系的形成以及生产条件的改善，为生态循环农业发展奠定了良好的物质基础。

绿色的消费需求为生态循环农业发展增添了内在动力。随着我国社会经济的快速发展，人们生活加速从基本小康向全面小康迈进，生活方式、消费观念发生深刻变化，重生活品质、重环境保护以及崇尚绿色、回归自然的消费需求成为潮流。城乡居民对优质、安全、品牌农产品以及农业生态产品表现出较大的需求，为生态循环农业发展提供广阔前景和内在动力（黄冲平等，2008）。随着高效生态农业的发展战略的实施，浙江省无公害农产品、绿色食品产业发展迅猛，集产业发展、生态保护、观光旅游于一体的休闲观光农业发展势头强劲。截至 2010 年底，各类休闲农业区达 1680 个，总面积 157. 6 万亩，总产值达到 88. 6 亿元。“十一五”期间，全省制定实施各类农业地方标准 2235 个，涉及农业生产的各个领域。截至 2012 年 12 月有效使用绿色食品标志的企业总数达到 6862 家，有效使用绿色食品标志的产品总数达到 17125 个，年销售额 3178 亿元，产地环境监测面积 2. 4 亿亩（浙江省绿色食品办公室，2013）。浙江省按照“发展一产、带动三产”的思路，紧紧依托农业主要产业领域，发展休闲观光农业。

（2）实施“高效生态农业”战略的必要性

发展高效生态农业是突破资源约束的内在要求。农业作为自然再生产与经济再生产有机结合的产业，离不开自然资源和生态环境的有效支撑。浙江省人多地少，人地矛盾历来十分突出。浙江省国土面积 10. 18 万平方公里，约占全国的 1. 06%，是国土面积最少的省份之一。自然地貌具有“七山一水二分田”的特征，可用土地只有 2 万平方公里，人均耕地面积仅 0. 5 亩，不足全国平均水平的一半，而且耕地面积中中低产田占 60% 以上。全省多年平均水资源总量为 937 亿立方米，按单位面积计算居全国第 4 位，但由于人口密度高，人均水资源拥有量仅 2004 立方米，低于全国人均水平。人均可用水资源700立方米，也远低于全国平均水平（张棋等，2011）。随着工业化、城市化的加快推进，农业受到的资源约束和环境压力越来越突出，保障农产品有效供给、促进农民增收和实现可持续发展，更加有赖于有限资源的高效、永续利用。

发展高效生态农业是提升农业生产力的需要。浙江省因人多地少等原因，在粮食生产结构主导下，高效经济作物、特种畜禽业发展不稳定，产业效益起伏较大。特别是农业产前的种子产业、产后的加工业、流通业和技术服务业规模不够大。很多出口蔬菜、高档果品的种子都掌握在外国公司手中，不仅生产受制于人，种业利润也外流。浙江省农产品加工率只有30%左右，与发达国家和国内先进省份相比还有较大差距。一些主要农产品如蔬菜、肉类等加工率只有6%和7%，且大多为粗加工，而发达国家种养产品加工成食品的比例在30%以上，农产品精深加工率80%。另外，农产品物流体系滞后，市场信息不对称，流通交易方式传统，成本高，速度慢，市场的导向作用不明显。同时由于原有基础、体制、投入、人力资本等原因，浙江省农业科技应用水平依然不高，创新体系还不健全。农业科技投入不足，农科教脱节，应用研究力量较弱，拥有自主知识产权的种子种苗不多，种养制度创新水平不高，高新技术产业化和外向度比较低。科技成果转化率、技术到位率和普及率只有30%左右，导致大宗农产品生产水平不高。2012年，浙江省粮食平均亩产410千克，比全国平均水平高16.1%。但化肥利用率仅为30%—40%，灌溉水利用率为35%—40%，农业科技贡献率仅58%，而发达国家的化肥利用率、灌溉水利用率和农业科技贡献率分别达到60%以上、60%和70%—85%。

发展高效生态农业是保障农业可持续发展的需要。2012年，浙江省农户户均经营土地面积仅2.1亩，截至2012年6月底，浙江省流转土地占全省家庭总承包经营耕地面积的41.5%。这严重影响着资源配置效率、产业要素集聚和现代技术应用，也在很大程度上增加了发展生态循环农业的组织成本。掠夺性、粗放型的土地利用方式还普遍存在，过分依靠资源物质消耗的增长方式没有根本转变，资源禀赋不足带来土地使用强度过高，难以休养生息。浙江省化肥、农药年亩均施用量分别为32.3千克（折纯）、2.3千克，化肥用量比全国平均水平高20%，农药比全国水平高一倍以上。化肥、农药等投入品的过量和不合理使用，以及农业废弃物的再利用不充分，不仅带来利用效率不高，还破坏了土壤理化结构、农业生态环境和生物多样性。而发展高效生态农业，有利于农业资源优化配置和节约集约利用，防止掠夺式生产带来的资源过度消耗，通过将农业废弃物转化为再生资源，突破和缓解资源不足的制约瓶颈，实现有限资源综合利用效率的最大化，进而增强农业发展的协调性和可持续性。

总之，发展高效生态农业是中共浙江省委、省人民政府在农业全面进入"以工促农、以城带乡"新阶段，针对农业资源短缺，立足浙江特色优势，为引领浙江农业快速健康发展、确立新时期竞争新优势而做出的战略选择。确立高效生态农业的目标，符合现代农业发展的规律，符合浙江农业发展的特点，符合发展循环经济和构建和谐社会的要求，必将使浙江农业发展的视野更宽阔、目标更明确、内涵更丰富、措施更有效，对浙江农业农村经济全面协调持续发展产生深远影响。

3. 浙江生态农业发展的战略内容

（1）发展生态农业的指导原则

近十年来，浙江按照科学发展观和生态文明建设要求，紧紧围绕高效生态农业和生态循环农业发展，着眼于加快转变农业发展方式、促进农业可持续发展，以建设高效生态农业强省、特色精品农业大省为目标，以粮食生产功能区和现代农业园区"两区"建设为主平台，以资源保护多样化、物质投入减量化、生产过程清洁化、废物利用资源化、产品供给优质化为重点，以科技创新、机制创新、制度创新为手段，以创建生态循环农业示范县、示范区、示范企业、示范项目为载体，着力形成资源节约、环境友好的生产经营体系，更好地推动高效生态的现代农业发展。为加快发展高效生态农业发展，浙江省逐步确立了以下发展生态农业的指导性原则。

坚持生产发展与生态保护相协调。立足保障农产品有效供给、促进农民增收和农业可持续发展，正确处理好农业发展与资源开发、生态保护的关系，注重经济生态化、生态经济化，实现农业的经济、社会和生态效益的有机统一。强化资源合理开发和综合利用，提高资源利用效率，在农产品生产、流通、消费过程中实现资源的持续利用。

坚持因地制宜与分类发展相统一。根据不同地区的资源禀赋、产业布局、生产方式，科学规划生态循环农业目标定位，优化农业产业结构和布局，在实践探索的基础上分类选择不同发展模式和路径，提升产业层次，形成多途径、多类型生态循环农业共同发展的格局。

坚持点面结合与统筹推进相促进。树立“大产业、大生态、大循环”理念，立足区域统筹，使生态循环的理念和要求落实到农产品生产、加工、营销、服务各个领域和环节。注重点线面相结合，通过构建示范体系，辐射带动生态循环农业的全面推进和整体提升。

坚持政府引导与社会参与相结合。建立完善政府引导、农民主体和社会参与的推进机制。强化规划引领、政策激励和公共服务，充分发挥政府在生态循环农业发展中的引导作用。注重发挥市场主体作用，调动企业、农民专业合作社和其他社会组织的积极性，鼓励农民积极参与生态循环农业实践，提高全社会对生态循环农业的认知度，形成共同参与的良好氛围①。

（2）发展生态农业的战略内容

在坚持上述原则基础上，浙江省积极实施环境友好型农业发展战略、资源节约化农业发展战略和农产品标准化战略来发展生态农业。

第一，实施环境友好型农业发展战略。切实加强农业资源与环境保护。有效保护耕地质量、种质资源和生物多样性，完善农业环境监测体系是生态循环农业发展的重要基础，是实现农业可持续发展的重要保障。

---

① 浙江省农业厅：《浙江省生态循环农业发展“十二五”规划》，浙农计发〔2011〕45号，2011年8月22日，http://www.zjagri.gov.cn/html/nykj/stxhView/164349.html。

保护和改善耕地质量。深入贯彻落实《浙江省耕地质量管理办法》，严格执行基本农田、标准农田易位管理、占补平衡等各项规定，统筹耕地保护与社会经济协调发展。加强耕地地力培肥，深入实施标准农田质量提升工程，积极开展耕地质量状况监测和评价，建立完善耕地质量监测网络体系和耕地质量长效管理机制。减少抛荒面积，开发利用冬闲田，提高耕地复种指数。加强种质资源和生物多样性保护。抓好地方种质资源普查，建立种质资源保护目录和基因数据库，重点选择一批地方优势种质资源，建立各类物种、生境和遗传资源数据库。研究珍稀濒危物种就地、迁地保护和物种人工繁殖的保护技术。因地制宜推进种质资源开发利用，促进种质资源在利用中保护、在保护中利用。防控农业生物灾害。认真落实农业植物重大生物灾害防控工作责任制度，建设一批部、省级农作物有害生物预警与控制区域站，建立以省站为中心、区域重大病虫监测专业站为骨干、县级病虫测报站相配套的覆盖全省的农作物病虫害监测预警防控网络。建设和完善区域性植物检疫实验室以及重大有害生物抗药性监测站，加强重大有害生物和外来有害生物防控，提升监控和扑灭有害生物的技术水平。强化动植物疫病防控，保护生物多样性和生态安全。建立完善农业环境监测体系。建立完善农业环境的监测、评价和认定体系。在不同地貌类型、不同种植结构的区域，设置一批土壤质量、施肥效应长期定位监测点和动态监测点，开展生物监测、农业土壤环境监测。建立农业污染源实时监测体系。建立严格的农业生产技术标准体系和产地环境监测、预警和跟踪追溯体系，形成覆盖县域农产品质量安全检验检测网络①。

2010 年底，全省测土配方施肥实施县达到 72 个，推广测土配方施肥面积 3009 万亩（次），实施产业从水稻向蔬菜、茶果桑等优势经济作物延伸，基本实现主要农作物测土配方施肥全覆盖；实施农药减量控害增效面积 1078 万亩次，水稻病虫害统防统治服务面积达 239.6 万亩，覆盖

① 浙江省农业厅：《浙江省生态循环农业发展“十二五”规划》，浙农计发［2011］45 号，2011 年 8 月 22 日，http：//www.zjagri.gov.cn/html/nykj/stxhView/164349.html。

全省水稻种植面积的16%。2010年底，全省实施标准农田质量提升工程面积110万亩，标准农田质量提升试点已累计完成368万亩（次）。

第二，实施资源节约化农业发展战略。从浙江人多地少、资源短缺的实际出发，走农业资源节约使用、综合开发利用之路，积极推广各种节地、节水、节能、节材的种养加模式，把资源的节约、集约和循环利用作为高效生态农业发展的根本要求，使农业的发展建立在与资源环境相协调的基础之上，实现农业资源的永续利用和农业的可持续发展。

积极促进农业资源节约利用。坚持把资源开发与节约并举贯穿于农业生产的各个环节，大力推进节地、节水、节能、节材工作。积极推行土地节约型农作制度。按照立体化、循环化、无害化要求，不断创新种养结合、粮经结合等农作制度，推广农作物间作、套作、轮作和农机农艺结合等耕作技术，鼓励和支持发展“资源—产品（废弃物）—再生资源”的资源能源循环利用模式，集约、节约利用土地，提高复种指数和土地产出效率。加快土地流转，鼓励农民将承包地向专业大户、农民专业合作社、农业龙头企业流转，发展农业规模经营。大力促进农业节约用水。根据作物的种类、种植方式、土壤质地、地形地貌、经济条件以及农民可接受程度等，改善农业基础设施，完善田间排灌体系，扩大农业节水灌溉面积，重点推广微灌、喷灌、低压管道输水，鼓励实行综合节水措施和精确灌溉。研究并推广高压水枪冲洗等节水型畜禽舍及设施。加快高耗水农业企业节水改造，淘汰耗水大、技术装备落后的产品，推进农业用水循环利用。加强农业节能和绿色能源的开发利用。大力开发推广各种先进的农业节能技术、设备、产品、工艺和科学的管理方法，发展节油、节电、节煤等农业机械，降低农业装备能耗。推进农村沼气集中供气模式，推广太阳能热水器、省柴灶、节能炉等农村生活节能产品，不断提高农村清洁能源利用水平。鼓励农业企业使用新型建筑材料和节能产品。节约集约使用农业投入品。加强农业投入品使用管理，推广以测土配方施肥为核心的节肥技术，科学指导，因地、因作物施肥；推广以统防统治为手段的节药技术，更新施药器械，提高农药利用效率和防治效果。推广生态、环保型饲料，提高饲料利用率。加快发展设施农业，选育推广优质高产的设施农业新品种，推广应用喷灌滴灌、肥水同灌、散装饲料配送、自动喂料等节约型技术，钢管大棚、避雨棚架等生产设施，低耗能、高效率的新型农机具，提升设施农业装备，提高农业集约化水平①。

浙江省农业土地产出率、劳动生产率和农业科技贡献率逐年提高，扩大了农产品生产规模，也相对节约了农业投入品消耗。水稻亩产从2006年的418千克提高到2010年的468千克；农业劳动生产率由2006年的人均20696元提高到2010年的34641元；农业科技贡献率从2005年的56%提高到2010年的58%。到2012年底，全省建立各级示范区200万亩，培训农民100万人次以上，发放施肥建议卡500万份以上，全省年推广测土配方施肥3100万亩（次），技术覆盖率达到70%以上，“两区”基本实现全覆盖，配方肥推广应用面积达到1200万亩，亩均节本增收40元以上。到“十二五”期末，全面实施500万亩标准农田质量提升项目。

大力推进农业废弃物资源化利用。认真贯彻实施《浙江省农业废弃物处理与利用促进办法》、《浙江省沼气开发利用促进办法》，加快构建农业再生资源回收处理与利用体系，着力提升农业废弃物综合利用水平。扎实推进畜禽养殖废弃物的资源化利用。加快推进畜禽排泄物从污染治理向资源化利用转变，积极采取就地消纳、异地利用、制有机肥、达标排放等方式，实现畜禽排泄物无害化处理和资源化利用。合理布局散养密集区畜禽粪便收集处理中心、病死动物及其产品无害化处理中心和商品有机肥加工企业，在主要畜禽养殖区附近发展有机肥商品加工。大力推广“园地养鸡”、“稻鸭共育”、“稻鸡轮育”、“种草养畜”等农牧结合互利模式、“畜禽排泄物—沼气—作物”等养殖废弃物沼气处理模式，深化“三沼”综合利用，提高畜禽排泄物综合利用率。加快推进农作物秸秆的资源化利用。研究推广农作物秸秆用作还田肥料、畜牧饲料、食用菌基料、生物质能料、工业原料等资源化利用技术，加快推进农作物

① 浙江省农业厅：《浙江省生态循环农业发展“十二五”规划》，浙农计发［2011］45号，2011年8月22日，http://www.zjagri.gov.cn/html/nykj/stxhView/164349.html。

秸秆综合利用。大力推广过腹还田、粉碎还田，促进农作物秸秆循环利用和土壤培肥。重点推广秸秆粉碎作食用菌生产基料和食用菌秸秆覆盖栽培。推广农作物秸秆沼气利用，积极引进示范秸秆建材、秸秆炭、秸秆醋液和秸秆煤气等技术。推广以农作物秸秆为纤维复合材料、生产有机产品的原料等，促进秸秆工业原料化利用。积极推进食用菌种植和农产品加工废弃物的资源化利用。鼓励将食用菌生产中产生的菌糠、菌渣等废弃物作为栽培基质、还田肥料和燃料等，减少农业污染，增加农业生产效益。推进农产品储藏保鲜、冷链运输等设施建设，鼓励和支持利用农产品加工下脚料经无害化处理后开发生物蛋白、生物饲料和生物原料，减少加工流通环节的消耗浪费和废物排放。加强废弃农膜和农药、兽药包装物的回收处理。根据不同作物生长特点，总结推广收后收膜、苗期收膜、整地收膜等方法，积极培育农膜回收处理企业。引导和鼓励农业生产者及时回收农业生产中产生的废弃农膜。鼓励选用无滴、保温、防老化的多功能棚膜，并重复使用。鼓励研发和使用可降解地膜，努力减少土壤环境污染。积极推进农药包装物、兽药包装物的回收处理①。

2010 年，全省规模化畜禽养殖场排泄物综合利用率达到 95%，农作物秸秆综合利用率达到 75%。规模化畜禽养殖场排泄物治理被列入省政府“811”环境整治和保护两个三年行动计划以来，全省通过禁养与治理相结合的方式，全面推进畜禽污染防治工作。2010 年底，全省基本完成了畜禽禁养区、限养区划定（调整），关停转迁畜禽养殖场 4000 余个；治理年存栏生猪 100 头、牛 10 头以上的规模化畜禽养殖场 14167 个；在畜禽散养密集区域建成畜禽粪便收集处理中心 150 个。2006 年起，各地抓住实施中央农村沼气国债和扩大内需项目的有利时机，大力发展农村沼气，消化了大量农业废弃物，缓解了农村生产生活污染问题。2010 年底，全省累计建设户用沼气 15.43 万户、各类沼气工程 14366 处、生活

① 浙江省农业厅：《浙江省生态循环农业发展“十二五”规划》，浙农计发［2011］45 号，2011 年 8 月 22 日，http：//www.zjagri.gov.cn/html/nykj/stxhView/164349.html。

污水净化沼气工程池容207.81万立方米，年产沼气1.7亿立方米，农村清洁能源利用率达到66%。

第三，实施农产品标准化战略。着力提高农产品质量安全水平。普及农业标准化生产，推行农产品安全优质供给，是发展生态循环农业的题中应有之义，也是提升农产品质量安全水平、发展精品农业的重要基础。大力普及农业标准化生产。加强农业标准的制（修）订工作，加快完善集产地环境、生产过程、产品质量、加工包装于一体的农业标准体系。推行标准化示范创建，扩大标准化技术应用，提高覆盖面和到位率。继续推行“确定一个主体、执行一套标准、培育一个品牌、制作一张生产模式图、建立一份生产档案”的农业标准化实施模式。按照“有管理制度，有专门人员、有生产记录、有质量检测、有产品标识、开展质量安全追溯”要求，构建“五有一追溯”制度，设置方便灵活、系统规范的生产过程跟踪系统和产品质量查询系统。积极培育标准化实施主体，鼓励农业龙头企业、农民专业合作社等开展统一服务，培育专业化技术服务组织，普及标准化生产技术。大力推行农业清洁化生产。认真评估农业生产过程和投入品对环境的影响，加强土壤环境源头管理和农业生产流程改造，科学合理使用农业投入品，实现由末端治理向生产全程清洁转变。严格化肥、农药、饲料、兽药、添加剂等生产、经营和使用的监管。全面推广应用测土配方施肥技术，鼓励施用有机肥、配方肥、缓释肥、生物肥料和沼液、沼渣，努力减少化肥使用量。积极推广应用高效、低毒、低残留农药，推行农作物病虫害绿色防治技术，减少化学农药使用。根据不同畜禽养殖种类和规模，推广干湿分离、雨污分流等处理方式，大力推行自动喂水喂料、湿帘降温等环保节能型设施工艺，研究和开发环保型饲料，推进畜禽健康养殖，努力减少氮、磷等排放。积极推进农产品优质化供给。顺应农产品绿色、健康消费需求，鼓励和支持农业生产经营者申请无公害农产品、绿色食品、有机农产品认证，规范农业生产、农业投入品使用、病虫害防治等情况记录，保证农产品质量安全和可追溯。加强农产品质量检测，在生产企业推行 HACCP（危害分析和关键控制点）体系。加强品牌资源整合，支持农业龙头企业、农民专业合作社在统一质量标准的基础上，与基地农户共建共创农产品品牌，集中力量创建一批区域性农产品知名品牌①。

2002 年，浙江成立了以省政府分管副秘书长为组长，省质检、发改、财政、农业、林业、海洋和渔业等部门有关负责同志为成员的省农产品质量安全监督检测协调会议领导小组，办公室设在省质监局，具体负责全省农业标准化和农产品质量安全的规划和协调工作。2005 年浙江省政府将《农业标准化“十一五”发展规划》列入浙江省“十一五”国民经济和社会发展总体规划。从 2003 年到 2008 年，省财政投入从每年 1500 万元增加到每年 4000 万元，六年累计投入 1.5 亿元专项资金推动农业标准化和农产品质量安全工作。在省级投入带动下，全省 11 个地市纷纷出台配套政策措施，落实专项资金。在省级政策措施的有效推动下，在专项财政资金的支撑下，浙江的农业标准体系、农业标准化推广服务机构和服务人员队伍不断壮大和完善。

据《浙江省农业标准化体系建设现状白皮书》的统计：截至 2008 年 7 月，浙江省共收集农业国家标准 1498 项，行业标准 3307 项，在此基础上，制定地方标准和标准规范 2569 项，其中省级地方标准 578 项（检测方法标准 35 项，占 6.06%；农产品质量安全标准 91 项，占 15.7%；种子、种苗、种畜标准 116 项，占 20.1%；种植、养殖技术规范标准 246 项，占 42.6%；其他 90 项，占 15.6%）、市级农业标准规范 562 项、县级农业标准规范 1429 项。各类农产品生产经营组织共制定备案企业标准 1347 项。据《浙江省农业标准化体系建设现状白皮书》的统计：浙江省已成立市、县农技推广站（中心）177 个，乡镇农技服务站 1728 个，乡镇农技站农业技术人员达 10233 人；通过分层培训的形式，累计开办各类培训班 15000 期，培训各类人员 200 多万人次。这些农技人员在浙江农业标准化实施过程中立下了汗马功劳。农业标准化实施的范围也从传

---

① 浙江省农业厅：《浙江省生态循环农业发展“十二五”规划》，浙农计发［2011］45 号，2011 年 8 月 22 日，http://www.zjagri.gov.cn/html/nykj/stxhView/164349.html。

统种植业、林业、畜牧业、渔业生产领域逐步扩大到高新技术农业、设施农业、农业生态环境、节本增效农业、休闲观光农业等新领域，从单一制定农产品生产技术规范逐步转变为农业投入品、基地建设、种子种苗、检测方法、包装、标签、通用管理基础标准等各方面，基本覆盖了浙江农业产前、产中、产后全过程。

二、浙江生态农业发展的主要模式

浙江省在发展传统农业的基础上，积极发展生态农业，以传统农业的有效经验为基石，努力发展经济效益、生态效益和社会效益并重的生态农业，农业生产从注重数量逐步转向质量与效益。浙江省生态农业发展模式主要有有机农业、循环农业、低碳农业、观光农业和设施农业等类型。有机农业以发展无公害农产品、绿色食品、有机食品为重，浙江省有机农业投资项目不断增加，提升了农产品质量，实现了农业增效、农民增收，同时也形成了多种类的有机农产品品牌。循环农业就是运用物质循环再生原理和物质多层次利用技术，实现较少废弃物的生产和提高资源利用效率的农业生产方式，循环农业主要侧重于资源的高效循环利用。浙江省积极开展生态循环农业模式创新，并取得了可喜的成绩。低碳农业是一种以低能耗、低污染、低排放为基础的农业发展模式，主要侧重于应对气候变化，浙江省具备发展低碳农业的有利条件，因此浙江各地积极探索和尝试低碳农业模式。浙江省悠久的农业发展历史和深厚的文化底蕴迎合了观光农业发展的需要，因此浙江省大力推进休闲观光农业产业化发展。设施农业是一种利用先进设备技术，进行动植物生产的现代农业生产方式，浙江省各地利用当地优势，积极发展设施农业，卓有成效。

1. 有机农业

有机农业是指在农作过程中，采用有机肥料或饲料代替人工合成的肥料、农药、生长调节剂和畜禽饲料添加剂，以满足作物和畜禽的营养需求的养殖业。中共浙江省省委、省人民政府高度重视有机食品产业发展，《中共浙江省委关于推进浙江生态文明建设的决定》明确把“大力发展无公害农产品、绿色食品和有机产品，加快建设一批有规模、有品牌、标准化的绿色食品生产基地”作为加快发展生态经济的重要任务之一。“811”生态文明建设推进行动明确提出，到2015年，主导农产品中无公害农产品、绿色食品、有机食品产地面积比重达到50%以上。2010年发布的《浙江省发展生态循环农业行动方案》明确提出，到2015年通过认证的无公害农产品、绿色食品、有机食品达5500个以上，生产基地面积达1500万亩以上。

经过30多年的发展，浙江省吸引了大量的有机农业投资项目。2011年正泰集团董事长南存辉在安吉投资建立了九亩生态农业有限公司，致力于农业投资、农产品基地开发、有机蔬菜、粮食、干果种植和销售、有机农业技术培训和推广等有机农业领域，第一个基地项目落户海拔850米的安吉九亩村，未来将建成以有机粮田、有机蔬菜、有机养殖为特色的高档综合高科技农业体验观光园区。2012年，国内互联网巨头网易公司也投资3亿元在安吉县皈山乡兴建高标准养猪场，该项目占地1200亩，由7个片区31处建筑组成，网易现代农业园区将具备公猪舍、妊娠分娩舍、洗浴消毒房和环保处理站等十类功能，以确保向社会提供安全、优质、美味的有机猪肉。2013年3月，海亮集团决定在浙江丽水投资建设现代有机农业综合基地，具体包括创建有机水产养殖、有机蔬菜、畜禽养殖等基地及现代农业科技示范园区，重点开发水库养殖、高山蔬菜、食用菌、茶叶、毛竹（笋）等特色农业产业。通过项目合作，将充分发挥海亮集团的品牌资源、市场资源优势和丽水生态精品农业产业特色优势，进一步加快丽水有机农业发展，推动丽水市农业产业结构调整与转型升级。

发展有机食品，提升了农产品品质，实现农业增效、农民增收，如嘉善县有机鳖在建设基地后，每千克售价比普通鳖高100元；南太湖吴兴生态农业科技园1000亩蔬菜基地应用有机生产技术，平均亩产增加1000千克，年增蔬菜产量100万千克，年增产值1000万元，亩增收1万元左右，年增利润约 340 万元。由于农民在发展有机食品产业方面得到了实惠，尝到了甜头，联动作用充分发挥，基地面积不断扩大，广大农民获得了更多的收益。上虞市通过有机食品基地建设，引导、规范附近农民逐步按照有机食品标准生产规范开展生产，解决了部分农产品销路难的问题，带动周边 5400 户农户发家致富。各地乡镇依托各自生态、人文、区位等优势，因地制宜发展区域特色经济，有机产业迅速发展，有机农业、"农家乐"等方兴未艾，有力地促进了乡镇经济结构优化和产业升级，真正做到生产发展、生活富裕、生态良好。

浙江省已经形成了多种类的有机农产品品牌，有机农业得到健康发展，有机农业产品质量稳定可靠。在政府培育和市场竞争环境下，诞生了一大批代表性企业，如浙江正味食品、义乌丹溪酒业、浙江华隆食品、晨云实业、金华金山油脂等。截至 2010 年，浙江 51 家有机农业食品企业，认证面积仅 20.7 万亩，占全国当年有机农产品种植认证面积的 1.46%，生产的 134 种有机农业食品，占全国当年生产的有机农业产品数的 2.7%，却实现了 14.88 亿元的国内销售额和 6.11 亿元的出口销售额，分别占当年全国有机农业食品国内年销售额、出口年销售额的 7.7% 和 48.3%（参见表 0－1）。

表 0－1　2009—2010 年浙江省有机农业食品发展状况

年份	地区	企业数（个）	产品数（个）	产品年销售额		认证面积
				国内（万元）	出口（万元）	（万亩）
2010	浙江	51	134	148846	61109	20.7
	全国	1003	4955	1925400	126480	1423.4
2009	浙江	39	110	35857	2081	14.4
	全国	1202	5598	1453905	64600	3730.6

2. 循环农业

循环农业是指在农作系统中运用物质循环再生原理和物质多层次利

用技术，提高各种农业资源的高效循环利用率，从而减少废弃物的产生，实现节能减排，促进农业的可持续发展的一种农业生产方式。浙江省对于循环农业的发展始于 2002 年，全省各地积极响应生态省的建设战略，根据各地气候、土壤等不同特点，在农业技术模式和农作制度等方面进行创新，建设形成了一批富有浙江当地特色的高效循环农业模式，从而推动了高效生态农业的可持续发展（郑水明，2011）。

（1）循环农业模式创新

第一，减量化模式。围绕“低投入、高质量、高效益”的生态循环模式发展要求，规范使用化肥、农药、兽药、饲料及其添加剂，推广应用测土配方施肥、病虫害绿色防治等技术，提高化肥农药利用率。如磐安县在玉山台地现代农业综合区安装杀虫灯 416 只、性诱捕器 2200 多套，推广使用植物性农药，物理生物防治面积 890 公顷，每年可少施农 2 次以上，每公顷节约成本 75 元。另外，利用先进农业技术、新型农业机具以及雨污分流、干湿分离等畜禽清洁化养殖设施和技术，逐步建立和完善农业清洁化生产机制，从而达到提高农业资源利用的目的。例如金华市金东区采用减量化模式，积极引进先进设备和技术，在 2009 年引进安装的以色列滴灌设备为金东区每公顷节约用水 2730 吨，节约用肥 30%以上，每公顷节约成本 2700 元，实现了循环农业的要求。浙江东和农业科技发展有限公司以沼液和有机肥培育茶叶，利用物理方法防治虫害，安装太阳能杀虫灯 100 多只，开展人工除草，不用除草剂、化肥、农药、植物生长调节剂等物质；通过测土配方施肥技术，应用喷灌滴灌、肥水同灌等节约型技术，实现农业投入品的减量化，提升茶叶品质，带动 18 万山区农民增产增收。基地先后获得“省无公害农产品产地”、“省级示范基地”、“省高效生态示范园区”等称号，于 2010 年获得国家有机食品认证，2011 年被认定为国家有机食品生产基地（胡豹，2009）。

第二，生态链连接和转换模式。采取农牧结合的农作方式，通过租赁牧场周边的土地，种植作为畜牧业所需饲料的作物。平湖市采用农牧结合的方式，在牧场周边种植玉米、牧草等作物，并将作物作为奶牛饲养的饲料。同时采用干湿分离的技术，将奶牛粪便发酵后作为玉米、牧草的肥料。此外，还利用沼气技术，将污水转化为可用于浇灌牧草种植地的肥料。这种农牧结合的农作方式，实现了农作资源的充分利用以及资源间的循环使用。通过农牧结合方式，1000吨玉米、牧草仅作为奶牛食物一项可节约5万元，每公顷地消化75—90吨牛粪，1吨牛粪可减少化肥成本58元。又如浙江义乌顺旺养殖场是一家年出栏10000余头生猪的规模化商品养猪场，该养殖场租用周边土地160余亩建成一个青饲料基地，累计投入312万元，开展资源化、能源化、生态化建设，把畜禽污水、粪便等转化为清洁能源和优质肥源，将沼气发电供猪场内饲料加工和猪舍湿帘降温，沼液、沼渣作为优质肥料施用于牧草基地，降低牧草种植成本。青饲料基地年为猪场节约精饲料154吨，母猪喂青饲料可提高产仔率及成活率，每年每头母猪可多产1头仔猪，全年可多产仔猪500头，以上合计年可增收节支61.27万元。该模式实现了沼气电力化、排泄物肥料化和牧草饲料化，不仅实现了养殖场对外污染物“零排放”，还带来了较好的经济效益和社会效益（张棋，2011）。

第三，农业废弃物循环利用模式。综合利用废弃物，平湖市推广“稻—菇—芦笋（西瓜）”循环模式，将水稻种植和食用菌培育过程中产生的废弃物转化为可以利用的农作资源。利用水稻秸秆进行蘑菇栽培，同时将蘑菇生长过程中产生的废弃物作为水稻种植的有机肥和土壤疏松剂，改良土壤结构，进行芦笋（西瓜）的种植，提高了芦笋（西瓜）的产品质量。2009年，全市稻草35%被用于种植蘑菇，20%的蘑菇废料用于芦笋（西瓜）种植，面积120多公顷；25%的蘑菇废料用于种植芦笋（西瓜），面积达到153公顷。另外，浙江省各地通过沼气工程和规模化畜禽养殖场“811综合治理”工程，将沼液、沼渣等废弃物转化为生产绿色农产品所需的有机肥，实现了农业废弃物的循环利用。金华市金东区大堰河农牧场就是利用该模式，将畜禽尿液等农场废弃物通过沼气工程转化为有机肥，用于寨春农业开发公司40公顷水果、蔬菜的生产，从而提高了作物的品质和产量。此外，该农场还将有机肥输送到上湖水产专业合作社27公顷水产养殖基地，增加鱼塘有机质含量，每年可减少豆粕、菜饼等饲料67吨，节省饲料成本23万元。浙江开启能源科技有限公司实施农业废弃物资源化和沼气发电示范项目。收集附近充足可靠的畜禽粪便和其他有机农业废弃物。采用农业废弃物的中温厌氧发酵工艺和沼气生物净化工艺，生产的沼气用于发电并网销售，沼液和沼渣加工后作为高品质的有机肥。公司年可处理畜禽粪污和其他农业废弃物12.2万吨，年可并网发电1320万千瓦时。此外，每年产生的沼渣达1.74万吨，沼液19.65万吨，减排温室气体7.68万吨二氧化碳当量。通过销售电力和沼液沼渣有机肥，年均销售收入可达1307.7万元。该创新模式解决了畜禽养殖业排泄物的污染问题，又开发了沼气，替代煤生产电力，减少了温室气体排放，具有显著的能源、环保、社会、经济效益。

第四，农产品质量提升型模式。农产品的质量直接关系到人类的健康水平，从而进一步影响生存质量，甚至生命安全，发展生态循环农业有助于提高农产品质量，通过对生产的输入以及输出的严格控制，对农业资源进行循环利用，做到了农业资源利用率和农产品质量的双向提升。浙江蓝天生态农业有限公司通过循环模式，实现了一条“猪粪—蚯蚓—甲鱼—鳙鱼—螺蛳”的生态循环模式，用猪粪喂养蚯蚓，用蚯蚓喂养甲鱼，用甲鱼的排泄物作鳙鱼饲料，用鳙鱼的排泄物饲养螺蛳，用小螺蛳作甲鱼饵料，同时净化池塘淤泥有机物。通过这一循环模式，该公司实现了农业资源的多级循环利用，通过了无公害畜牧基地认证，甲鱼通过了有机产品认证，并通过国家级循环经济标准化试点，成为全国第一家通过循环经济标准化试点项目的企业。浙江康顺畜牧有限公司采取农牧结合和废物循环利用模式，同时开展畜牧业与种植业生产。对养殖场的粪污采取彻底干湿分离、厌氧发酵、沼气发电、再综合利用方法，干粪供应番茄、水果、牧草等基地，沼气作为再生能源供给本场，沼液和沼渣作为养殖场50多亩牧草基地和200多亩水果基地的液肥，形成了“牧草—猪—沼气（沼液沼渣）—发电（台湾蜜柚）”的产业循环新模式。

实施该模式后，番茄和水果基地节肥增效、养殖场排泄物变废为宝、沼气池污水处理与沼气发电等三项合计年节本增效达 95.89 万元，有效解决了养殖排泄物和保护生态环境之间的矛盾，使农业废弃物闭路循环和零污染排放，种植业生产优质高效。

第五，生态循环农业园区模式。生态循环农业园区是以现代科技为基础，以农业产业化为依托，以规模经营为条件，以循环经济理念和工业生态学原理为依据，建立一个包含生产者、消费者和分解者的互利共生的生态网络，将农业资源和农业副产品在这一生态网络中循环使用，从而实现资源利用的最大化和物质能量的传递，同时也减少了农业废弃物的排放。宁海东海岸的生态农业循环经济示范园区就是以“种、养、饲、加”一体化的生产模式为目标建立起来的，该示范园区利用丰富的土地和滩涂资源，结合沼气工程，实现了中小型畜禽养殖场沼气工程、畜禽粪便资源化利用、生物物种共生互利、物质多级利用、生态农业相结合的设施农业、农作物秸秆利用、农资减量化等七种循环发展模式，形成了“农业废弃物—奶牛养殖—有机肥加工—农作物”、“畜牧养殖—粪（肥）—有机复合肥—瓜果菜”、“鱼虾—贝藻”等多种立体化生态型养殖模式，区域内 60% 以上的农产品通过优质加工转化，60% 以上农产品出口，90% 以上农业废弃物转化利用。

（2）循环农业取得的成绩

在各级政府大力支持下，浙江省循环农业通过模式创新，取得了可喜成绩：

首先，清洁生产方式农业领域得以广泛应用。截至 2010 年，全省测土配方施肥实施县达到 72 个，推广面积达 3009 万亩次，化肥（氮肥）利用率为 33%；水稻病虫害统防统治覆盖率达 16%，设施农业推广面积达到 218 万亩。其次，全省农业废弃资源利用水平明显提高。2010 年，全省新建畜禽粪便收集处理中心 150 个，规模化畜禽养殖场排泄物综合利用率达 95%，农作物秸秆利用率为 75%，农膜回收率为 80%。再次，循环农业的发展促进生态农产品品质不断提升。农业标准化覆盖率

50%，农业主导产业良种及配套技术覆盖率95%，“三品”农产品数量3846个。最后，循环农业的实施还极大改善了生态环境。2010年底，“三品”产地面积1181万亩，实施标准农田质量提升面积110万亩，外来生物入侵防治率90%，全省累计使用沼气户达到15.43万户，各类沼气工程14366处，生活污水净化沼气工程池207.81万立方米，年产沼气1.7亿立方米，农村清洁能源利用率达到66%。

（3）循环农业发展目标

浙江省为进一步推动生态循环农业的发展，制定了《浙江省生态农业发展“十二五”规划》，“十二五”期间，计划开展生态循环农业示范创建活动，以现代化农业园区和粮食功能区为平台，实现以下几个方面的发展目标①。

第一，实施生态循环农业“2115”示范工程，即在全省创建省级生态循环农业示范县20个、示范区100个、示范企业100个、省级生态循环农业示范项目500个。

第二，农业标准化覆盖率达60%以上，其中农业“两区”基本实现全覆盖，农业生产企业、规范化农民专业合作社基本运用农业标准化生产；农业主导产业良种及配套技术覆盖率达97%以上；认证的无公害农产品、绿色食品、有机农产品达5500个以上。

第三，全省实施标准农田质量提升面积220万亩，“三品”认证种植业基地面积1500万亩，农村清洁能源利用率达70%，外来生物入侵防治率达95%；农业种质资源得到合理保护，休闲观光农业健康发展。

3. 低碳农业

低碳农业是人类为了应对能源危机和气候变暖而在农业生产领域产生的一种新的农业形态，是应对气候变化挑战、保障未来能源安全的重要路径；同时，低碳农业也提高了农业资源的利用率，缓解了浙江省农业资源相对紧缺的问题，推动浙江省农业向资源节约型、环境友好型产

---

① 浙江省农业厅：《关于印发〈浙江生态循环农业发展“十二五”〉规划的通知》，2011年8月22日。

业体系转化，使浙江省农业走上了高效生态农业之路（李光全，2011）。

（1）浙江省发展低碳农业的有利条件

浙江具备农业低碳转型的有利条件，具体来说：首先，浙江低碳经济的发展前景广阔。据统计，我国的能耗指标通常比国际先进水平高10%—20%，这就意味着我国在节能方面存在着巨大的潜力，这为低碳经济的发展提供了很好的基石。其次，浙江各地积累了发展低碳农业的宝贵经验。浙江各地积极转变农业发展模式，调整农业产业结构，将节能减排、可持续发展等落实到农作方式改进中去，从而积累了大量可用于发展低碳农业的宝贵经验。最后，浙江农业结构合理，农业产出绩效突出。浙江省农作物的种植产值分项结构比较合理，粮食和谷物的比重呈下降趋势，蔬菜和茶桑果的比重呈现增加趋势，因此，单位面积产出大、附加值高。

（2）浙江省低碳农业发展的举措

为了促进低碳农业发展，浙江各地进行了积极探索和尝试，具体来说：第一，积极推进相关规划政策的制定。在“十一五”期间编制完成浙江省应对气候变化方案（2008—2012）并于2010年10月以政府文件形式发布实施。2010年6月，中共浙江省委又作出了《推进生态文明建设的决定》，进一步指导和推进了应对气候变化工作的深入开展。第二，大力改善农业发展环境。在2009年，以平原为主选择了31个县（市、区）55万亩二等标准农田进行质量提升试点，预期2010年新启动55万亩并逐年扩大范围，努力改善基础设施，增加土壤有机质，培育耕地地力。同时农产品认证工作取得了较大成就。第三，积极利用清洁生产项目实现节能减排。截至2009年12月，浙江省经国家批准的CDM项目共87个，温室气体年减排量约为3700万吨CO_2当量，居全国各省区第三名，该年地区国民生产总值单位能耗为0.74吨标煤，比2005年下降17.3%，也居全国前列。

（3）浙江省低碳农业发展的碳源排放结构

从2000—2009年浙江省农业碳排放、碳吸收和碳汇测算数据可以看出，浙江省低碳农业发展有两个特征：一是农业碳排放量逐年递减，而农业碳吸收量逐年增加。浙江省农业碳排放量从2000年的3495万吨下降到2009年的3206万吨，年均降幅为0.95%，同时农业碳吸收能力在逐年增加，2000年浙江省农业碳吸收为5731万吨，到2009年增加至5910万吨，年均增加0.34%。二是农业碳吸收能力高于农业碳排放量，从而使得农业碳汇也逐年增加。2000年浙江省农业碳汇量为2236万吨，到2009年增至2704万吨，年均增幅达到2.13%，农业的低碳化发展为全省应对气候变化发挥了重要作用（浙江省农业厅等，2009）。

化肥、农药和农膜等农业投入品是浙江省农业碳排放的主要来源，占排放总量的34%—39%；其次是农用柴油、农业用电等的农业能源利用，占排放总量的18%—23%。此外，还有稻田甲烷排放、秸秆燃烧和畜禽废弃物等。农业生产能耗和农业柴油、农膜等农业投入品的排放量增加是农业碳排放逐年递增的主要原因，而稻田甲烷排放、畜禽肠道发酵、秸秆焚烧和农业用电则起到了减少农业碳排放的作用（张大东，2012）。

（4）浙江省低碳农业发展的成效

经过大力实施低碳农业发展的上述举措，浙江省农业的低碳发展成效大幅度提高。具体来说：第一，低碳农业技术的节能减排成效显著。全省积极推广低碳农业技术，其中推广测土配方施肥技术2850.6万亩，农药减量增效技术638万亩，应用非化学防治技术557.4万亩。同时，浙江省还通过低碳农业技术减少不合理施肥10.1万吨（折纯），节约燃煤15.12万吨，节本增收11.5亿元，化学农药使用量比非推广区减少20%以上，节本增效比非推广区提高13.9%。第二，发展和推广了设施农业和清洁养殖技术。浙江省积极推广畜禽粪便干湿分离、雨污分流处理技术等清洁养殖技术，同时采用科学的饮水设施、清洗方式和负压通风、湿帘降温等设施工艺，大力推广设施农业，并取到了一定的成效，到2009年，浙江省推广设施农业面积已达到159.1万亩。第三，对农业废弃物的治理成效显著。浙江省积极带动畜禽养殖场进行废弃物处理，在畜禽散养密集区建成 125 个畜禽粪便收集处理中心。到 2009 年底，全省已对年存栏生猪 200 头（牛 20 头）以上的 7894 家规模畜禽养殖场进行了治理。第四，提高了农业投入品及包装物的循环使用程度。浙江省宁海县积极组建农业废物回收公司，以建飞塑料厂为代表，将周边农业废弃物，如农药瓶、罐和农膜等，进行集中回收处理，加工利用，回收率高达 98.2%（李光全，2011）。

4. 观光农业

观光农业是一种新型的生态旅游业，以农业和农村为载体，为人们提供集观光、休闲、度假于一体的生活性功能，不仅体现了现代农业的生产性功能，同时也发掘了现代农业对于生态环境的改善和人文历史的融合（袁本华，2010）。

浙江拥有悠久的农业发展历史和深厚的文化底蕴，自然资源丰富，休闲观光农业的发展具有得天独厚的条件。2005 年以来，休闲观光农业被正式作为浙江省新型农业产业进行培训，随着政府的政策扶持和各种民间资本的涌入，观光农业得到了快递发展，极大地促进了浙江农业经济的发展和农民收入的增加。

浙江休闲观光农业涉及内容多、范围广，呈现多模式、多类型的特点。主要有农家经济型、园区农业型、特色产业型、自然人文景观型、农家乐型、产品贸易型等类型（韩远彬，2012）。表 0－2 显示的是浙江省休闲观光农业发展的主要数据，无论从休闲观光农业区数量、面积、从业人员数量，还是从休闲观光农业区的生产规模来看，都实现了快速增长的态势，如休闲观光农业区数量从 2005 年的 708 个激增至 2009 年的 1678 个，从业人员数量同样翻了一番，从 2005 年的 3 万人增加至 2009 年的 6.9 万人，解决了部分农村劳动力就业问题。此外，休闲观光农业还实现了较好的经济效益，2005 年浙江省休闲观光农业实现总产值 34.17 亿元，到 2009 年已经增长到 78 亿元，旅游观光总收入也从 2005 年的 14.53 亿元增加到 2009 年的 41.45 亿元，增幅达 185%。

表 0－2　　2005—2009 年浙江省休闲观光农业主要数据

	项　目	单位	2005	2006	2007	2008	2009
基本情况	数量	个	708	1049	1138	1463	1678
	总面积	万亩	104.65	123.84	131.51	146.95	137.41
	从业人员数	人	30576	341489	51790	60471	69421
生产规模	种植业面积	万亩	41.42	50.37	54.68	50.14	67.88
	畜牧养殖量						
	猪	万头	15.76	16.00	13.62	8.72	9.99
	禽类	万羽	—	597.88	803.59	950.61	1167
	水产养殖面积	万亩	13.70	13.21	13.36	13.42	13.86
实现总产值		亿元	34.17	43.04	53.57	66.31	78
实现总收入		亿元	14.53	20.23	33.32	34.65	41.45

资料来源：浙江省农业厅：《浙江省农业统计资料》。

随着观光农业产业化的发展，创新的重要性越来越突显，只有通过不断的创新来提升观光农业的综合经济效益。通过将科技、文化、社会和人文等方面的元素创新性地融入到农村休闲观光农业发展中，将消费需求带入到农业生产的各个环节，在满足农业生产需求的同时，也带动了旅游消费需求的增长。

2010 年 3 月 29 日，浙江省农业厅厅长孙景淼在题为《加快发展方式转变推进浙江农业转型升级》的文章中提出：浙江要加快推进产业转型升级，推动产业结构从以生产为主向生产、加工、流通、服务联动发展转变。积极发展休闲观光农业，开发农业的科普教育、休闲观光等功能，促进生产、生活、生态和文化功能有机融合（孙景淼，2010）。2009 年 5 月，省农业厅、省旅游局、省休闲观光农业行业协会、省旅行社协会等单位联合开展精品线路评选活动，此次评选活动推出了 12 条“浙江省休闲观光农业精品线路”和 8 条“浙江省休闲观光农业优秀线路”。2010 年 4 月，省农业厅与省旅游局、省休闲观光农业行业协会又联合举办了以“诗画浙江，魅力农业”为主题的“浙江休闲观光农业推介月活动”，首次评出浙江省农业高科技示范园区等 56 家省级休闲观光农业示范园。此外，全省各地还开展了结合当地特色的休闲观光农业示范区、精品线路等的评选。这也标志着浙江省休闲观光农业走向精品发展、创意发展的阶段（徐莉青，2011）。

浙江省安吉县是全国第一个生态县，位于浙江西北部，素有“中国竹乡”、“中国白茶之乡”、“中国椅业之乡”和“中国竹地板之都”的美誉。该县植被覆盖率在 75% 以上，森林覆盖率 71%，大气质量达到国家一级标准，水体质量大部分在二类以上，是无公害绿色有机农产品最佳生产地区之一。县内自然景观优美，农业经营类型多样，农耕文化丰富，乡村风情浓厚多彩，旅游资源十分丰富。从 2008 年起，安吉县致力于建设“中国美丽乡村”，三年来建成了一大批精品村、重点村、特色村，并形成“黄浦江源”、“中国大竹海”、“昌硕故里”、“白茶飘香”四条美丽乡村精品观光带，借助中国美丽乡村建设成果，2009 年安吉成功举办了首届中国休闲农业与乡村旅游节。安吉县休闲农业与乡村旅游的发展，不仅促进了农业由一产向三产的延伸，拓展了农民增收的新空间，提升了农业整体功能，更有力地推动了全县以休闲农业与乡村旅游为主的生态旅游业快速发展，“农旅双赢”的局面已经显现。2010 年接待境内外游客 648 万人次，实现旅游总收入 35 亿元。全年农民人均收入达到 12910 元。

5. 设施农业

所谓设施农业，即是一种综合运用现代装备技术、生物技术和环境技术来营造动植物生长所需求的环境，从而进行动植物生产的现代农业生产方式。一般认为，设施农业是现代农业的重要标志。设施农业的发展可以帮助解决土地、季节和水源等传统问题，提高光温土等自然资源的利用率和土地产出率，从而增加农产品的供应，此外还有利于推动农业标准化、生产机械化以及经营产业化，实现节本增效，从而加快农业发展模式的转型升级。除此之外，发展设施农业还有利于拓展投资渠道，带动大棚、喷滴灌设施等产业的发展，扩大农村农业内需（欧文伟，2010）。

在城郊型农业生产的推动下，随着 20 世纪 80 年代农村生产力的逐步解放以及经济结构和种植结构的调整，浙江省的设施农业产业逐步发展，并形成了一定的规模。在20世纪90年代以后，浙江省的种植结构得到大幅度的调整，以蔬菜瓜果为主的大棚设施农业快速发展。从表0-3中不难看出，浙江省的设施农业在大棚建设、设施栽培面积上都有了大幅的进步。在设施栽培面积方面，2001年全省的设施栽培面积为4.65万公顷，2008年则达到了11.33万公顷，增长143.65%（左景行等，2010）。2008年浙江省蔬菜大棚面积4.25万公顷，较2001年增加62.84%；西甜瓜大棚面积2.77万公顷，比上年增加1.47%，比2001年增加255.13%。在设施大棚项目上，设施大棚从2001年的142.68万个增加到2009年的261.7万个，增加了80%。在各种设施大棚中，连栋大棚增幅最快，在2001—2009年，连栋大棚数量增加了3.4倍，而覆盖面积增加了8.7倍。

表0-3　　2001—2009年浙江省设施农业的发展

类别	单位	2001年	2002年	2003年	2004年	2005年	2006年	2007年	2008年	2009年
1. 设施大棚	万个	142.68	167.83	187.74	178.91	185.99	217.25	220.66	227.3	261.7
（1）连栋	万个	0.34	0.21	0.28	0.43	0.73	1.29	1.31	1.3	1.5
大棚	万亩	0.45	0.7	0.93	1.14	1.65	3.13	3.96	4.1	4.4
（2）钢管	万个	16.86	27.26	30.53	29.5	29.14	34.29	37.1	41.1	49.8
大棚	万亩	7.89	11.72	13.32	14.61	15.26	16.74	18.22	20.7	25
（3）普通	万个	74.61	76.99	82.57	75.03	75.69	100.87	91.32	91.7	102.4
大棚	万亩	33.88	36.22	35.9	38.62	38.47	43.93	42.36	46.5	46.2
（4）季节性	万个	50.86	63.37	74.36	73.93	80.42	80.83	90.73	93.3	107.8
大棚	万亩	21.69	27.71	31.06	31.75	33.88	33.43	35.5	38.1	46
2. 设施栽培	万亩	69.82	84.3	89.34	96.24	98.3	116.11	127.22	130.5	159.1

资料来源：浙江省农业厅：《浙江省农业统计资料》。

在现代农业的推动下，设施栽培应用已不仅局限于城郊保护地，在远郊农村，设施栽培也得到了应用，并扩大了应用作物的范围，全省各地根据当地特色形成了多种种植业产业带，这一举措也带动了农业名牌产品的创制，如温岭的麒麟牌西瓜、余杭的乔司牌蔬菜和建德的新安江牌草莓等，这种打破传统农作方式的技术，提高了农作物单位面积的经济效益，如乔司镇耕地面积 1274 公顷，而蔬菜生产的复种面积达到了 4397 公顷，复种面积的提高主要是设施栽培发挥了重要作用，经济效益占农业种植业收入的 90% 以上，成为当地现代农业发展的示范点（左景行等，2010）。杭州萧山区设施农业发展迅速，呈现应用范围不断扩大、设施种类不断丰富、设施档次不断提高和效益显著提升的良好态势。据不完全统计，到 2011 年底，全区有温室 300 亩，连栋大棚 5482 亩，钢管大棚 17502 亩，普通大棚 32400 亩，水产钢丝网大棚 3500 亩，甲鱼温室 450 亩，节水灌溉设施 34060 亩，38 家规模猪场全部实现设施化养殖。此外，容器育苗、遮阳网、防虫网、喷滴灌系统、自动检测控制系统等发展较快，水产业的温室育苗、标准鱼塘、自动投饲机、增氧设施、水循环设施等应用方兴未艾。设施农业正向配套化、智能化方向发展。杭州余杭区致力于发展高效、集约规模化经营的农业园区，将改进园区农业配套设施作为工作重点。2013 年，该区仁和街道以花卉苗木和渔业两大特色农业为突破口，“仁和恒泽水产现代农业园区、绿港综合性现代农业园区、绿苑建设花卉苗木现代农业园区”建设项目集体发力，被列入第一批区级现代农业园区建设项目，其中恒泽水产现代农业园区属于省级现代农业园区，拟投入 692.15 万元，对现有集中连片的 660 亩池塘进行彻底改造，提升养殖基础和配套设施，建立现代化的管理模式。绿港和绿苑两大现代都市农业建设项目，以花卉苗木为重点，分别投入 317.07 万元和 415.31 万元，用于提升农业基础设施和农业设施装备。

三、浙江生态农业发展的基本经验

浙江省积极建设生态农业，健全完善生态农业产业链，创新生态农业发展模式，为农业增效、农民增收、环境保护等方面作出了贡献。在发展建设生态农业方面，浙江省在组织创新、制度创新和品牌创新等方面积累了丰富的经验，依赖浙江省各地特色，走出了一条符合浙江省实际情况的生态农业发展之路。

1. 生态农业的组织创新

浙江省是我国农村人多地少的典型省份，人均耕地占有面积较少，但就是在这样的耕地规模水平下，浙江省实现了农业增加值占全国农业增加值的4%，农业现代化水平也位列前茅。浙江生态农业能取得如此显著的成就，是传统农业、自给自足农业向现代农业转变，以及由这种转变带来的农业生产组织创新和农业生产技术创新的结果。在推进农业产业化经营过程中，浙江省积极引导农民自愿组建专业合作社或专业协会、农产品行业协会，积极发展农业产业龙头企业。同时，“龙头企业＋专业合作社＋农户”、“龙头企业＋生产基地＋农户”等组织模式的组建，由企业加工并销售农产品，实现生产、加工、销售一体化；“农产品市场＋专业合作社＋农户”的生产经营模式，由农业专业合作社实现对不需加工的农产品的销售。浙江省生态农业组织创新呈现“小火车”的趋势，负责农产品加工及销售的龙头企业是产业化经营的“火车头”，负责农产品生产及初级产品销售的专业合作社是长长的“车身”，而为农户、合作社、企业等提供生产、销售、技术信息等服务的农产品行业协会则起到了协调、自律的作用。这列生态农业的“小火车”，实现了浙江省生态农业经营方式的转变，提高了农民的组织化程度，提升了生态农业的竞争力。

浙江省不断创新农业组织结构，完善农业合作经营机制，全面发展农民专业合作组织，灵活多样的生态农业组织极大地调动了农业生产积极性，为发展生态农业、农民增收提供了良好的保障。

第一，现代农业园区和粮食生产功能区。为强化农业发展基础，加快推动浙江农业转型升级，2010年，中共浙江省委、省人民政府作出了建设粮食生产功能区和现代农业园区（以下简称“两区”）的重大战略决策和部署，提出要将“两区”作为我省今后一个时期转变农业发展方式、建设高效生态现代农业的主抓手、主平台和主战场。“两区”建设从2010年的“搞规划、抓试点、探路子”到2011年“抓落实、保质量、建机制”，再到2012年“聚合力、健体系、出成效”，工作力度持续加大，建设环境明显优化，建设氛围日益浓厚，建设工作取得了积极成效。截至2012年4月底，全省已公布确定省级现代农业综合区创建点137个，省级主导产业示范区创建点394个，省级特色农业精品园创建点921个，已基本建成现代农业综合区3个，省级主导产业示范区15个，特色农业精品园77个；累计建成粮食功能区2315个，面积245.79万亩。

“两区”内集聚土地、资金、科技、设施等要素，生产经营的规模化、设施化、标准化、产业化不断推进，粮食增产、主导产业增效明显。2011年省级粮食生产功能区全年平均亩产608.6千克，比非功能区增产11.5%，总产13.55万吨；现代农业园区内主导产业单位面积产量与产值比周边同类一般高出30%以上。2011年全国种田大户许跃进在宁波市鄞州区洞桥镇百梁桥村生产功能区内种植的甬优12，百亩示范方平均亩产912.7千克，1.225亩高产攻关田亩产高达943.1千克，刷新了单季晚稻单产和百亩方高产吉尼斯纪录。诸暨市推广草莓—稻、西瓜—稻和稻田养虾养鱼等“千斤粮、万元钱”模式3.2万亩，发展适应市场需要的鲜食玉米、迷你甘薯、红高粱等特色旱杂粮，粮食生产功能区平均每亩效益5000元以上。建德现代农业园区内的水果、蔬菜等采用高效设施栽培，效益是普通栽培的3—10倍，其中草莓种苗和草莓果品种植每亩产值达到3万—5万元。常山现代农业园区内1100亩油茶产油量从原来的每亩5千克增加到50多千克，每亩经济效益从300多元增至3000元。

第二，专业合作社。自2000年全国第一家工商登记的专业合作社在浙江温岭市诞生以来，全省农民专业合作社先后经过了实践探索、建章立制、依法规范、积极运用，已经进入提升发展阶段，并形成了较完善的制度体系、政策支持体系和工作指导体系。至2011年底，全省专业合作社有2.6万家，成员及带动的非成员共494万户，占家庭承包总户数的53.3%，已成为推动生态农业发展的重要组织形式。其中，年销售收入500万元以上的合作社1580家，1000万元以上的709家，上亿元的23

家；以资产总额为标志的实力提升势头强劲，达到 197.3 亿元，年均增幅在 15% 以上，2011 年投资比上年增长 57.4%；以收益实绩为标志的经营提升势头强劲，2011 年实现盈余 44.9 亿元、可分配盈余 30.3 亿元，分别比上年增长 23.8%、26.1%；以产品品质为标志的生产提升势头强劲，2011 年全省开展标准化生产和申请质量认证、注册商标的合作社分别比上年增长 15.8%、14.0%、22.9%。

2. 生态农业的制度创新

浙江省是市场经济发达省份，在各种制度创新方面一直处于全国各省市的前列，良好的制度氛围和大量的制度创新，推动了浙江生态农业的快速发展。改革开放以来，浙江省一直以建设高效生态农业为主导，充分利用土地、提高农民收入，形成具有各地特色的块状经济，同时也不断进行农作制度创新，形成了各种不同技术的组合模式，主要通过种植业和养殖业的直接结合以及优质高产、节支增收、生态安全的组装集成和配套技术，形成了耕地的复合生态系统；浙江省还加快了对主要农产品流通体制改革，初步形成了一个以大型批发市场为龙头、专业市场为骨干、集贸市场为基础和各类工商企业、农民积极参与农副产品的市场流通的农副产品市场体系；浙江省在创新农村金融体系方面也作了尝试，以适应传统农业向高效生态农业转变的需要。健全农村金融服务体系，充分发挥农村进入合作机构服务农业的作用，鼓励各类商业银行加大对农业的信贷支持力度；充分利用现有市场机制的优势，大力培育专业农户、农业龙头企业、专业合作社等生态农业生产经营主体，着力构建农业产业化 + 合作化的新型农业生产经营体系，发展农业专业大户，组建新型农民专业合作社，建立“龙头企业 + 专业合作社 + 农户”的农业经营新体制，逐步呈现出生产规模化、管理企业化、经营产业化的高效生态农业局面（徐萍等，2009）。总体来看，浙江生态农业发展主要在以下几个方面进行了制度创新：

第一，农作制度创新。为提高农业综合生产能力，浙江省通过改革和创新传统农作制度，从而提高农业土地利用率，提高绿色有机农产品的比例。例如，每年 10 月底，在晚稻收获后的田里搭大棚。例如，浙江省内许多城市郊区每年的 10 月底收割晚稻后在田里搭建大棚以种植蔬菜、草莓或者瓜类大棚作物，抑或养鸡，到了第二次 6 月份拆掉大棚种植水稻。地处山区的磐安县则通过菇—稻轮作、席草—水稻轮作、西瓜—水稻轮作和药材（元胡）—水稻轮作等途径提高土地利用效率，使每公顷土地的产值达到 30 万多元。上虞市的虞南山区则积极实施板栗林套种高杆型名茶来高效率地利用土地资源（张大东，2007）。宁波鄞州区按照农业生态学和生态经济学原理，利用不同物种生长发育时间和营养特性，综合布局相关配套技术，形成种养结合，粮经结合，水生作物与水产套养、轮养等复合农业生态系统。

第二，农业金融制度创新。2012 年 5 月中国人民银行、浙江省人民政府联合下发了《关于在浙江省丽水市开展农村金融改革试点工作的通知》，这是对浙江农业金融制度改革更大力度的支持。浙江省在以下方面进行了农业金融制度探索：一是探索开展信用农户授信与银行卡授信相结合的小额信贷产品；二是探索扩大以林权、大型农机具等涉农物权抵押的金融支农信贷产品；三是创新银保合作信贷产品，探索发展涉农保险保单质押贷款、涉农贷款保证保险业务和农村小额人身保险保单抵押贷款等业务品种；四是开发促进农业产业化经营的信贷模式，探索发展“公司 + 农户”、“公司 + 中介组织 + 农户”、“公司 + 专业市场 + 农户”等新型信贷模式，发挥农业产业化经营的辐射拉动作用；五是根据农业生产和农业资金需求的季节性特点，发展农产品“产、供、销”一体化的金融供应链信贷产品。这些金融制度的创新实施，为浙江省生态农业发展提供了有力保障。

第三，农产品流通体制创新。浙江省积极探索创新，搭建起由六种流通模式互补融合的全方位农产品流通体系，有效化解了“菜贱伤农、菜贵伤民”的难题。一张日益完善的农产品流通网络在浙江大地展开。截至 2012 年 6 月，浙江拥有农贸市场 39 家，其中交易额在亿元以上的 9 家，年交易总额 26 亿元；拥有农产品展示展销中心 70 个，年交易额 4.7

亿元，联结农民专业合作社1500家；农产品配送中心37个，配送单位2000家，配送额7.3亿元；农产品直供直销店841个，直销额6.3亿元。同时，全省拥有农产品电子商务平台10个，网上交易额2000万元。全省基本形成农超对接模式、配送中心模式、产销一体化模式、展示展销模式、现代农产品批发市场模式、农产品直销模式六大农产品流通模式，共同搭建起“菜园子”到“菜篮子”的“直通车”。

第四，农业经营制度创新。农业经营制度的创新是一个不断探索和逐步完善的过程，伴随着浙江省农村土地承包经营权的快速流转和农业劳动力大量转移，一些发达地区积极探索农业经营体制创新，并取得了显著成效，其主要创新点如下：一是培育新型经营主体，2012年，浙江省正式出台了大力培育新型农业经营主体的意见，对于新型农业经营主体内涵，浙江省在《关于大力培育新型农业经营主体的意见》中提出，“新型农业（含林业、渔业，下同）经营主体是指在家庭承包经营制度下，经营规模大、集约化程度高、市场竞争力强的农业经营组织和有文化、懂技术、会经营的职业农民”。培育壮大新型农业经营主体完善了浙江省以家庭承包经营为基础统分结合的双层经营体制。浙江湖州吴兴粮梦粮油专业合作社联合社的成功注册正是浙江省注重主体培育的体现，也是探索吴兴农业经营体制改革的一次尝试，通过以订单农业为基础的产销新模式、以资金整合使用为重点的支持新方式、以金融资本为核心的农业投融资新机制、以农业保险为保障的风险防范新举措，打造吴兴联合社的“四新”特点。二是建设农民专业合作组织，浙江省是农业部2003年确定的农民专业合作组织建设试点省，台州市是2002年确定的6个地市级农民专业合作组织综合试点之一，农村专业合作组织在省各级政府和农业主管部门的扶持和指导下发展迅速，作为新型的农村生产经营组织，农民专业合作社正式以法人主体参与市场竞争，这一举措使得农民在信贷、商标注册等方面享有相应的法定权利，在销售自产农产品时也可享受更优惠的税收政策。这样不仅可以规范家庭承包责任经营制度，加快农业经营的制度创新，还有利于提升农业生产经营的组织化程度，规范和促进我国农民专业合作组织健康发展（赵维清、边志瑾，2012）。三是发展家庭农场，随着浙江省农村土地不断流转和家庭经营规模的扩大，家庭农场将会成为现代农业经营的重要模式选择。浙江慈溪市家庭农场起步早，发展快，全市共有50亩以上现代农场435家，其中千亩以上15家，500亩以上的37家，100亩以上362家，总经营面积超过10万亩。2007年全市现代农场实现产值4.6亿元，占全市农业总产值的12.3%，其中种植业亩均产出约4250元，比普通农户高30%以上，一些涉及种子种苗等高新农业产业的现代农场，平均效益比普通农户高80%以上。同时，慈溪市政府推出了多项扶持家庭农场的优惠政策，调动了专业大户扩大经营规模、转变经营方式的积极性。

3. 生态农业的品牌创新

随着农产品消费格局的变化，国内外市场对农产品内在品质和安全的要求越来越高，无公害、绿色和有机农产品日益风行（张明林等，2012）。随着高效生态农业建设的推进，浙江省一直以绿色安全优质农产品引领市场，把提高农产品质量和确保农产品安全作为农业发展总体方向，形成从投入品开始到市场消费的全过程的清洁生产和农产品安全保障体系，着力增强浙江农产品在国内外市场中的竞争力。浙江省各地依据当地区位优势和资源优势，积极实施“品牌化”战略，在整合现有品牌资源的基础上，积极推进品牌建设与发展，同时还大力加强质量管理，完善和建立种子种苗、生产资料、产品质量等级、检验检测等标准，强化农产品质量安全源头管理，鼓励和支持无公害、绿色和有机产品认证，为浙江省农产品品牌建设打下了扎实的基础。

浙江省生态农产品品牌认证建设经过多年努力，已经取得了较好的成效。截至2012年底，全省有效期内“三品”总数5184个，其中无公害农产品总数3982个；绿色食品总数1193个。全省累计认定的“三品”产地面积1343.74万亩，其中无公害农产品产地面积1210.86万亩；绿色食品监测面积121.78万亩；经中绿华夏有机食品认证中心认证的有机农产品面积11.1万亩。“两区”内无公害农产品产地整体认定工作进一步加强，新认定48个园区为无公害农产品产地，整体产地认定面积57万亩。加强体系队伍建设，全年培训无公害农产品、绿色食品企业内检员达5881人，努力构筑上下贯通的“三品”管理服务体系。

浙江省生态农业品牌创新的不断突破，得益于各地政府的大力扶持。例如，台州路桥区各级政府和部门一直把整套指导广大农民注册农副产品商标的工作作为服务企业、服务农民一件好事、实事来抓，以提高农业的商标品牌意识，提高农副产品值和市场竞争力，促进农村经济的发展。路桥区人民政府制定政策扶持品牌农业发展，出台了《路桥区农产品“358绿色行动”实施意见》，实行农产品走品牌化战略。对申报“无公害农产品”、“绿色食品”和“有机食品”认证成功的，政府给予奖励。每个“无公害农产品”奖3万元，“绿色食品”或“有机食品”奖5万元，市、区各负责提供奖励资金的50%。与此同时，区政府充分挖掘农业及农产品的文化力，产生了乡村文化、产业文化、合作文化、品牌文化等，在提升农业中发挥了牵引作用。休闲观光农业是农业文化的重要内容，近几年来发展尤其迅猛，成为人们陶冶情操、融洽人际关系、构建和谐社会的有效载体。

四、浙江生态农业发展的主要障碍

浙江省生态农业发展已经取得了显著成绩，各种生态农业模式并存，因地制宜、因时制宜的发展生态农业。与此同时，浙江省生态农业发展也存在着一定的不足之处。

1. 基础资源短缺

浙江省是典型的“人多地少”的省份，耕地面积有限，农业发展地域空间较小，土地后备资源不足。随着工业“三废”污染、水资源紧张和质量下降，农业生产外部生态环境和形势比较严峻，耕地受污染状况难以有效改善。同时，农田水利设施排灌能力不足，基础设施管理保护力度不够。总之，随着经济迅猛发展以及传统农业发展模式消耗了大量的农业资源，农业资源短缺矛盾日益突出，水资源和耕地资源供需紧张

（刘咏梅等，2011）。

2005—2011年，浙江省水资源总量从1014.35亿立方米降至749.2亿立方米，人均水资源占有量低于全国人均水平。此外，由于浙江省水库等设施陈旧、灌溉方式及覆盖面存在设计问题，水资源的利用率也不高。与此同时，水土保持能力、区域生态系统修复能力均较薄弱，也导致了比较严重的水土流失，这不仅使大量的无机肥料和有机质损失，还破坏了土地资源（钱淑琼等，2012）。

浙江省耕地面积的持续减少正成为生态农业发展的又一个瓶颈。据统计，浙江人口密度约为全国的3.4倍，人均耕地不及全国水平数量的一半。由于受到工业化、城市化推进的影响，大量耕地资源被征用来建设工业或城市建筑，浙江省的耕地面积持续减少。耕地作为农业生产的最基本生产资料，也是农作物赖以生存的物质基础，对于农业生产具有举足轻重的地位。农业发展与资源贮存、生态环境保护三者之间的矛盾依旧突出。

2. 资金投入不足

生态循环农业项目投资周期长、经济效益低、市场推广能力弱等问题，导致目前浙江省在农田基础设施建设、农业龙头企业、农业合作社等方面都存在着严重的资金短缺问题，制约着生态循环农业的发展。资金短缺导致生态循环农业发展的后续运行管理力度不足，农业环境维度的投入力度也有所欠缺，成为发展长期、健康、稳定、可持续的生态循环农业的绊脚石（钱淑琼等，2012）。

浙江省休闲观光农业也存在资金投入不足问题，招商引资、对外推介是推进休闲观光农业的有力举措，同时也是提升休闲观光农业创新力度的新举措。因此，如果通过招商引资引入科学的管理模式、资金投入、合适的管理团队，成为发展休闲观光农业的重中之重（徐莉青，2011）。

资金投入不足问题也限制了设施农业的发展，以依靠镇、村、农户自有资产和贷款资金为主的设施农业缺乏政府财政支持，同时，对于设施农业的发展前景亦缺乏全面、整体的规划，使设施农业流于表面。因此，加大资金投入力度，增加贷款资金金额，精简贷款程序，完善水、电、道路灯基础设施等成为促进设施农业发展的有力举措（左景行等，2010）。

3. 生产规模偏小

浙江省通过多年的农业产业化经营取得了显著的成绩，农民专业合作社建设处于全国领先水平，但由于农业基本经营制度的限制，仍存在一些不足，导致农业经营规模难以扩大。浙江省人均耕地面积 0.53 亩，只有全国平均数量的 1/3 略多。受土地的肥沃程度、交通条件以及社会福利保障等方面的影响，在按人口均包土地制度下，浙江省农业土地经营细碎化更为突出，浙江省是世界上农户耕地面积最小的省份，由于经营土地面积的限制，农户难以进行规模化的种植生产，相对应的规模化、企业化、现代的经营管理难以实现、农业机械化程度推进缓慢，土地生产率、劳动生产率等难以提高，农户经营积极性受到了限制。因此，扩大生产规模，实现规模化、企业化、现代化经营成为浙江省发展生态农业的一大瓶颈（黄冲平，2008）。

4. 技术支撑不足

由于原有基础、体制、投入、人力资本等原因，浙江省农业科技应用水平依然不高，创新体系还不健全。农业科技投入不足，农科教脱节，应用研究力量较弱，拥有自主知识产权的种子种苗不多，种养制度创新水平不高，高新技术产业化和外向度比较低。农技推广活力不强，没有严密的考核、激励、竞争和淘汰机制，农技人员主动性和创造性不强。农业劳动力素质不高，例如台州市路桥区农村劳动力平均受教育年限为 7.15 年。从事农林牧渔业的劳动力中，初中及初中以下文化程度的占 96.3%，经过专业技能培训的更少。科技成果转化率、技术到位率和普及率只有 60% 左右，导致大宗农产品生产水平不高。

对于易推广、低成本的实用型生态循环农业技术的引进是推动生态循环农业稳步发展的有力法宝。但现阶段，农业技术引进、研发力度不足，推广力度不够等问题，阻碍了浙江省生态循环农业的发展。生态循环农业技术水平还不足以维度其高运行成本，这使得生态循环农业的经济效益受到了限制，如农业废弃物处理，秸秆气化工程等农业技术项目依靠政府出资，市场推广力度不够。现阶段正是农业改革转型时期，需要大量掌握高新农业技术的新型农民，但这样的人才也很缺乏。

农技推广体系与服务水平不高，农业科技人才严重缺乏。一是体制机制问题比较突出。乡镇农技人员在行政上由乡镇领导、业务上由农业局指导，这种机制弱化了农技工作，造成大部分农技人员在编不在岗。二是农业科技队伍青黄不接。农技人员缺失较多，例如兰溪市种植业农技人员编制 328 名，在编 220 人；人员老化问题突出，现有 148 名乡镇农技人员中，55 岁以上占 32.4%，35 岁以下只占 12%。三是农技人员待遇不高。由于农技人员以事业编制为主，待遇相对不高，留不住人的现象非常突出，年轻人大多不愿长期从事农技工作，招聘进来不久，年轻有能力的考取公务员或选调离开。

农技投入及其保障缺乏保障。一是科技投入与现代农业发展对科技的需求矛盾突出。农业科技项目难以做到“有所为、有所不为”，许多增产增收的农技成果示范有效，推广无效。二是农村金融服务机构不完善，门槛高，农业企业和农民融资难。商业贷款程序繁，利息高，担保困难，不能适应农业季节性所需的资金需求；农业企业多为民营企业，土地使用权证、房产证等不完善，不能满足贷款要求。三是农业人才资源匮乏。农业比较效益低，缺少对高素质人才的吸引力，劳动力老龄化现象比较突出，缺乏有知识、有技能、有体力的农村实用人才。同时，基层农技推广队伍人才结构不合理的矛盾也逐步显现，缺乏懂农产品加工、农业招商引资、涉外农业等方面的人才，农技推广队伍年龄老化问题非常突出。

5. 产业层次不高

浙江省农业产业化依然处于起步阶段，农业产业化的标准化基地建设相对滞后，专用加工的农产品质量不稳定、基地普遍规模小，特色优势主导产业不突出。

龙头农业企业规模不够，档次较低，从而导致其在创新方面的能力不足，农业产品科技含量不足，质量也难以保证。另外，企业没有很好地联合农户，农户无法从企业得到利益。农业产业化发展呈现出地域性特点，发展的不平衡说明了农产品行业协会并没有起到良好的作用。农民专业合作社有待进一步规范（黄文格等，2009）。

因人多地少的原因，在粮食生产结构主导下，高效经济作物、特种畜禽业发展不稳定，产业效益起伏较大。特别是农业产前的种子产业、产后的加工业、流通业和技术服务业规模不够大。很多出口蔬菜、高档果品的种子都掌握在外国公司手中，不仅生产受制于人，种业利润也外流。农产品加工率仅30%左右，一些主要农产品如蔬菜、肉类等加工率只有6%和7%，且大多为粗加工，而发达国家种养产品加工成食品的比例在30%以上，农产品精深加工率80%，浙江省的差距明显。另外，农产品物流体系滞后，市场信息不对称，流通交易方式传统，成本高，速度慢，市场的导向作用不明显。

6. 产品安全监管体系不健全

尽管浙江省农产品质量安全监管体系建设取得较大的进展，但与全面提升现代农业发展层次的要求相比，还有较大的差距。

第一，基层农业部门监管体系薄弱。从全省的情况看，农产品质量安全已引起各级党委政府的高度重视，但基层农业部门行政监管力量配备仍然不足，普遍缺乏人员、缺乏手段、缺乏经费，还有1/3的县（市、区）未设立农产品质量监管科室，已设立监管机构的其作用也有待进一步强化。如湖州市全市负责生产、流通的专职监管人员分别只有14人和22人，其余100多人均为兼职，而市本级和所有县区都没有设立专门的监管机构和配备专职监管人员。同时，县乡两级农产品监管的工作定位、主要职能不是很清晰，县级监管科室与其他业务部门的关系不是很明确，农业部门与食品安全监管部门的责任边界不是很清楚（占金荣等，2013）。

第二，检验检测体系仍然薄弱。迄今全省尚有11个县未实施农产品质检项目建设，而已建成的部分县级农产品检测机构存在设施设备简陋、人员编制少、技术力量弱、经费保障差等问题，如大部分县级检测机构以快速检测设备为主，缺乏定量检测设备；部分检测机构虽然配备了定量检测仪器，但正式编制数少，工作待遇保障差，检测队伍不稳定，检测人员技术能力不高，存在“检不了、检不出、检不准、检得慢”问题，难以满足日益繁重的监管与监测任务。

第三，农业标准化推广难度较大。虽然浙江省也制定了一系列的农业标准，但存在重标准制定轻推广的现象，标准制定和推广实施脱节。另外，受“低、散、小”的传统农业生产模式影响，生产主体较为分散，接受标准化生产能力较弱，标准化推广的难度大，在农业生产中仍存在着“有标而无准”的现象，不能适应从温饱需求到追求健康营养为目的的标准化生产客观要求。

第四，监管队伍能力素质亟待提高。基层农产品监管队伍新陈代谢机制不完善，知识更新培训不及时，业务能力与监管需求有较大差距。据对杭州市的调查，基层监管队伍呈现 3 个特点：年龄老化，如余杭基层农技人员中 51—60 岁的人员约占 56%，而 21—30 岁的人员则出现断层；学历偏低，如淳安、临安农技推广队伍中大专及以下学历均占 75% 以上；非专业比例高，如富阳从事基层农技推广和监管工作人员中非农业专业的达 62%。全省乡镇农产品质量监管机构虽已普遍设立，但许多地方责任机制不健全，监管人员在册不在岗，很多监管工作没有落实到位，亟待加强专业化队伍建设。

五、浙江生态农业发展的对策建议

1. 浙江生态农业发展的理念引领

发展生态农业是满足社会日益增长的对安全食品、绿色食品和生态产品需求的迫切需要，是实现农业可持续发展、农业和社会以及环境和谐发展的根本要求。生态绿色农产品生产是提高农产品核心竞争力的重要途径和必然选择，也是衡量小康社会农产品、食品供应能力的重要标志，是衡量城乡居民生活水平的重要标志（顾益康等，2008）。生态农业具有资源集约开发、循环利用和可持续发展的本质特征。高效生态农业，是现代农业发展的基本实现阶段，各种现代农业的特征都应该得到较高水平的体现。发展现代农业需要树立农业生态化的理念，同样发展生态农业也要走环境友好型、资源节约型的绿色循环低碳发展的路子（程渭山，2006）。在发展生态农业的过程中，浙江一直走在全国的前列。在农业发展新的历史时期，浙江又一次提出了“高效生态农业”的发展理念，就是要大力实施以“高效、生态”为目标，以增强农业的市场竞争能力和可持续发展能力为核心，形成经济高效、产品安全、资源节约、环境友好、技术密集、凸显人力资源优势的高效生态农业。

（1）要始终把顺应发展要求、创新发展理念作为发展生态农业基本要求

主动顺应经济社会发展要求，准确把握农业市场化、国际化趋势，根据不同时期农业发展的阶段性特点，不断赋予新的发展理念，优化农业和农村要素资源配置，提升农业整体素质和竞争能力，不断拓展农业功能和内涵，满足城乡居民对农业多元化的需求。发展生态农业是建设资源节约型、环境友好型社会的重要内容，需要全社会共同参与、合力推进。各级政府要从转变思想观念入手，立足营造政府积极倡导、农民自觉参与、公众密切配合的良好氛围，宣传发展生态循环农业的战略意义和现实作用，引导基层干部和农民群众树立新的资源观、发展观和生态价值观，提高建设高效生态农业自觉性。

（2）要切实加强社会公众的引导，积极倡导绿色消费和健康文明的生活方式

加快建立健全优质优价机制，为高效生态农业发展提供外在动力。建议把发展高效生态农业作为各级科普教育的重要内容，在报纸、广播、电视、网络等主流公众媒体开辟公益宣传专栏，多途径、多渠道、多形式开展宣传，使高效生态农业的理念真正深入人心（张大东，2007）。加强生态农业宣传，引导广大干部和农民群众树立新的资源观、发展观和

生态价值观，提高建设生态循环农业自觉性，营造政府积极倡导、农民自觉参与、社会普遍关注的良好氛围。利用各种媒体，采取多种形式，广泛宣传发展循环农业的新举措、新经验、新典型。深入挖掘总结基层群众的实践创造经验，充分利用报刊、广播、电视、网络等媒体，多渠道、多形式宣传高效生态农业发展理念、政策和典型，普及高效生态农业知识，加快高效生态农业发展有效模式的推广。

（3）要围绕“高效生态农业”战略，要在生态农业生产商组织发展先进典型推广和相应生态技术交流

按照省抓示范县、市抓示范区、县抓示范点、镇抓示范户的思路，层层建立示范体系，以点带面推动生态循环农业整体推进。通过省级生态农业示范县、示范区、示范企业和示范项目创建，总结宣传成功经验，扩大示范创建的带动效应，以点带面推动浙江省高效生态农业健康发展。通过典型示范引导，培植不同类型的典型，不断总结、挖掘典型经验。抓好典型示范，总结挖掘典型经验，加大宣传力度，建立辐射带动机制，以点带面，推进农业沿着正确方向发展。大力加强农民培训工作，在绿色证书培训、新型农民培训中，大力普及和推广相关知识。通过宣传教育，努力增强农业系统广大干部群众和农民的节约意识，提高发展循环农业的自觉性和主动性，营造共建生态农业的良好氛围。

2. 浙江生态农业发展的市场导向

在市场经济条件下，市场是生产的导向。高效生态农业从根本上讲要反映市场的需要、体现竞争的要求。因而，发展生态农业一定要坚持市场化导向，要着力满足市场上消费者对生态农产品的需求，同时也要运用市场机制引导生态农产品的供给。要按照市场经济规则，选定农产品目标市场，着力拓展市场，提高农产品市场竞争力，是发挥市场机制的基础性作用，建立市场对高效生态农业的拉动作用的途径。坚持生态农业发展的市场导向，要做到以下几点：

（1）要加强农产品市场研究

既要系统调查现有农产品的市场，详细了解需求情况，包括需要的

品种、数量、档次要求、流通渠道等，还要从经济社会发展与一些市场信号分析未来走势，进行科学的市场细分、营销策略和销售渠道研究；既要开拓市场，还要引导消费，创造市场。

（2）要大力发展农产品现代市场营销体系

要发挥农产品专业合作社、农业龙头企业、行业协会以及专业大户的市场营销力量，加快农产品批发市场和集散市场的改造升级，建立以重点农产品批发市场为核心的农产品市场体系（程渭山，2006），积极培育和发展农产品流通体系，规范农产品流通秩序，提高流通效率，构建系统化、集约化、高度市场化的农产品市场营销体系。

（3）要推进农业“走出去”战略

要依托浙江省自然资源和农业生产的比较优势，充分利用两种资源、两个市场，利用资本纽带，把要素市场开发与产品市场开拓有效结合起来，把浙江省的资金、技术、品牌、加工和管理等优势，与省外的土地、人力和市场优势结合，利用内外市场联动作用，在更大范围、更广领域、更高层次上促进生产要素的优化配置，为浙江农业结构调整和产业升级提供推动力。

3. 浙江生态农业发展的资金投入

随着农业现代化的推进，农业中资本的有机构成不断提高。生态农业的发展要求科技研发、人力资本等生产要素的综合性利用和集约型投入，更是离不开资金的支持，需要不断依靠资金的投入实现资本对劳动力的替代和产品质量的提升和产业的可持续发展。因而要通过引导资金投入流向来支持生态农业的发展，不断增加生态农业的资金投入。相关政府部门要制定发展生态循环农业政策意见，加大生态循环农业发展的财政支持力度，积极争取出台病虫害物理和生物防治、使用可降解农膜、农业废弃物资源化利用等补贴政策。

（1）要积极发挥政策和财政资金的导向作用

努力形成以政府投入为导向、主体投入为主导、社会力量投入为补充的多元化投入机制。各级财政都要按照建立与完善“工业反哺农业、城市支持农村”的体制机制，建立多元化、多层次、多渠道的现代生态农业资金投入机制。要切实深化财政体制改革，调整财政支出结构，增加对高效生态农业建设的投入；预算内支农支出占财政总支出用于现代生态农业建设的比重每年要有所提高。要切实整合财政支农资金，优化投资结构，集中力量支持高效生态重点农业项目。要进一步完善和落实粮食直补、良种补贴和农机补贴政策，特别是要将过去补贴粮棉流通环节的资金用于直接补贴农业生产者，对生态农业生产经营者予以更高的补贴支持。认真贯彻落实国家和省有关增加财政对农业科技投入的规定，省、市、县各级科技经费中确保有用于生态农业科技研发的比例，对生态农业科技项目予以更大额度的科研经费支持。

（2）要积极调动农业生产经营主体和社会力量的积极性

充分发挥浙江省省民营经济发达的优势，引导各类工商资本、外资和民间资金参与投资兴办高效生态农业，引导多种投资主体参与发展农业信息、科技、金融等服务产业。对现代生态农业设施管理用房以及加工型农业龙头企业项目和农村村庄整治用地，要做到优先安排。将获得无公害农产品、绿色农产品和有机农产品认证的企业和农户纳入财政支持、奖励范围。鼓励生态农产品出口企业到境外参展、质量论证和创建品牌，着力扶持建立生态农产品进出口商会和行业协会。

4. 浙江生态农业发展的产业提升

浙江省生态农业生产经营规模偏小，产业化水平亟待提高。提升生态农业的产业化水平将能更好地适应消费需求的变化，降低经营风险，降低交易成本，解决生态农产品质量信息不对称等问题（黄冲平等，2008)。因而，需要支持浙江省生态农业向规模化经营方向发展，支持生态农业产业的发展和产业化水平的提升。

（1）要大力推广生态农业专业合作经营制度，培育生态农业专业合作社

在税收、信贷、财政、人才和进出口等政策上对专业合作社给予支持，为生态农业专业合作社提供完备的制度体系保障。发展扶持生态农

产品订单生产，发展机耕、播种、植保、收获和销售的统一服务体系。

（2）要培育、发展和壮大各类生态农业龙头企业，带动产业链相关企业和组织的发展

要按照扶大、扶优、扶强的原则，鼓励支持精深加工能力强、辐射面广、有产业带动力的生态农业龙头企业的发展，使得龙头企业不断发展壮大并带动产业链上下游企业和经营组织的发展。鼓励支持龙头企业与农户建立稳定的产供销协作关系，鼓励实行“订单生产”和“公司+农户”等多种协作生产经营方式。

（3）要推进现代生态农业园区（综合区）建设

不同地区要结合自身的资源环境禀赋，按照生态农业产业化的要求，建设生态农产品优势产区。通过探索土地承包经营权入股、土地流转实物租金+土地增值收益提成等新型土地流转方式，将分散在千家万户的土地集中到新型农业主体手中；通过不断完善农业服务体系建设，进一步提升了农业社会服务水平；通过新品种、新技术、新模式的推广应用，园区的经济、社会和生态效益取得了“三丰收”。

5. 浙江生态农业发展的科技支撑

科技是高效生态农业发展的根本保证。它不仅包括生产技术，还包括加工、贮运、种子种苗、种养模式等技术，不仅包括技术本身，还包括创新推广技术的能力。因此，农业科技支撑要在改革开放以来取得重大进展的基础上，适应高效生态农业的要求，根据农民需求和市场变化，加速从计划导向转向市场导向，加速从单一的推广体系转向多元化的推广体系，加速推进由单向技术推广转向综合（组合）技术推广，着力在科技创新、推广应用和有效促进农业发展上狠下功夫（张大东等，2008）。做好生态农业发展的科技支撑，主要应做好以下几个方面的工作：

（1）要通过技术创新提升生态农业产业化水平

要紧紧抓住未来几年生物技术、信息技术和新材料技术快速发展的有利时机，不断加大农业科技投入，加快农业科技创新平台建设，着力

增强农业科技的自主创新能力。鼓励涉农企业增加技改投入和新产品研制开发，加快农业科技成果转化，健全农业科技服务体系，把农业科技创新作为提升高效生态农业产业化水平的根本支撑力量。

（2）要顺应市场需求进行技术创新

科技开发不能为技术而技术，而是根据市场需求和社会发展需要进行技术创新，提高农产品质量水平，保障农产品安全。加强科技协作攻关，力求在种子种苗、农产品精深加工保鲜、标准化、质量安全、资源综合利用和生态开发技术等方面取得突破。建立完善政府服务、自我服务与市场服务相配套的服务体系，重点推行市场化运作，使生态农业有市场，生态农产品有市场。

（3）要顺应社会发展进行生态农业技术创新

发展高效生态农业的支撑技术体系主要包括生态农业技术与农业清洁生产技术、废弃物处理和循环利用技术和科学施肥用药技术等。着力推广以保护农村和农业自然生态环境为目标的农业生产新技术、新工艺和新方法，及时制定符合省情的农业技术政策，积极应用“生态农业”、“绿色农业”和“无公害农业”等新型农业生产方式，提升和改变传统农业生产技术模式。要着力发展能够实现资源节约、环境友好的生态农业技术（钱淑琼，2012）。加强关键技术攻关，重点研究开发无污染、无公害以及节材、节水、节地、节能生产技术和农业污染防治技术、农业固碳技术等，努力突破制约生态循环农业发展的技术瓶颈。加快推广应用农业资源节约和替代技术、生态种养技术、产业链接技术、清洁生产技术、新能源开发利用技术、废弃物无害化处理与资源化利用技术，提高科研成果转化率。

（4）要重视科研成果的应用转化

科研部门的研究成果能及时得到生产部门的示范和推广应用，提高转化率。其中，很重要的是适应农业区域化布局的要求，深化基层农技推广体系和运行机制的改革，探索建立以县农技推广机构为依托的区域性农技推广机构，提高农技人员素质，创建高效的农技推广服务平台。

同时生态农业技术要能够让使用者相关企业和农民愿意并积极采用。企业、农民群众是农业科技的主体，发展高效生态农业要与其科技应用能力相对应。实施好农业科技和信息进村入户工程、农村劳动力素质培训工程，增强农民专业技能和吸纳现代科技的能力，加快农业科技成果普及转化。

6. 浙江生态农业发展的政策激励

生态农业的发展离不开政策的指引和支持。为加快发展高效生态农业，浙江省已经实施并建立了相应的规划、法规和政策措施，今后仍然要坚持规划引领、法规保障和政策的激励。

（1）要强化高效生态农业发展的统筹规划

发展生态农业是一项复杂的系统工程，既要着眼长远，统筹规划、明确定位，又要立足当前，点面结合、分步推进。要把发展生态循环农业作为国民经济和社会发展规划的重要内容，编制生态循环农业建设专项发展规划，明确今后一个时期生态循环农业发展的总体要求、目标定位、主要任务和保障措施，作为贯穿建设高效生态的现代农业的一条主线。同时，制定生态循环农业实施意见，分年度、分层次明确工作目标、任务和措施，推动生态循环农业有力有效推进。要合理规划，以点带面，以种养大户、家庭农场、专业合作社、农业龙头企业为主要农业生产经营主体，规划和建设生态农业示范项目、示范企业、示范县和示范区，多层面、多渠道、全方位地推广示范生态农业示范模式，推进高效生态农业的健康可持续发展（钱淑琼等，2012）。

（2）要完善生态农业发展的法规政策

要加快立法进程，建议省人大、省政府加快推进农业生态环境保护、农业废弃物处理、农业资源化利用、生态农业技术转让等地方立法，充分利用法律制度的约束，建立农业生态环境动态评价和补偿制度，健全用地与养地相结合的利益约束机制，为生态循环农业发展提供法制保障。逐步建立完善农业环境的监测、评价和认定体系和法规建设，包括农业污染源的收集监测和分析利用体系，农业投入品准入、监管体系，农业标准化生产制度修订、执行体系，农业土壤监测、评价和提升体系，农产品监测、评价和跟踪追溯体系等。

（3）要实行政策倾斜和激励

要充分考虑发展高效生态农业的公益性和正外部性，综合利用价格、税收、金融、补贴等政策杠杆和手段，调动农业生产经营主体和社会力量发展高效生态农业的积极性。重点是要对施用有机肥、实行病虫物理和生物防治、淘汰高耗能农业机械和加工设备、生产绿色有机产品的，给予补贴和奖励；对生产绿色农业生产资料、发展农产品精深加工业、农业废弃物收集处理、生物能源开发、农村沼气管理维护等企业和组织，给予融资便利、贷款贴息和税收减免。要突出重点地区、重点产业、重点技术，精心设计实施载体和工作抓手，增强发展生态循环农业的计划性、系统性和可操作性。制定发展生态循环农业政策意见，加大生态循环农业发展的财政支持力度，积极争取出台病虫害物理和生物防治、使用可降解农膜、农业废弃物资源化利用等补贴政策。发挥政策和财政资金的导向作用，调动农业生产经营主体和社会力量的积极性，形成以政府投入为导向、主体投入为主导、社会力量投入为补充的多元化投入机制。

【参考文献】

[1] 林本喜："浙江现代农业模式、评价与影响因素研究——基于资源利用效率的视角"，浙江大学博士学位论文，2010 年。

[2]"一优两高"农业课题组："适应市场经济要求　发展'一优两高'农业"，《浙江学刊》，1993 年第 2 期。

[3] 胡豹："宏微观环境、资源配置与农业发展研究——基于浙江的实证"，浙江大学博士后研究工作报告，2006 年。

[4] 赵洪祝："扎实推进生态文明建设开创浙江科学发展新局"，《政策瞭望》2010 年第 7 期。

[5] 邓启明："基于循环经济的浙江现代农业研究：高效生态农业的机理、模式选择与政府管理"，浙江大学博士学位论文，2007 年。

[6] 黄冲平、顾益康："浙江高效生态农业的面临问题及发展理念"，《浙江农业科学》，2008 年第 4 期。

[7] 浙江省绿色食品办公室："2012 年绿色食品发展总体情况"，http：//www. greenfood. org. cn，中国绿色食品网，2013－06－01。

[8] 张棋、郑水明、叶雪珠等："浙江省生态循环农业发展实践模式和对策"，《安徽农业科学》，2011 年第 8 期。

[9] 郑水明："生态循环农业的浙江实践"，《农村工作通讯》，2011 年第 11 期。

[10] 胡豹："浙江省循环农业发展的实践模式及其启示"，《经济地理》，2009 年第 6 期。

[11] 浙江省农业厅、浙江省统计局：《浙江农业 60 年发展报告》，浙江人民出版社 2009 年版。

[12] 张大东、徐红玳、胡豹："浙江加快农业发展方式转变的战略思考"，《中国农业资源与区划》，2011 年第 1 期。

[13] 袁本华："湖南省辉耀生态科技园对水土保持与生态休闲旅游的实践与探索"，《亚热带水土保持》，2010 年第 3 期。

[14] 韩远彬："欠发达地区生态观光农业与当地文化创意产业融合研究——以浙江丽水市为例"，《湖北农业科学》，2012 年第 2 期。

[15] 徐莉青："浙江与台湾休闲观光农业的发展研究"，浙江农林大学硕士学位论文，2011 年。

[16] 欧文伟："北海市大棚设施农业现状与发展对策"，《广西热带农业》，2010 年第 6 期。

[17] 左景行、潘慧锋、宋泉华等："浙江省设施农业的现状与发展对策"，《浙江农业科学》，2010 年第 3 期。

[18] 徐萍、卫新、王美青等："浙江省现代农业发展的现状、问题与对策研究"，《中国农学通报》，2009 年第 12 期。

[19] 张大东："浙江省循环农业发展模式研究"，《中国农业资源与区划》，2007 年第 6 期。

[20] 赵维清、边志瑾："浙江省家庭农场经营模式与社会化服务机制创新分析"，《农业经济》，2012 年 7 月。

[21] 张明林、喻林、刘克春："实施生态品牌战略，促进生态农业产业化发展"，《江西崛起策论》，2012 年 1 月。

[22] 刘咏梅、黄宝连、米松华："东部沿海发达地区循环农业的优势、约束及思路"，《农村经济》，2011 年第 7 期。

[23] 钱淑琼、张方方、吴亚琪等："浙江省生态循环农业发展现状及对策研究"，《安徽农业科学》，2012 年。

[24] 黄文格、班锋、雷小聪："良庆区发展农业产业化的思考"，《中共南宁市委党校学报》，2009 年第 S1 期。

[25] 占金荣、桂平雄、季卫英："浙江省基层农产品质量安全监管体系建设成效、问题与对策"，《农产品质量与安全》，2013 年第 3 期。

[26] 顾益康、黄冲平："浙江发展高效生态农业的战略与思路"，《浙江农业科学》，2008 年第 2 期。

[27] 程渭山："浙江省高效生态农业的发展模式与推进机制"，《政策瞭望》，2006 年第 6 期。

[28] 张大东、胡豹、王美青："浙江循环农业发展运行模式研究"，《中国人口·资源与环境》，2008 年第 18 期。

（**本章执笔：**马永喜、潘松挺、沈满洪）

分　　论

分论之一：生态种植业发展与绿色农产品开发

种植业是农业的重要组成部分，随着工业化、信息化、城镇化、市场化和国际化的快速推进，种植业发展面临着严峻的挑战。在资源和环境承载力的约束下，如何保障种植业的高效发展、绿色农产品的有效供给、实现农业可持续发展，更加依赖于有限资源的节约、高效、循环利用以及生态环境的保护和改善。“十二五”时期是浙江省全面建设小康社会的关键时期，更是推动生态省、绿色浙江建设的关键时期，必须加快生态种植业发展，加强绿色农产品开发，依靠科技进步，提高资源利用率和土地产出率，促进浙江省种植业持续稳定发展，推动浙江省生态文明建设。本部分对浙江省生态种植业与绿色农产品开发进行历史回顾，在对浙江省生态种植业和绿色农产品开发成就的分析基础上，提炼了浙江绿色农产品开发的经验，最后提出浙江省生态种植业与绿色农产品开发的对策建议。

一、浙江省生态种植业与绿色农产品开发的历史回顾

1. 传统种植业（1949—1978）

在新中国成立初期，由于国家经济发展水平低下，农业生产方式落后，在巨大的人口数量压力下，追求温饱是国家和各级政府的主要任务。

中央和地方政府采取以农业补贴工业的发展战略。在 1949—1961 年，在"以粮为纲"的思想指导下，浙江农村经济基本上是单一的农业结构，第一产业的产值占三产总值的比例高达 95% 以上。此时，浙江实行高度集中的计划经济体制，形成了统购统销的农产品购销体制，即农产品购销在农村实行计划收购（统购），在城市实行计划供应（统销）。1961 年开始，浙江将各种农副产品对国计民生的重要性划分为三类进行分级管理。1949—1978 年，浙江省农村居民人均收入从 47 元增加到 165 元，年均递增速度只有 1.6%，人均生活消费支出从 51 元增加到 157 元，年均递增速度只有 3.5%。贫困发展率为 36.1%，高于全国平均水平 5.4 个百分点。这一时期农民消费水平波动大，生活改善慢，仅能维持基本的温饱水平，恩格尔系数居高不下，基本上在 60% 以上，日常生活开支以"吃"当先（顾益康等，2009）。此时浙江省的种植业状况可称为传统种植业，即秉承了传统农业的耕种方式，主要依赖资源的投入，较多地靠人力、畜力和简单的生物性化肥投入进行种植活动。生产产品的商品率不高，农业种植结构单一，亩产量偏低，制约了农村经济的发展。

传统种植业表现出低效的种植效益，但遵循自然界自身的发展规律，不会或很少对土地等资源进行过度的挖掘和使用，由于农户知识水平有限和科技发展的缓慢，对化肥、农药的使用非常有限，从而对自然资源的破坏性较低，呈现出原生态的特性。

2. 现代种植业（1979—2000）

改革开放以来，浙江省种植业结构调整取得了明显进展，改变了"以粮为纲"的单一种植模式，促进了农牧副渔和第二、三产业快速发展以及优质农产品开发。由于人均农业资源稀少，浙江农村经济的多种经营相对较发达，农村第二、三产业，尤其是以乡村集体工业为主的第二产业在 20 世纪 70 年代中期已经开始起步。

种植业开始形成规模化、集约化经营，20 世纪 80 年代中期以来，浙江涌现了一批以种粮大户为主的粮田适度规模经营实体。省委、省政府先后下发了《关于经济发达地区推进土地适度规模经营的若干政策规定》(1988)、《关于发展粮田适度规模经营的决定》(1994)、采取转包、反租倒包、股份合作、租赁等多种形式有序推进农村土地经营权流转。全省承包耕地0.67公顷以上的种粮大户有10.8万多户，承担40%左右的粮食定购任务。种植产量1998年比1984年增加105.91亿元，种植业内部粮食与经济作物产值比由1978年的74:26调整为1998年的50.2:49.8（赵伟明等，2000）。

党的十四大以后，浙江省农产品供给实现了由长期短缺向基本平衡、丰年有余的历史性转变。浙江农民的生活方式发生了翻天覆地的变化，收入水平在经济发展的基础上，不断跃上新台阶，并连续24年位居全国各省区首位。这一时期农村居民消费水平持续快速增长，人均生活消费支出1991年首次突破千元大关。农村居民恩格尔系数持续下降，从1997年开始稳定在50%以下，农民生活质量全面改善（顾益康等，2009）。在这个时期，全国人民已跨越了温饱阶段，向追求小康生活迈进。在保障粮食供应的基础上，通过多元化的种植结构满足人们日益丰富的生活需要。

多元化的市场需求推动了浙江省现代种植业的发展。为了满足市场需要，农业耕作方式从传统分散的农户经济向合作化、产业化方向转化，农户广泛地加入到各种专业化合作组织中，如专业协会、专业委员会、生产合作社、供销合作社等等。现代种植业发展中往往基于市场需求和本土优势，从单纯的传统粮食作物种植转向粮食作物、经济作物共同种植的多元化种植结构。通过机械化生产以及科学种植技术的使用，农作物应对自然灾害的能力不断增强，单位农产品的产品大大增加，呈现出较高的种植效益。但随着农业生产中化学肥料和化学农药的广泛和大量使用，造成对土地、水源、空气的污染，使野生动植物不断减少，一些农产品质量退化，呈现出不生态的特性。

中共浙江省委、省人民政府适时地制定了《浙江省农业和农村现代化建设纲要》(1998)，以推进农业结构战略性调整为中心任务，大力发展效益农业，把农业的发展目标从追求产量、保障区域供给转向追求质量、提高经济效益，走劳动密集、技术密集、资本密集相结合的精致型效益农业之路。

3. 生态种植业（2001 年以来）

在 2001 年 3 月 11 日召开的中央人口、资源、环境工作座谈会上，时任中共中央总书记的江泽民同志指出："积极发展生态农业、有机农业，使农药、化肥使用量降低到一个合理的水平，控制农业面源污染，保证农产品安全"①。基于人与自然的和谐相处的生态农业发展理念，生态种植业重视生态环保和可持续发展。

21 世纪以来，特别是中国加入 WTO 之后，国际化视野下的种植业发展旨在不断提高本国人民生活质量、促进生产发展，走向国际市场，实现人民富裕。农产品生产不仅要满足本地、本国人民的需要，更成为广大农民致富的一个重要方式。早在 1998 年 10 月，时任中共中央总书记江泽民同志在浙江考察时就指出，沿海发达地区农村可以率先基本实现现代化。1999 年 1 个月，中共浙江省第十次党代会提出，要全面调整农业生产结构，不再强求全省粮食自给，大力推进效益农业，实现农业增长方式的根本性转变。2000 年 12 月 12 日，时任浙江省委书记的张德江同志向时任国务院总理的朱镕基同志汇报了浙江调整农业结构、发展效益农业的情况。朱镕基总理听后高兴地说，从浙江省的粮食供求关系来看，可以更快地调整农业经济结构，加快粮食收购市场化改革步伐。2001 年 1 月，浙江省人民政府正式向国务院提出报告，申请在浙江实行加快粮食收购市场化改革试点。2001 年 3 月，经国务院批准，浙江省率先进行了粮食购销市场化改革，在粮食销售市场放开的基础上，粮食收购市场进一步放开，允许多种所有制经营主体经批准参与粮食经营，粮食收购价格随行就市。按照国务院批准的方案，就是让农民真正成为市场经营的主体，什么收益好种什么。浙江省取消了指令性种植计划和粮

① 新华网："中央人口资源环境工作座谈会举行"，2001 年 3 月 11 日，http：//news. xinhuanet. com/politics/2009 –03/11/content_ 10933588. html。

食定购任务，同时运用现代信息手段引导农民调整结构[①]。从2001年起，开始大幅度缩减不具有区位优势和生产优势的大宗农产品生产量，而比较效益好、明显具有特色优势的农产品生产得到了发展，种植业全面走上了市场化轨道。具有优势的蔬菜、瓜果、花卉、中药材的生产发展较快，食用菌、茶叶、桑等特色农产品生产也有了较大的发展，通过种植业结构调整和经济增长方式的转变，浙江省种植业产业结构日趋合理，基本主导产业日益凸显，农业产值和效益得到同步增长，面向国际化市场的农产品比重不断升高。

从2001年起，套作间种、无土栽培、滴灌等先进科技手段被广泛应用，大棚种植、反季节栽培、设施农业普遍使用。浙江各地农业基地建设步伐加快，2001年全省涌现万亩以上的基地283个，面积达648万亩。传统粮仓湖州逐步建成了以菱湖为主的10万亩特种水产基地，以太湖南岸为主的7万亩蔬菜基地，以104国道沿线为主的10万亩早园笋基地和近万亩花卉苗木基地。推进粮食收购市场化改革，从根本上促进了农业结构的战略性调整。2003年浙江省人民政府印发了《浙江生态省建设规划纲要》（浙政发［2003］23号），强调积极发展生态农业以建设生态省，打造绿色浙江[②]。该《纲要》提出了加快绿色农产品生产，利用全省特有的生态资源优势，形成布局合理、结构优化、标准完善、管理规范的绿色食品和有机食品体系。推广生态农业模式，积极推广以沼气为纽带的生态农业开发模式、以农田为重点的粮经作物轮作模式、以减少面源污染为核心的农药、化肥、地膜科学使用模式。

生态种植主要通过提高太阳能的固定率和利用率、生物能的转化率、废弃物的再循环利用率等，促进物质在农业生态系统内部的循环利用和多次重复利用，以尽可能少的投入，求得尽可能多的产出，并获得生产

---

① 新华社："至关重要的一项改革——浙江加快粮食收购市场化进程纪实"，《人民日报》，2001年5月8日，http://www.gmw.cn/01gmrb/2001-05/08/01-2A657780907B5D7448256A45007F811B.html。

② 《浙江省人民政府关于印发〈浙江生态省建设规划纲要〉的通知》，浙政发［2003］23号，2003年8月19日。

发展、能源再利用、生态环境保护、经济效益等相统一的综合性效果，使农业生产处于良性循环。生态种植强调了资源节约、环境零损害的绿色经济发展特征。在土、水、气、生物多样性和食物安全等资源和环境方面均有严格的环境标准。由于不使用农药、化肥，使田地园林免受污染，生态环境得到大大的改善，从而在自然界形成健康的食物链，使各种野生动植物都能得到自然生长和繁衍，通过“以菌治菌”、“以菌治虫”来减少病虫害。最终既提高农作物的产量，又提高了它的质量①。

相比而言，传统种植业以单一种植结构为主，运用传统种植技术，具有较差的抗灾害能力，很少使用化肥和农药，遵循自然界农作物生长规律，呈现出低效而生态的特性；现代种植业种植结构相对多元，运用现代农业科学技术，大大增强了农作物的抗灾害能力，较多地依赖化肥和农药的使用，表现为对自然界的征服，呈现出高效但不生态的特性；生态种植业基于可持续发展的种植理念，强调种植结构的系统多元化，运用系统性的科学技术，具有较强的抗灾害能力，更多地运用微生物技术，较少使用化肥、农药，表现为人与自然的和谐相处，呈现出高效且生态的特性。三者的区别见表 1 - 1。

表 1 - 1　传统种植业、现代种植业和生态种植业的区别

	传统种植业	现代种植业	生态种植业
种植结构	单一	多元	系统性多元
种植技术	传统种植技术	现代农业科技	系统性科学技术
抗灾害能力	差	强	强
化肥、农药使用	少	多	少
人与自然界关系	遵循自然	征服自然	与自然和谐相处
种植效率	低效	高效	高效
生态特性	生态	不生态	生态

① 百度百科：生态种植 http：//baike. baidu. com/link？url = hpFSssbT7NwVTdAjENkaiGDMghvCa0x5 - xDSNk3hg JvMGGtr04QqBKFfcs - PrIdVfZq9Pkk3Ygh7D42CzfreQK。

浙江省种植业的发展带有这三个阶段的明显特征（见图1－1），在改革开放之前，浙江省种植业基本呈现出传统种植业的模式，虽然生态，但种植效率低；1978年开始初期，浙江省种植业总产值很低，整个20世纪80年代在平缓地增长中，90年代以后增长速度加快，这一段时间是浙江省种植业快速发展的时期，现代科学和技术的引用推动了浙江省现代种植业的发展；从2001年开始，种植业产值快速增长，这是在浙江省执行粮食购销市场改革、推动生态省、生态农业建设下的成果，进入到生态种植业发展阶段。

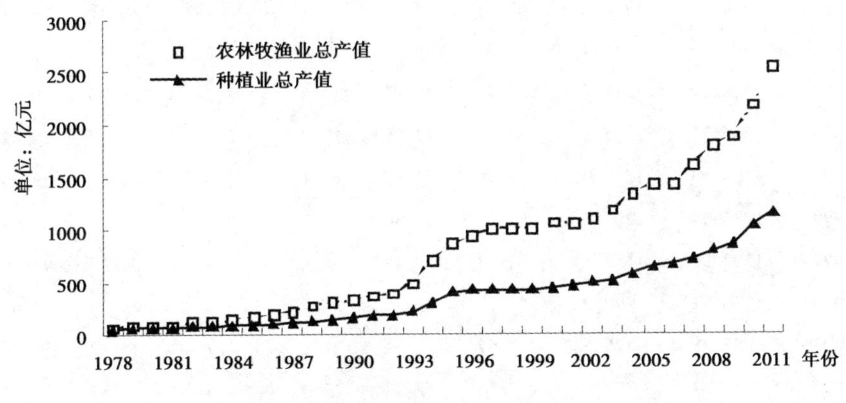

图1－1　浙江省种植业与农林牧渔业产值状况

二、浙江省生态种植业发展与绿色农产品开发的成就

1. 生态种植业的发展成就

（1）粮食作物的发展成就

浙江省地处亚热带季风区，气候温和，雨量充沛，作物种类繁多。早在7000年前，已有水稻种植，到春秋时粮食作物已有稷、黍、赤豆、稻谷、小麦、大豆、稞大麦等7种，后又陆续引入高粱、荞麦、甘薯、玉米、马铃薯等粮食作物。乾隆《浙江通志》记载谷菽类作物有粳稻、糯稻、粱、黍、稷、大麦、小麦、荞麦、芝麻、青豆、黑豆、紫豆、黄豆、绿豆、豌豆、刀豆、蚕豆等21种。其中稻米历来是人们的主粮（金贵兴，2006）。

浙江省在1953—1984年实现粮食基本自给，耕地主要用作种植粮食作物。1985年以来随着经济的发展和人口的增长，人地比发生了根本变化，粮食的消费结构也发生了根本变化。粮食作物仍然是浙江省最主要的大宗作物，以水稻生产为主的基本生产结构没有发生根本改变（张大东等，2010）（见表1-2）。

表1-2　　1992—2011年浙江省粮食作物产量　　单位：万吨

年份	粮食作物	稻谷	小麦	大麦	玉米	其他谷物	豆类	薯类
1992	1553.5	1299.8	80.1	72.1	13.8	2.6	21.3	/
1993	1436.18	1216.7	69.37	47.62	12.7	3.19	26.19	60.41
1994	1404	1211.4	54.38	36.79	12.6	2.4	29.33	57.1
1995	1430.9	1218.8	54.1	39.9	14.2	3.24	29.86	70.8
1996	1516.77	1277.3	62.5	49.78	13.7	2.75	32.32	78.42
1997	1493.53	1238.03	72.16	52.85	14.1	2.2	34.64	79.55
1998	1435.2	1207.8	61.17	30.74	14.9	3	35.65	81.94
1999	1392.96	1132.5	72.33	38.43	16.8	2.31	38.9	91.69
2000	1196.92	990.2	55.12	25.52	20.3	2.8	45.39	57.6
2001	1055.68	875.6	37.07	15.59	21.1	2.7	45.42	58.2
2002	942.27	779.63	25.43	12.33	22.32	2.57	41.87	58.12
2003	793.38	646.9	20.84	8.76	21.5	2.6	41.69	51.1
2004	834.9	686.94	19.04	8.12	22.48	2.68	41.01	54.63
2005	830.42	644.78	21.81	9.61	25.93	3.14	47.4	77.75
2006	839.52	682.4	24.02	9.54	21.57	3.02	42.91	56.06
2007	745.07	636.89	18.38	9.93	9.99	3.31	28.2	37.37
2008	775.55	660.43	21.21	10.05	11.12	3.23	30.55	38.96
2009	789.15	666.67	23.24	11.27	11.65	3.3	31.18	41.84
2010	770.67	648.15	24.68	10.54	12.15	3.46	30.42	41.27
2011	781.6	649.03	27.02	10.6	14.59	3.38	24.44	45.37

1979—1984年，农产品流通体制由计划调节向市场调节初步松动，政府逐步减少了统购统销农产品的数量和品种，到1984年底政府对主要农产品下达的各种指令性计划指标已基本取消。浙江省粮食购销体制改

革经历了从统购统销到“双轨制”、再到新一轮的粮食流通体改革的曲折道路。1985 年浙江对粮食取消统购，改为合同定购，1990 年改为国家定购，1993 年在全省范围内放开粮食购销和价格，结束了长达 40 多年的粮食统购统销的传统体制，成为继广东省后的第 2 个全面放开粮食购销的省份。2001 年 3 月，浙江省率先在全国进行了粮食购销市场化改革，浙江省取消了指令性种植计划和粮食定购任务，同时运用现代信息手段引导农民调整结构①。2001 年，全省粮食种植面积在上年调减 740 万亩的基础上，再调减 326 万亩（见图 1－2），经济作物种植面积进一步扩大。浙江省全面调整了农业生产结构，不再强求全省粮食自给，向粮食主产区敞开市场大门，为主产区生产的优质粮食进入浙江市场提供一流的服务，积极探索出了浙江省与粮食主产区省份共同发展的新模式。即浙江这样经济发达的沿海省份，不一定要粮食自给，把浙江省农民生产粮食的任务，让给粮食主产区的农民，使浙江农民在有限的土地上种植比较效益更高的经济作物②。

2001 年的粮食购销市场化改革的进程中，随着农业生产结构调整力度加大，浙江省粮食作物的播种面积、总产量持续下降，2003 年浙江的粮食自给率为 43.7%，成为继广东省之后第二大粮食主销区（徐萍等，2007）。2003 年后，浙江省重视提高粮食综合生产能力，出台了一系列扶持粮食生产的优惠政策，基本上止住粮食产量连年下滑的趋势，稳定了粮食生产（见图 1－2）。2004 年执行对种粮食、油料作物的农民免征农业税，浙江省政府调整完善扶持政策，引导和支持粮食生产，在现有的扶持农业结构调整的资金中安排一定资金，扶持种粮油作物的大户发展“订单粮油”，并继续对地方储备粮轮换用的“订单”实行价外补贴政策。2012 年浙江省政府下发《浙江省粮食生产功能区保护办法的通

① 浙江在线：“浙江农业处在一个时代起点今年农民人均收入可破万元”，2009 年 9 月 30 日，http://zjnews.zjol.com.cn/05zjnews/system/2009/09/30/015880303.shtml。

② 新华社：“至关重要的一项改革——浙江加快粮食收购市场化进程纪实”，《人民日报》，2001 年 5 月 8 日，http://www.gmw.cn/01gmrb/2001－05/08/01－2A657780907B5D7448256A45007F811B.html。

知》(浙政发 [2012] 80 号)[①],以加强粮食生产功能区建设与保护,增强粮食综合生产能力,保障粮食安全。

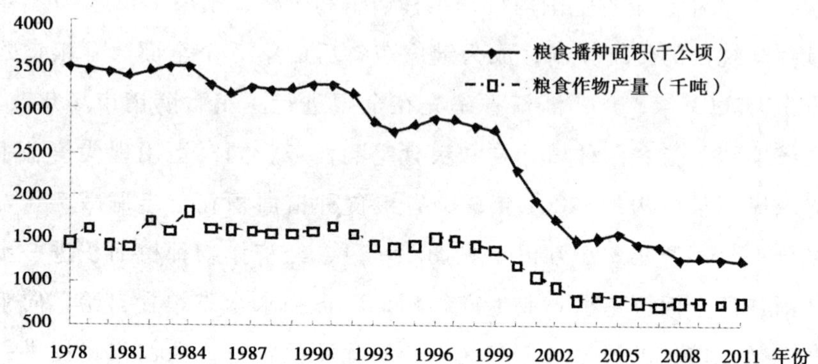

图 1-2　1978—2011 年浙江省粮食作物产量及播种面积变动

2012 年,浙江省粮食播种面积为 1877.33 万亩。各地大力推广优质高产粮食品种,粮食亩产为 417 千克,总产量达到 783.48 万吨。

2009 年 5 月浙江省政府办公厅建立粮食生产统计监测调查制度,分季开展粮食播种面积和产量抽样调查,监测粮食安全。粮食生产统计监测调查内容为各地行政区域内所有耕地和非耕地上分季种植的粮食作物面积和产量[②]。2013 年浙江省农作物品种选育进程进一步提速,中浙优 8 号、中早 39、甬优 15 号三个品种入选国家超级稻名单,全省入选国家超级稻品种的数量达 15 个,居全国之首。省内种植的水稻品种中自主选育品种比例达 92.8%[③]。

(2) 经济作物的发展成就

浙江省种植业主要包括粮、棉、油、茶叶、水果、蚕桑、蔬菜瓜类、药材、花卉和食用菌等,浙江省蔬菜生产发展很快,蔬菜产业在全省农

① 浙江省人民政府:《关于印发〈浙江省粮食生产功能区保护办法〉的通知》,2012 年 11 月 2 日。

② 新华网:"浙江建立耕地粮食作物调查制度'监测'粮食安全",2009 年 5 月 17 日,http://news.xinhuanet.com/newscenter/2009-05/17/content_11389696.html。

③ "种粮大户追买好粮种浙江省粮种总量供应充足",《浙江日报》,2013 年 3 月 27 日。

业生产中的地位不断上升。在种植业中蔬菜的种植面积仅次于粮食作物，位居经济作物之首（见表1－3），是浙江省农业增效、农民增收的优势农产品之一。浙江省地处沿海，水陆交通便利，出口条件比内陆地区优越，加上蔬菜品种资源丰富，蔬菜生产成本虽然比内陆地区高，但与发达国家相比，仍比较低廉，有利于蔬菜出口。2012年全省经济作物播种面积有增有减，蔬菜播种面积623.3千公顷，花卉苗木126.3千公顷，比去年有所增长。而棉花播种面积20.9千公顷，药材31.2千公顷，果用瓜播种面积101.4千公顷，甘蔗11.0千公顷，比往年有所下降[①]。

表1－3　　1992—2011年浙江省经济作物产量　　单位：万吨

年份	油料	棉花	麻类	糖类	烟叶	蔬菜	果用瓜
1992	50.08	5.96	11.45	74.9	0.57	689.38	112.8
1993	38.57	5.79	8.4	79.24	0.31	771.46	123.06
1994	34.59	5.54	4.89	70.14	0.13	819.6	117.71
1995	50	6.25	2.71	65.79	0.14	823.51	118.04
1996	52.11	6.84	2.72	63.9	0.17	888.17	111.07
1997	48.88	4.76	2.44	60.02	0.26	895.01	114.8
1998	35.55	6.49	1.61	61.93	0.27	1009.52	147.94
1999	54.09	4.04	0.6	71.06	0.25	1127.45	143.22
2000	57.88	2.92	0.44	98.52	0.29	1359.44	202.67
2001	58.22	3.16	0.38	105.97	0.37	1634.13	265.99
2002	46.97	2.24	0.36	133.44	0.55	1765.28	242.85
2003	43.77	2.1	0.31	123.93	0.49	1780.19	282.09
2004	48.77	2.28	0.22	106.29	0.46	1749.76	301.86
2005	50.14	2.16	0.18	89.97	0.4	1741.82	294.27
2006	35.61	2.35	0.14	87.48	0.36	1734.42	317.87
2007	32.95	2.54	0.13	87	0.33	1170.98	334.57
2008	41.27	2.82	0.1	85.45	0.36	1725.9	335.28
2009	43.24	2.81	0.06	81.36	0.37	1764.76	326.94
2010	39.47	2.94	0.04	74.29	0.32	1788.81	318.82
2011	39.85	3.24	0.03	71.11	0.29	1815.61	312.93

① 浙江省统计局：《2012年浙江省国民经济和社会发展统计公报》，2013年2月8日，http：//www.zj.stats.gov.cn/art/2013/2/8/art_164_221.html。

浙江是名副其实的茶叶大省，2002 年到 2012 年的 10 年里，浙江茶叶生产规模一直排在全国茶行业的前列。2011 年，全省茶园面积达到 273 万亩，产量达到 17 万吨，产值则达到了 101 亿元。在内销方面，它以占全国总面积 8% 的茶园，创造了全国茶叶总产量的 11% 和总产值的 14%；作为总部经济的浙江省茶叶企业在出口方面，以 17.6 万吨的出口量以及 4.9 亿美元的出口金额，占 2011 年全国茶叶出口总量的 55% 和出口总金额的 51%，真正占据了茶叶出口的“半壁江山”[①]。

浙江省中医药历史悠久，中药材资源丰富，全省共拥有中药材资源 2756 种，蕴藏量约 10 亿千克，资源总量位居全国第三。“浙八味”以及薏苡、山茱萸、厚朴等药材由于质量好、市场竞争力强，享誉海内外。浙江省中药材产业不断发展，逐渐形成了一批国内知名的大型中医药生产企业和中药材集散地。磐安等地的中药材产业发展成为当地的支柱产业[②]。

2. 绿色农产品开发的主要成效

绿色农产品，是指从生产、加工、运输、贮藏到销售过程中无任何有毒有害物质污染，能提供人类生活所需的各种无毒、安全、优质农产品的总称。无污染（食品）农产品、安全（食品）农产品、放心食品、生态食品、无公害（食品）农产品、清洁食品、天然食品、自然食品、有机食品、绿色食品等均可归入绿色农产品。

浙江省是全国最早开展绿色食品认证工作的省份之一。浙江省对无公害农产品的开发做了大量的工作，包括实施无公害农产品的产销一体化运作，推进生产基地、经营企业的质量检测和管理部门的质量监督，并逐步形成了以蔬菜安全为主导的质量标准体系，以进一步减少单位面积农药和化肥的用量，从而加快实现农产品安全生产的进程。浙江省相继制订了蔬菜、稻米、茶叶、猪肉等一系列农产品无公害生产标准，并

---

① 《中华合作时报》记者，“访浙江省农业厅经济作物管理局局长毛祖法”，2012 年 11 月 20 日，http：//www. zh - hz. com/html/2012/11/20/171439. html。

② “魅力浙江：浙江的特色种植业”，http：//mlzj. zjol. com. cn/mlzj/system/2009/01/20/010869673. shtml。

先后制订了《浙江省无公害农产品管理办法》、《浙江省无公害农产品基地认定办法》等法规，并发布了《浙江省无公害农产品基地认定检测实施方案》和《关于做好浙江省无公害农产品基地申报认定工作的通知》。

（1）绿色农产品规模

2002年11月，浙江省仅有45家企业的72个产品经中国绿色食品发展中心认证，获得绿色食品标志使用权，绿色食品年产量10万多吨，销售额4亿多元。2007年浙江省首次认定的51个浙江名牌农产品中，26个是绿色食品，占一半以上。还有25家绿色食品企业的商标被认定浙江省著名商标。2003年至2008年间浙江省无公害农产品、绿色食品、有机食品认证数量有了显著增加，2008年底，全省认定有效期内无公害农产品2357个，与2003年认证初期457个相比，增加了5.16倍。有效使用绿色食品标志513家企业1042个产品，与2003年底112家绿色食品企业和160个产品相比分别增长3.6和5.5倍。获得有机食品标志41家企业93个产品，与2003年底6家有机食品企业和8个产品相比，分别增长了5.8倍和10.6倍（蔡镭，2009）。截至2012年底，浙江省有效期内“三品”总数5184个，其中无公害农产品总数3982个，绿色食品总数1193个。2012年浙江省新增“三品”产品959个，其中新增无公害农产品809个，绿色食品150个，有3个产品取得了农业部农产品地理标志登记保护证书①。

（2）绿色农产品结构

浙江省无公害农产品、绿色食品、有机食品——“三品”产业化水平不断提升，农业规模化程度越来越高。基地化生产、企业化开发、品牌化经营、带动农户增收致富已成为“三品”的主导发展形式。到2008年底，全省无公害农产品产地达到2466个，其中种植业面积达到830万亩，比认证初期扩大4倍。有30个无公害农产品示范基地和28个绿色（有机）食品示范基地通过验收考核。认证企业实力不断增强，获得

① 浙江省农业厅：“2012年浙江稳步推进‘三品一标’产业发展”，2013年2月26日，http：//www.zjagri.gov.cn/html/main/cyzxView/186138.html。

“三品”认证的国家级和省级龙头企业 66 家，农民专业合作社 389 家，在推进农业产业化发挥了很好的示范带动作用（蔡镭，2009）。2012 年底浙江全省累计产地面积 1343.74 万亩，其中无公害农产品产地面积 1210.86 万亩，绿色食品监测面积 121.78 万亩，经中绿华夏有机食品认证中心认证的有机农产品面积 11.1 万亩。同时，做好“三品”质量抽检、市场监察和年检工作，2012 年全年完成 342 个产品抽检任务，抽检合格率 100%，全年未发现检测不合格产品，未发生“三品”质量安全事件[①]。

浙江省绿色食品办公室 2011 年 8 月发布的《2011 年第一批省级无公害农产品产地名单（种植业和畜牧业）》（浙农专发〔2011〕87 号）显示，共 489 个单位的农产品产地为浙江省无公害农产品产地，其中种植业省级无公害农产品产地为 379 个，畜牧业省级无公害农产品产地为 110 个[②]。浙江省无公害水果产地和无公害蔬菜产地数量均已超过 100 个，详见表 1－4。

表 1－4　　2011 年浙江省无公害农产品产地（种植业）

产地名称	产品名称	产地数量
无公害水果产地	瓯柑、甜桔柚、四季柚、柑桔、文旦、高橙、脐橙、桔、葡萄、草莓、桑椹、杨梅、枇杷、西瓜、樱桃、梨、桃、水蜜桃、猕猴桃、黑李、冬枣、柿	126
无公害蔬菜产地	竹笋、春笋、冬笋、鞭笋、毛竹笋、茭白、甜菜、大白菜、小白菜、青菜、番茄、黄瓜、芜菁、扁豆、芦笋、莲藕、马铃薯、芦荟、茄子、花菜、西兰花、四季豆、辣椒、雪菜、丝瓜、甜玉米、毛豆、南湖菱、青菜苔、瓠瓜、缸豆、荷兰豆、萝卜、山药、生姜、芋艿、榨菜、芥蓝	100

① 浙江省农业厅：《关于公布 2011 年第一批省无公害农产品产地名单的通知》，2011 年 8 月 3 日，http://www.zjagri.gov.cn/html/main/wjggview/150472.html。

② 浙江省农业厅：《关于公布 2011 年第一批省无公害农产品产地名单的通知》，2011 年 8 月 3 日，http://www.zjagri.gov.cn/html/main/wjggview/150472.html。

续表

产地名称	产品名称	产地数量
无公害茶叶产地	茶叶、绿茶、白茶	54
无公害粮油产地	鲜食大豆、小麦、油菜籽、稻谷、大豆、玉米、甘薯、大米、粉干、花生、山茶油	46
无公害食用菌产地	黑木耳、蘑菇、白菇、香菇、金针菇、鸡腿菇、茶树菇、平菇、双孢蘑菇、秀珍菇、灵芝	20
无公害瓜菜产地	吊瓜、吊瓜子、黄瓜、萝卜、西瓜、黄金瓜、甜瓜、冬瓜、番茄	14
无公害山核桃产地	山核桃、山核桃仁	7
无公害板栗产地	板栗	6
无公害中药材产地	贝母、金银花	2
无公害杭白菊产地	杭白菊	2
无公害菊米产地	石练菊米	1
无公害香榧产地	香榧	1

（3）绿色农产品品牌

随着“三品”企业积极参加农交会、绿色食品博览会、有机食品博览会等，品牌知名度和影响力不断提高，认证产品越来越多地进入大型超市，走向国际市场，成为社会公认的安全优质农产品品牌。为进一步发挥绿色食品公共品牌导向作用，提升全省绿色食品产业发展水平，2011 年共授予 12 家企业为浙江省绿色食品示范企业（浙绿办发［2011］17 号），其中种植业企业有 10 家[①]，见表 1－5。这些示范企业发挥着标杆、引领作用，通过创新经营理念，努力提升绿色食品标准化生产水平，为提高全省绿色食品影响力作出贡献。

① 《关于 2011 年浙江省绿色食品示范企业的通报》（浙绿办发［2011］17 号），2011 年 10 月 13 日，http：//www. greenfood. org. cn/Html/2011_10_13/2094_2217_2011_10_13_20841. html。

表 1-5　　2011 年浙江省绿色食品示范企业名单

分类	细分类别	企业名称
种植业	蔬菜类	慈溪市神棋菜业有限公司
		浙江省安吉嘉翔食品有限公司
		金华市北山蔬菜专业合作社
	水果类	诸暨市花果山庄有限公司
		常山县大宝山柑桔专业合作社
	食用菌类	浙江博士园生物技术有限公司
	茶叶	临海市羊岩茶厂
	酒类	杭州千岛湖啤酒有限公司
	蜜饯类	浙江莫干山食业有限公司
	酱菜	海宁云楼食品有限公司
畜牧业	水产类	中国水产舟山海洋渔业公司
		温州香海食品有限公司

浙江省充分发挥无公害农产品、绿色食品、有机食品的“规模、质量、品牌、效益”优势，实现生产与市场有效对接，强化农产品优质优价市场机制建设，产品结构不断优化，地方名特优产品日益增多，具有出口竞争优势的产品比重有较大幅度提高，为农业增效、农民增收起到了积极作用。

3. 浙江省优势生态种植业及相关绿色农产品的发展

(1) 茶叶的发展

茶产业是浙江省传统特色优势产业，在发展山区经济、促进农民增收、推进生态建设等方面具有重要作用。从 1978 年以来，浙江省茶叶产量上升迅速，20 世纪 80—90 年代茶叶产量呈波动性上升状态，2000 年以后浙江省茶叶产量呈稳步上升趋势，见图 1-3。浙江茶园面积、茶叶产量、产值、出口量及出口创汇额长期居全国前列，茶园面积列全国第三，茶叶产量列全国第二，茶叶产值列全国第一。浙江现与世界上约 50 个国家和地区建立了茶叶贸易关系，主要是摩洛哥、俄罗斯、塞内加尔、阿富汗、日本、欧盟等国家和我国香港等地区，主要出口珠茶、眉茶、蒸青茶和名优茶等①。

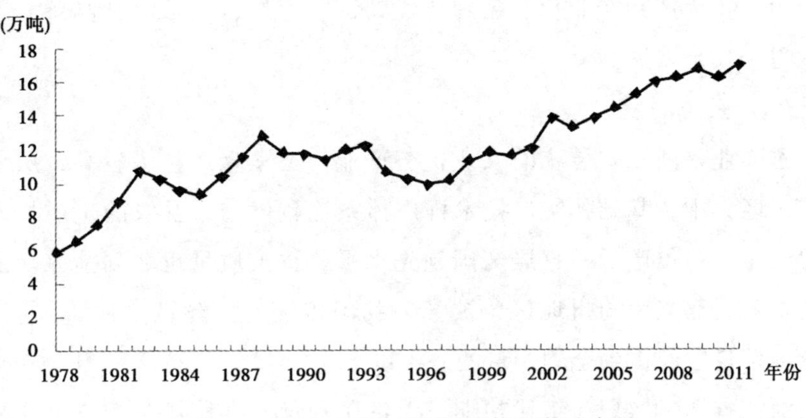

图 1－3　1978—2011 年浙江省历年茶叶产量

浙江的名优茶开发，始于 20 世纪 70 年代末到 80 年代初的一段时期，真正起步是在 20 世纪 90 年代。由于各级政府的高度重视，名优茶的产值在 1995 年首次超过大宗茶产值，达到 6.1 亿元，占全省当年茶叶总产值的 55%。2001 年，中共浙江省委一号文件把茶叶列入全省农业十大主导产业，2003 年又制定了《浙江省特色优势农产品区域规划》，使名优茶进入了产业化发展的新阶段。2011 年，浙江省的名优茶产量、产值分别达到 7.1 万吨和 93.1 亿元，分别占全省茶叶总量的 41.8% 和总产值的 92.1%，比 2000 年时的 2.8 万吨和 17.4 亿元，分别增长了 153.6% 和 435.1%。在各种名优茶中，龙井茶的地位最为突出。2011 年全省龙井茶产量 2.4 万吨，占全省茶叶总量的 14%，龙井茶产值达到 30.4 亿元，占全省茶叶总产值的 30%。名优茶的开发与产业化发展，实现了浙江茶叶产业增长方式从数量扩张型向质量效益型的转变，为茶区农民增收作出了巨大贡献。同时，名优茶产业的发展也带动了茶旅游、茶文化事业的发展，为茶产业、茶经济和茶文化的共同繁荣、协调发展奠定了

① “魅力浙江：浙江的特色种植业”，http：//mlzj. zjol. com. cn/mlzj/system/2009/01/20/010869673. shtml。

坚实基础[1]。近年来，各地积极调整优化茶类结构，扎实推进茶叶标准化、生态化生产和产业化、品牌化经营，着力培育区域公共品牌，茶产业取得了长足发展。

（2）蚕茧的发展

蚕桑业是浙江省传统的农业优势产业，蚕桑生产技术较高，历史悠久，产区集中，基础扎实，技术推广体系比较健全，蚕农的生产技术水平也较高，单位产量一直居全国领先水平，蚕茧质量也名列前茅。浙江省的杭州、嘉兴和湖州地区，被誉为我国传统的“丝绸之府”，这里的蚕桑养殖量曾经占到全国产量的一半以上。

浙江省 20 世纪 90 年代初期，无论制种量、发种量及产茧量均是最高年代，可谓蚕业生产的黄金时代（见图 1 -4）。1992 年是浙江省蚕业生产十分有意义的年份，制种量 539. 653 万张，发种量 415. 6771 万张，产茧量 14. 0747 万吨，均创浙江省历史新纪录。但在 90 年代中期以后，桑园面积呈现大幅度的波动降低，蚕茧总产量也呈现波动性地下降趋势（冯家新，2012）。

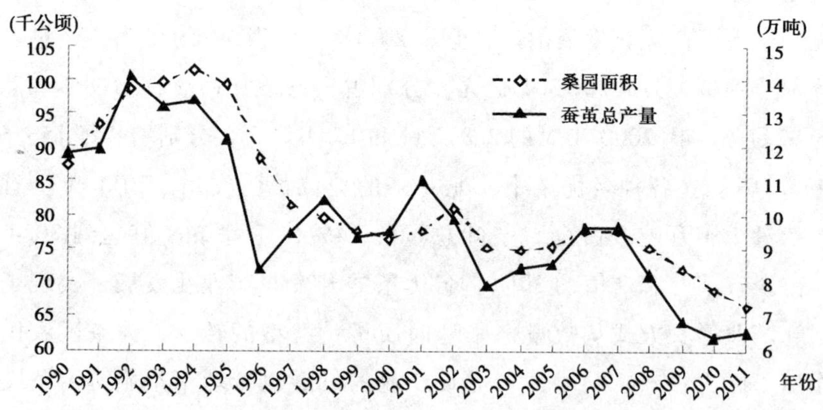

图 1 -4　浙江省桑园面积及蚕茧总产量变化（1990—2011）

① “访浙江省农业厅经济作物管理局局长毛祖法”，2012 年 11 月 20 日，http：//www. zh - hz. com/html/2012/11/20/171439. html。

据浙江省农业厅经济作物管理局统计，受欧美金融危机、真丝绸出口量减少、春茧价格降幅较大等因素影响，2012 年浙江省蚕桑生产规模有所下降。据省蚕桑业务部门调查统计，全省现有桑园面积 96.5 万亩，同比减少 3.2%；蚕种饲养量 118.5 万张，减 11.4%；张产 47.2 千克，增 5.1%；蚕茧产量 5.6 万吨，减 6.8%。其中：春蚕饲养量 60.4 万张，同比减 2.7%，产茧 3.1 万吨，与去年持平；夏蚕饲养量 5.9 万张，产茧 0.2 万吨，同比分别减 16.8% 和 19.2%；中秋蚕饲养量 23.6 万张，产茧 1.0 万吨，同比分别减 24.0% 和 16.5%；晚秋蚕饲养量 28.5 万张，产茧 1.2 万吨，同比分别减 11.8% 和 6.8%[①]。

（3）食用菌的发展

浙江可供食用菌的资源相当丰富，是世界人工栽培香菇的发源地，也是我国食用菌生产的主要省份和重点产区。随着人民生活水平的不断提高，为食用菌产业快速发展营造了良好的市场环境。“十五”期间，全省食用菌产业规模比“九五”进一步扩大，平均年产量约 65 万吨，产值 25 亿—27 亿元（不包括流通和加工增值），其产值仅次于粮、菜、果，成为全省第四大种植业。国际市场竞争力进一步增强，香菇的出口量约占全国的 40%。2004 年，全省鲜菇产量、产值（不包括加工增值）分别达 61 万吨、38 亿元，与 1984 年 3 万吨和 6000 万元相比，20 年间产量增了 20 倍，产值增了 61 倍，产量、产值均位居全国前茅[②]。2012 年，浙江省食用菌品种结构性调整，总产略减，食用菌产量 107 万吨，产值 40.2 亿元。食用菌生产规模基本稳定，品种结构性调整明显，表现为两增两减“黑木耳增、香菇增，蘑菇减、金针菇减”，其中香菇、蘑菇、金针菇、黑木耳产量分别为 44.9 万吨、6.7 万吨、20.2 万吨、29.9 万吨，分别比上年增长

① 浙江省农业厅经信局：“2012 年我省蚕桑生产概况”，2012 年 12 月 7 日，http://www.zjagri.gov.cn/html/jjzw/cyxxView/183521.html。

② 魅力浙江：浙江的特色种植业，http://mlzj.zjol.com.cn/mlzj/system/2009/01/20/010869673.shtml。

10.5%、下降2.9%、下降10.1%、增长31.4%①。浙江省食用菌产业已初步形成以市场、加工企业为龙头，内外销相结合、区域相对集中的香菇、蘑菇、金针菇、黑木耳、灵芝、猴头菇生产区。食用菌产业也是浙西南十多个欠发达县市经济发展和农民增收的支柱产业，是目前全省主要出口的优势农产品之一，被列为全省十大优势特色产业之一。

（4）花卉苗木的发展

浙江花卉业无论面积、产量还是效益，均居全国领先地位。2011年，浙江全省花卉苗木用地面积达193万亩，种植业产值达155亿元，浙江企业完成园林绿化工程额超过200亿元，花卉及资材批发零售额51亿元，三项合计花卉苗木行业总产值达401亿元，居全国首位。2011年浙江省花卉苗木从业人员达65.8万人，全省涌现出2万名花卉苗木经纪人，花卉苗木种植人均产值达36837元，亩均产值8057元，成为浙江效益最高的种植业②。

浙江省现已形成产区特色鲜明、品种丰富的花卉种植。杭州的桂花、萧山的龙柏和黄杨、奉化的五针松和红枫、金华的佛手和茶花、绍兴的兰花、桐乡的杭白菊、安吉的观赏竹，已形成许多具有较高知名度的区域特色花卉品牌。随着生产规模化程度的不断提高，逐步涌现出萧山的“花木之乡”、金华的“茶花之乡”、四明山的“红枫之乡”、海宁和嘉善的“鲜切花之乡”、绍兴的“兰花之乡”、北仑的“杜鹃花之乡”、嵊州的“木兰之乡”等一批全国知名的花卉特色之乡③。

浙江拥有金华山茶物种源、安吉种竹园等13个首批国家林木种质资源库，选育和引进优良品种1000多个，栽培品种多达2000多个。一品红、蝴蝶兰、凤梨、大花蕙兰等中高档盆花的销售数量连年增长，观赏

① 浙江省种植业管理局：“2013年全省一季度食用菌产销形势分析”，2013年4月1日，http://www.zjagri.gov.cn/html/zzyxx/syjView/195566.html。

② 新华网：“浙江省花卉苗木行业产值超400亿元”，2012年3月5日，http://finance.chinanews.com/cj/2012/03-05/3718582.shtml。

③ “魅力浙江：浙江的特色种植业”，http://mlzj.zjol.com.cn/mlzj/system/2009/01/20/010869673.shtml。

草、水生植物、宿根花卉的生产也不断开拓。杭州、宁波等地出现了数家种植面积在百亩以上的水生花卉专业生产企业，涉及挺水植物、浮水、浮叶植物与沉水植物。北仑的杜鹃、嵊州的玉兰、金华的茶花与佛手已成为享誉国内外的特色花卉区域品牌，产量和价格对国内市场有重要的影响力。为进一步提高花卉苗木产业的竞争力和影响力，推动花卉苗木产业再上新台阶，浙江省坚持“科技兴花”战略，重点培育新品种，着力构建花卉品种创新，不断提高花卉苗木产业的科技含量①。

三、浙江省绿色农产品开发的初步经验

浙江省坚持以科学发展观为指导，按照生态省建设和社会主义新农村建设部署，把有机食品基地建设作为农村环境保护工作的重要切入点，以发展无公害农产品、绿色食品、有机农产品，取得积极成效。从2004年开始，浙江省加强了“三品”认证管理队伍建设，在11个市建立绿色食品办公室，并将工作机构延伸到县（市、区），明确分管领导、职能科室、工作职责，落实专兼职人员。依托农业部农产品质量安全中心、中绿中心等培训，开展检查员认证操作实务的指导服务，提高检查员的认证检查能力、审查能力和服务能力，培养了由250名无公害农产品检查员、83名绿色食品检查员、103名标志监管员组成的“三品”工作队伍。在此基础上，2007年开始，按照农业部关于无公害农产品、绿色食品、有机食品“三位一体、整体推进”的部署，浙江省农业厅把“三品”认证工作统一交由本厅农场管理局（省绿办）承担，全省已构筑起一个上下贯通、管理有效、服务到位的“三品”管理服务体系，提升了“三品”管理服务能力。2012年11月，中共浙江省委、省人民政府出台了《关于加快推进农业现代化的若干意见》，浙江省农业厅制定了《加快推进农业现代化三年行动计划》（简称“8810行动”）。中共浙江省委、省人民政府在《中共浙江省委关于推进浙江生态文明建设的决定》

① “浙江花卉苗木产业发展形势喜人”，2012年7月4日，http：//hb.cctv.com/20120704/114072.shtml。

中明确把“大力发展无公害农产品、绿色食品和有机产品，加快建设一批有规模、有品牌、标准化的绿色食品生产基地”作为加快发展生态经济的重要任务之一①。

浙江省绿色农产品开发所取得的经验体现在以农业化生产为基础确保生态产品质量，以绿色农产品开发为平台带动绿色产业的发展，以品牌价值和新兴技术为手段打造市场和流动体系，实现了产品质量—产业发展—市场拓展的良性循环（见图 1－5）。

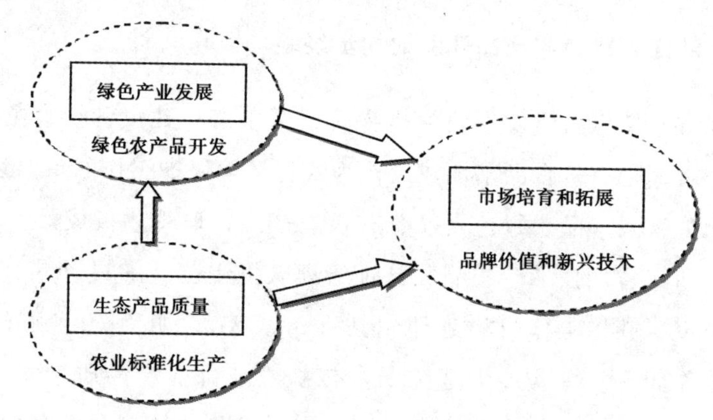

图 1－5　浙江省绿色农产品开发经验示意图

1. 农业标准化生产确保生态产品质量

浙江省坚持“以质取胜”，实施“绿色农业”战略，大力发展无公害农产品、绿色食品和有机食品。重点抓好农产品质量和质量安全全程监控，健全完善农产品质量生产和标准体系、检验检测体系和认证标识体系三大体系的建设，努力与国际接轨，建立产业化促进标准化机制，提高农产品的质量安全水平。

2001 年 10 月，国家技术监督局颁布了无公害蔬菜、水果安全质量标准及相应的产地环境标准，同时明确了无公害蔬菜和水果的定义，即蔬

① 中华人民共和国环境保护部：《坚持绿色发展、生态富民，扎实推进有机食品产业发展——浙江省有机食品生产基地建设管理交流材料》，2012 年 9 月 10 日，http://www.zhb.gov.cn/ztbd/rdzl/yjsp/yjyl/201209/t20120910_235956.htm。

菜（水果）中有毒有害物质控制在标准规定限量范围之内的商品蔬菜（水果）。其中蔬菜农药残留项目共 41 项，水果有 22 项（李建中，2007）。多数项目的限量与普通产品标准的限量相同。有机磷类项目的限量严于普通标准。与此同时，农业部发布了蔬菜、水果类无公害食品标准 9 个，相应的生产技术规程标准 11 个，产地环境标准 6 个。随着经济的发展和人们健康意识的增强，生态标志型的产品得到越来越多的人的青睐。有机食品、绿色食品和无公害食品都强调严格控制生产过程中的各个环节，以保证产品的质量和安全，属于生态标志型的产品。2005 年国家质量监督检验检疫总局和国家标准化管理委员会共同发布《有机产品国家标准》。该国家标准（GB/T19630.1—2005）共涵盖了生产、加工、标识与销售、管理等产业链各个主要环节。无公害食品、绿色食品、有机食品等新型农产品越来越受到国际市场的青睐，也逐渐成为发展中国家农产品出口的新增长点。2010 年 11 月 1 日，由卫生部、农业部组织制定了食品安全国家标准《食品中百菌清等 12 种农药最大残留限量》。该标准包含百菌清、丁硫克百威、毒死蜱等 12 种农药在苹果、番茄、小麦等农产品中的 16 个残留限量。标准的制定实施对规范农产品标准化生产、科学合理使用农药、提升农产品质量安全水平，发挥重要的技术保障作用[①]。自 2012 年 4 月 1 日起实施的国家卫生部、农业部联合发布食品安全国家标准《食品中阿维菌素等 85 种农药最大残留限量》（GB28260—2011）。标准规定了食品中 85 种农药 181 项最大残留限量。本标准中 13 项最大残留限量与国际食品法典委员会（CAC）标准《食品中农药最大残留限量》中的有关规定一致。2013 年 3 月农业部与国家卫生和计划生育委员会联合发布了食品安全国家标准《食品中农药最大残留限量标准》[②]。作为我国监管食品中农药残留的唯一强制性国家标准，

① 中央政府门户网站："卫生部、农业部近日联合发布农药残留限量标准"，2010 年 7 月 30 日，http：//www.gov.cn/gzdt/2010－07/30/content_1668190.html。

② "卫生部、农业部联合发布国家食品安全农药残留标准"，2012 年 12 月 6 日，http：//china.cnr.cn/NewsFeeds/201212/t20121206_511502146.shtml。

新标准制定了 322 种农药在十大类农产品和食品中的 2293 个残留限量，基本涵盖了我国居民日常消费的主要农产品，其科学性、可操作性和系统性有明显提升。2293 个残留限量是全部根据我国农药残留田间试验数据、农产品中农药残留例行监测数据和居民膳食消费结构情况，充分对接国际食品法典标准，在开展风险评估基础上制修订的。同时广泛征求了社会公众和相关行业部门的意见，并接受了世界贸易组织（WTO）成员对标准科学性的评议，确保标准的科学、公开、透明。新标准中蔬菜等鲜食农产品的农药最大残留限量数量最多，并首次制定了同类农产品的组限量标准（如谷物、叶菜类蔬菜、柑橘类水果等 28 种作物组 780 项限量标准）和初级加工制品的农药最大残留限量标准（小麦粉、大豆油等 12 种加工制品 59 项限量标准）。另外，还涵盖了艾氏剂等 10 种持久性农药的再残留限量标准。同时，2293 项限量标准还首次推荐了配套的检测方法标准。该标准将成为我国监管食品中农药残留的唯一强制性国家标准，标志着我国《食品安全法》和《农产品质量安全法》实施以来，农药残留标准制修订工作取得了重大突破，有效解决了之前农药残留标准并存、交叉、老化等问题，实现了我国食品中农药残留标准的合并统一。

在食品农药残留标准不断更新的背景下，浙江省强化源头管理，加强土壤环境状况调查监测，建立土壤环境质量监督管理体系，加强土壤污染防治，促进农产品安全。浙江省开展了土壤污染状况调查工作和“浙江省重点区域土壤污染典型调查和风险评估”专项工作，在全省范围开展“菜篮子”种植基地土壤、水、空气等项目的监测和基地背景情况调查工作①。严格按照《中华人民共和国认证认可条例》和国家认监委的有关规定，保证认证过程的公正性和规范性，确保有机食品事业的健康发展。加强对有机食品生产、认证、市场流通等各个环节的监管，强化企业内部质量控制，确保规范运作、严格管理、保证质量、提高水平。

以茶叶为例，通过改良茶树品种、改造初制茶厂，实现浙江茶叶产

① 浙江省环保厅：《关于做好我省土壤污染状况调查有关工作的通知》，2007 年 10 月 31 日，http：//www. zjepb. gov. cn/ hbtmhwz/sylm/tzgg/200710/t20071031_ 4722. html。

业的提质增效。浙江在改革开放以前，一直采取种子直播的方式，造成了茶园良种化率的低下。1991 年前后，浙江正式开始了大规模的良种普及工作，当时全省的无性系良种普及率为 8%，全国平均水平在 12% 左右，浙江明显落后。省政府采取了一系列的措施，不但长期实施茶树改良工程，还推出以奖代补的鼓励政策，每年评出 10 个良种化先进县，给予奖励和扶持。到 2011 年全省无性系良种茶园面积达到 175 万亩，无性良种化率达到 64.8%，不但比 2000 年时全省 12% 的良种化率水平提高了 52.8%，也比当年全国平均的 48.1%，高出了 16.7%。良种化水平的提高，既全面提升了浙江省的茶园素质，也为浙江茶叶产业实现标准化、机械化和提质增效打下了坚实基础。在初制茶厂的优化改造方面，浙江也走在全国前列。“十一五”以来开展的茶厂优化改造工程建设，将全省原来的 8000 多家茶厂，优化整合到现在的 6686 家。其中建成省级示范茶厂 119 家，为浙江茶叶推广清洁化加工和市场准入提供了有力保障，也大大提高了浙江省茶厂的清洁化和标准化水平①。这一举措，还使浙江茶叶享有更好的口碑，为打造品牌提供了基本条件。2013 年 7 月《农业部关于促进茶叶生产持续健康发展的意见》（农发［2013］2 号文）指出在稳定茶园面积的同时，加强茶园管理，提高单产，提高品质和效益，促进茶叶生产持续稳定发展②。

2. 绿色农产品开发带动绿色产业的全面发展

随着中共浙江省委、省人民政府提出建设“绿色浙江”、“绿色浙江农业”、“生态浙江”，出台了一系列绿色农产品和绿色食品的政策措施。2002 年 1 月 20 日，浙江绿色农产品行动计划正式启动，推出了首批 28 个浙江绿色农产品。在该行动计划正式启动以前，成立了浙江绿色农产品认定委员会，制定了《绿色农产品管理方法（试行）》和《浙江绿色

① “访浙江省农业厅经济作物管理局局长毛祖法”，2012 年 11 月 20 日，http：//www.zh-hz.com/html/2012/11/20/171439.html。

② 农业部网站：《农业部关于促进茶叶生产持续健康发展的意见》，2013 年 7 月 4 日，http：//www.zjagri.gov.cn/htmlzzyxx/zcfgView/200147.html。

农产品标志使用管理办法（试行）》，下发了《关于组织实施“绿色农产品行动计划”的通知》、《绿色农产品行动实施意见》。2002 年 3 月，浙江省农业厅提出了《关于加快我省绿色食品产业发展的若干意见》，有力地加强和推动了全省绿色食品的发展。

桐乡市自 2011 年被确定为全省首批创建省级生态循环农业示范县以来，积极探索，大胆实践，形成了以龙头企业、高效生态农业示范园、农业合作社“三驾马车”领跑农业发展的模式，有力推动了新型农业的持续健康发展。随着种养业的多元化发展和循环利用技术的提升，一些农业生产的废料实现了“变废为宝”，成为可二次利用的资源。如杭白菊茎叶经过加工，成为湖羊和獭兔最好的纯天然饲料，桑枝条栽培黑木耳。结合桐乡市大面积种植茭白的实际情况，开展了茭白叶综合利用循环模式示范基地建设，从 2011 年秋季至 2013 年春季，共利用茭白叶 7500 吨制作湖羊饲料，其中青贮茭白鞘叶 1605 吨，增加收入 82 万元，带动周边农民有效利用茭白鞘叶，有效地将本地废弃物饲料化，同时增加了茭农收入，实现了经济、社会和生态三者兼顾，效益显著。这已成为桐乡市农户通过循环利用、提高耕地产出率的新型生产模式。2013 年 10 月，桐乡市已建立标准化生产基地 137 个，农业标准化实施面积达 31.2 万亩，通过认证的无公害农产品 79 个，绿色食品 48 个，建立“石门湾”和“运北”2 个省级现代农业综合示范区，各级粮食功能区 42 个、主导产业示范区 5 个，精品园 9 个、各类示范基地 251 个[①]。

松阳县拥有 1800 多年悠久历史，以广袤盆地、丰足田园和淳朴民风被誉为“世外桃源”。松阳县的绿色产业链表现为中国最大的绿茶交易市场，融采茶、品茶与茶艺表演、休闲运动为一体的茶乡魅力体验游，农家乐和乡村民宿服务周边景区开发及艺术采风度假养生游。发展田园经济，松阳坚持“经济生态化、生态经济化”的取向，按照绿色、集聚、融合发展的要求，构建以田园工业为主导、田园农业为基础、田园

① 浙江省农业厅：桐乡创建生态高效农业新样板，2013 年 9 月 30 日，http://www.zjagri.gov.cn/html/main/xxkdView/206270.html。

旅游休闲产业为支撑的田园经济体系，在田园工业方面，围绕打造“浙江特色制造业基地”目标，构筑工业平台，注重园区建设与山水、田园的结合，推进集聚发展；加大招商力度，重点引进“低碳、低排放、低污染”的龙头企业，推进借力发展；注重产业提升和转型发展，加强资源的综合利用和再生利用，推进绿色发展。在田园农业方面，围绕建设“长三角绿色农产品基地”，推进农业“两区”、现代农业综合体建设，大力培育茶叶、香榧、油茶三大支柱产业推进农业“接二连三进四”，以及农业产加销各环节紧密对接，延伸农业产业链。在田园旅游休闲产业方面，围绕建设“长三角田园休闲旅游胜地”，突出“生态、休闲、养生、度假”四大主题，实施生态休闲养生（养老）经济“150”计划，建设休闲养生（养老）经济三大平台，重点推进旅游综合龙头项目，加快创建高等级旅游景区和旅游度假区，构筑休闲旅游景区平台。松阳提出把田园风光作为战略资源来经营，着力建设田园松阳生态大景区，打造“天蓝、山绿、水清、田美、村洁”的“中国最美田园风光”①。

3. 依托品牌价值和新兴技术进行市场培育和拓展

2011 年《浙江省人民政府办公厅关于进一步加强农业标准化工作的若干意见》提出要建设一批有规模、有品牌、质量可追溯的绿色食品和有机农产品生产基地，要引导省级以上农业产业化龙头企业、大型骨干食品加工企业以及省级示范性农民专业合作社发展绿色食品和有机农产品生产。浙江省以“中国驰名商标”、“浙江省著名商标”、“浙江名牌”、“浙江名牌农产品”等品牌为建设重点，围绕主导产业和区域优势特色产业发展需要，完善品牌创建激励机制，有步骤地培育发展农产品品牌。并不断创建区域公共品牌，在抓住主要区域、抓准特色优势的基础上，引导支持企业按产业带培育品牌，跨区域整合农产品品牌，使区域品牌、产业品牌、企业品牌之间相互促进。根据《浙江名牌农产品管理办法（试行）》和《关于开展 2011 年浙江名牌农产品评选认定工作的通知》

① “松阳打造绿色田园经济”，《浙江日报》，2013 年 3 月 25 日。

精神，40 个产品被认定为 2011 年浙江名牌农产品，82 个浙江名牌农产品通过复评[①]，浙江种植业名牌农产品见表 1－6。

表 1－6　　浙江种植业名牌农产品（2011）

产业分类		产　品	申请人名称	注册商标
粮食作物		大米	湖州吴兴野田粮油加工厂	南潘田
		大米	嘉兴市禾欣米业有限公司	禾欣
经济作物	蔬菜瓜类	生鲜蔬菜	杭州市萧山舒兰农业有限公司	尚舒兰
		蔬菜	浙江花园农业发展有限公司	健园
		大棚番茄	瑞安市梅屿蔬菜专业合作社	强绿
		辣椒	宁波禾丰食品有限公司	美味天
		萝卜	慈溪市小安蔬菜制品厂	立挺
		剁辣椒	慈溪市农夫食品有限公司	邦君
		脱水青刀豆	浙江山友天然食品有限公司	山友
		鲜蘑菇	平湖市新当湖食用菌专业合作社	新当湖
		葵瓜子、西瓜子	杭州姚生记食品有限公司	姚生记
		开化黑木耳	浙江菇老爷食品有限公司	菇老爷
		黑木耳	浙江晨光食品有限公司	晨光
	茶叶	雪水云绿茶	桐庐县雪水云绿茶产业协会	雪水云绿
		西湖龙井	杭州正浩茶叶有限公司	卢正浩
		天目青顶茶	临安市茶叶产业协会	天目青顶
		绿茶	仙居县天顶林业有限公司	天顶
		砖茶	浙江武义骆驼九龙砖茶有限公司	峡雾
	水果类	鲜桃	富阳市新登矮子鲜桃专业合作社	矮子
		柑桔	建德市三都专业合作社	松蜜
		柑桔	衢州市柯城区澳林奇柑桔专业合作社	澳林奇
		椪柑	丽水市山水果业有限公司	山水
		四季柚	苍南县马站丰魁四季柚专业合作社	丰魁
		杨梅	文成县仰山果业有限公司	仰山
		葡萄	浙江杨墩生态休闲农庄有限公司	崔大姐
		葡萄	台州罗氏果业有限公司	罗
		芦荟鲜叶	海盐县秦万芦荟专业合作社	秦萬
		蜜梨	金华市婺州蜜梨专业合作社	婺州

① 《浙江省农业厅关于发布 2011 年浙江名牌农产品名单的公告》，2011 年 11 月 12 日。

续表

产业分类	产　品	申请人名称	注册商标
其他作物	豆腐皮	浦江县亨通食品厂	江南第一家
	香干	宁海天河食品有限公司	古镇
	酱腌菜	海宁市光明蔬菜有限公司	
	蜂蜜、蜂王浆	江山福赐德蜂业科技开发有限公司	福赐德
	红薯粉丝	临海市福禄豆面专业合作社	西点石

在大力推进农业品牌建设，以品牌带动现代都市农业转型升级、加快发展的形势下，杭州市人民政府下发了《杭州市农产品品牌建设奖励办法》、《关于大力推进我市农产品区域公用品牌建设的实施意见》等扶持奖励政策，对获得名牌、驰（著）名商标、国家农交会金奖的农产品给予奖励，尤其对各地创建的农产品区域公用品牌进行重点奖励，为区域特色农业产业的规模扩张与技术升级提供了有力的政策支撑。截至2009年底，杭州农产品注册商标累计已达1.9万余件，其中荣获驰名（著名）商标126件，地理标志证明（集体）商标24件。"西湖龙井"、"径山茶"被授予"2011最具影响力中国农产品区域公用品牌"。通过重点培育农产品区域公用品牌，充分发掘老品牌的历史文化资源，不断壮大品牌农产品的品种和系列，用农产品区域公用品牌占领产业和品牌的制高点①。

在品牌培育的基础上，进一步改造提升农产品市场，推进农产品批发市场尤其是产地批发市场建设，加大产地农产品流通基础设施投入，完善农产品分级包装、加工整理、检验检测、冷藏保鲜、物流配送、信息网络等设施和功能，建立健全农产品产销信息体系。培育连锁经营、物流配送等新型流通业态，引导连锁经营企业通过订单形式，与基地农户、合作社建立紧密的产销协作关系。扩大鲜活农产品配送销售网络，加大对配送网络硬件建设的扶持力度，加强农超、农社等产销对接，推

① "西湖龙井杭州径山茶被授'2011最具影响力'品牌"，《杭州日报》，2012年7月4日，http：//mlzj. zjol. com. cn/mlzj/system/2012/07/04/015178453. shtml。

进直采直供，降低生产和流通成本。认定一批省级示范性农产品展示展销中心，培育壮大展示展销、物流配送、电子商务等新型营销主体。推进展示展销活动，办好展示展销会、省农博会、浙江名特优新农产品展销会，并支持农业走出去，进行出口农产品生产基地建设，支持骨干农业产业化龙头企业、有条件的农民专业合作社赴国外、境外参加国际农产品食品博览会，培育多元化出口市场。

临安市积极发展农特产品电子商务，2013 临安山核桃预售活动借助"天猫"预售"时令最新鲜"频道正式上线，以 C2B 形式预售优质时令产品。通过预售聚合消费者，向厂商下订单，厂家根据订单合理安排生产、包装和发货。预售活动与团购网站的商家谈好团购价格后再向消费者发售的供应链路不同，预售直接面向天南海北的消费者，销量优势是不可比拟的。面对火热的网上销售，临安市很多农业企业早已纷纷开拓网上销售渠道，山核桃加工企业在"天猫"开的旗舰店已达 30 余家，2012 年销售额突破 5000 万元。从自产自销、贩销经营到尝试农产品进超市、进市场，促进产销对接，开设门店，形成生产与加工销售一条龙，临安市农特产品销售不断在根据市场变化调整和拓宽渠道。对于临安的山核桃商家来说，通过预售既能获得很好的销量，又能节约采购成本、营销成本、仓储占用成本以及降低库存风险等。针对山核桃等坚果，在阿里巴巴建立临安坚果炒货产业带，提高坚果炒货加工企业的分销能力。2013 年探索尝试的网络预售，走上以销定产的道路，迈向了农产品电子商务新领域。虽然很多生鲜农产品因为其保鲜时间限制，无法像山核桃一样挂在网上等待买家慢慢选购。但通过预售平台，生鲜产品网上销售已变成可能，除了山核桃外，茶叶、太阳米等农特产品可以网上预售，新鲜竹笋、高山蔬菜等生鲜优质农产品的网销问题均可拓展，运用新兴网络技术，缩短农产品到达消费者的时间和环节，实现市场渠道的拓展[①]。

---

① 浙江省农业厅："临安市农特产品创新营销模式开拓销路"，2013 年 10 月 3 日，http://www.zjagri.gov.cn/html/main/xxkdView/206364.html。

四、浙江省生态种植业与绿色农产品开发的对策建议

1. 运用现代科学技术提升生态种植业发展

(1) 提高种植业资源利用效率

推广应用节水灌溉、高效施肥施药、秸秆综合利用、畜禽粪便处理和沼液运输等节能环保、高效生态的农业机械。开展农作物秸秆综合利用研究，推进种植业废弃物资源化利用，促进农作物秸秆作还田肥料、畜牧饲料、食用菌基料、生物质能料等综合利用。鼓励将菌糠、菌渣等废弃物作为栽培基质、还田肥料和燃料等利用，提高种植业废弃物资源化利用水平，并加快推进农业废物处理设施和服务体系建设，提升农业废弃物综合利用水平①。

开展农产品产地土壤重金属污染防治工作，根据农业部、财政部《农产品产地土壤重金属污染防治实施方案》要求，调查基本农田、粮食生产功能区、现代农业示范园区和菜篮子基地等土壤重金属污染状况，建立农产品产地环境安全数据库，研究确立相应的防控治理技术路线。推广农田土壤综合培肥技术，加快推进县域耕地地力评价成果应用，组织实施土壤有机质提升和省级沃土工程项目，推广南方冬绿肥种植与秸秆还田腐熟技术模式，开展农田土壤综合培肥技术体系研究，制订土壤综合培肥技术省级地方标准，促进农田综合培肥应用示范。

以农村能源生态建设为主线，加强大型沼气工程建设，推进沼气供气发电、沼液配送的应用，探索沼肥利用新途径，建设储液池、管网、运送车等沼肥输配送体系。积极推进沼气集中供气、沼肥利用、农机节能减排和太阳能光热利用，促进农村清洁能源高效利用。综合运用太阳能、秸秆固化碳化等可再生能源开发技术，推进生物质能、浅层地热能、太阳能光热技术等在农业生产、农村生活中的应用。结合“美丽乡村”建设，制定清洁能源示范村提升实施方案，积极开展清洁能源示范村创

① 《浙江省农业废弃物处理与利用促进办法》，2010 年 11 月 10 日，http://www.agrchina.com/siteApp/arg.do?to=reader&d=13889。

建[①]。

（2）利用现代技术支撑种植业绿色农产品的开发

积极开展农作物新型栽培技术的推广应用，研究全省经济作物主推品种和主推技术，示范推广蔬菜瓜果设施栽培、集约化育苗、轻简化栽培技术。加快水果优化改造，开展蔬菜病毒防治、健康种苗繁育、省力化养蚕、名茶自动化加工生产线等优质高效技术研究，推进种植业生产方式变革。

加强生物农药、生物肥料和生物疫苗、生物饲料在相应领域中的示范与应用，积极推进新型生物农药的引进、试验、示范，进一步完善生物农药集成应用技术，逐步实现病虫害防控从化学防治向绿色防控转变。推进农机农（牧）艺融合示范，建立农机、种植、畜牧、推广服务机构协调配合的工作机制，围绕水稻生产机械化育插秧、油菜机械化种植和收获、茶园培管与连续性智能化加工以及畜牧自动喂料、畜禽排泄物处理等技术，开展融合试验研究与示范推广，建立完善农机农（牧）艺相适应的技术体系。

开展水肥一体化技术、缓释肥、有机液体肥料、功能性肥料等新型肥料的田间试验和示范推广，开展立体种养、生态循环、资源综合利用等新型种植模式的示范推广，筛选一批生态、优质、高效的新型种植模式。择优确定一批新技术示范点，集中展示最新农业技术成果、生态高效种植模式。

（3）规范绿色农产品质量标准积极应对绿色壁垒

中国加入 WTO 后，农产品进入国际贸易市场受关税和配额的调控作用越来越小，这为中国农业和农产品的发展提供了绝佳的发展机会。与此同时，发达国家对我国出口农产品的品质、卫生、安全等技术要求日趋严格。如美国建立了近 60 种认证体系，尤其在实行 HACCP 管理后，要求所有对美国出口的农产品企业都必须获得 HACCP 的资格认证；如欧

---

① 浙江省农业生态与能源办公室：《关于开展浙江省清洁能源示范村创建工作的通知》，2013 年 5 月 21 日，http：//www.zjncny.com/wjgg/index.htm。

盟启动 ISO14000 环境管理系统，凡是达不到该系统标准的农产品不允许进口。从 2003 年 12 月 31 日起，欧盟正式禁止含有化学活性物质的 320 种农药在欧盟境内市场销售，涉及中国在生产、使用和出口的农药有 63 种。这是我国种植业中常用的杀虫剂、杀菌剂、除草剂、植物生长调节剂和杀螨剂，广泛应用于水果、茶叶、蔬菜、谷物等生产中，如菊酯类农药等，使用禁用农药的农产品将被阻挡在欧盟市场之外，对中国农产品发展构成绿色壁垒①。

有关茶叶质量和安全卫生方面的风波，如假冒龙井茶、有机茶检出农药残留量、龙井茶铅含量超标等事件，严重影响了浙江茶叶的声誉和消费者的消费信心。欧盟对茶叶中农药残留限量的规定项目不断增多，给茶叶出口增加了许多困难。面对国际市场“绿色壁垒”的盛行，浙江省成立了全国首个茶叶对外贸易预警点，以更好地观测市场变化并及时进行调整②。面对发达国家制定的越来越严格的农业标准，只有规范绿色农产品质量标准，并建立与国际标准接轨的监测指标，才能更好地应对绿色壁垒，并引导国际市场标准。

2. 建设生态种植业基地拉动新兴产业发展

（1）提升农业主导产业基地

加强蔬菜、水果生产基地建设，加大特色蔬菜、水果开发力度，建成一批集约化、设施化“菜篮子”基地，建立大中城市和中心城镇保障型蔬菜生产基地，加快提升保障型蔬菜基地生产能力，因地制宜发展设施蔬菜和山地蔬菜，提高产出水平，增强淡季蔬菜供给能力，积极推广蔬菜、水果生产先进适用技术和模式。

加快发展优势特色产业基地，大力推进茶叶、食用菌、中药材、蚕桑、花卉等特色产业良种化、标准化、规模化、品牌化，建设一批优势突出、特色鲜明的主导产业集中发展区，不断提高特色产业基地档次，

① 周伟：“农药出口受限禁用品种快换”，2003 年 12 月 15 日，http：//www. cctv. com/financial/jintudi/20021009/9308. html。

② “浙江建立全国首个茶叶外贸预警点”，《杭州日报》，2010 年 8 月 2 日。

提升产业竞争力。

推进农产品出口基地建设。积极搭建平台，吸引台资、外资、浙商回归资金落户农民创业园，强化管理服务，引进资本、技术和人才等优质要素，提高生产经营水平。

（2）推进农业新兴产业发展

进一步挖掘和利用农业的生产、生活、生态和文化功能，让休闲观光农业、农业文化创意产业等新兴产业成为经济新的增长点。推进休闲观光农业基地建设，开展休闲观光农业与乡村旅游示范县、示范点建设，打造主题鲜明、特色突出、内涵丰富、功能齐全的示范基地。加强休闲观光农业设施建设，将休闲观光农业与动植物新品种引进、现代种养技术示范、生态循环农业建设、种养业标准园创建、现代农业园区建设等方面统筹考虑，为拓展农业功能创造条件（詹玲等，2008）。推进农业文化创意产业建设，挖掘整理农业农村传统民俗、遗址、技艺等，分类建设农业文化遗产保护项目和农业文化产业园、博物馆。鼓励发展农业创意产业，鼓励生产创意、产品创意和品牌创意，促进以农业为基础的第一、二、三产业的深度融合。

建设智慧农业示范园区，结合现代农业园区建设，积极运用现代通讯技术、计算机技术、传感技术与现代农业设施装备融合，加快配备相应的传感设备、监控设施和操控管理系统，对生产环境实时监测、监视和智能控制，实现农业生产精准化、可视化、智能化管理。

3. 加强生态种植业产业集聚形成规模效应

当前，依托产业、功能完备、经营集约的规模化农业集聚区初步形成，以杭州、宁波、温州都市圈和浙中城市群郊区为主的都市型农业产区，以环杭州湾和浙东沿海地区为主的加工出口农业产区，以金衢丽地区及部分山区为主的绿色生产加工休闲农业产区等农业特色功能产区基本形成。应继续加强协调配合，推动优势产业集聚和向优势产区集中，加快形成功能互补、分工协作的农业产业化集聚区，打造一批产业发达、功能完备、经营集约的规模化农业集聚区①。

（1）加快农业龙头企业集群发展

打造一批自主创新能力强、加工水平高、处于行业领先地位的大型龙头企业，引导农业龙头企业通过品牌嫁接、资本运作、产业延伸等途径联合重组，培育一批产业关联度大、带动力强的大企业（蒋怡等，2002）。注重培育龙头企业，引导企业向科技型、规模型、带动型方向发展，走企业+合作社+农户之路②。鼓励农业龙头企业申报省著名商标、省名牌产品等，开展省级骨干农业龙头企业认定和监测，筹备成立省农业龙头企业协会。加快农业龙头企业集群发展，搭建拓展龙头企业与金融机构授信融资平台，深化龙头企业与产业科技创新联盟团队科技对接，引导龙头企业加强联合与合作，走集团化、集群化发展道路。

提升龙头企业的辐射带动能力和区域经济发展实力，支持龙头企业带动农户发展设施农业和规模养殖，开展多种形式的适度规模经营，发挥龙头企业示范引领作用。支持专业示范村镇建设，为龙头企业提供优质、专用原料。举办农业龙头企业与农产品基地对接会，组织企业与基地对接。引导龙头企业向优势产区集中，形成一批相互配套、功能互补、联系紧密的龙头企业集群。

（2）建设特色优势产业强县强镇和城市群

围绕农业主导产业，充分利用资源优势、区位优势、产业基础和市场条件，大力推进规模化、标准化和品牌化建设，完善区域分工，集中力量培育一批特色优势产业强县强镇，加快形成农业“块状经济”发展格局（卫新等，2009）。依托蔬菜、茶叶、果品、畜牧、蚕桑、食用菌、中药材、花卉等农业主导产业基地建设，形成特色农业强县、强镇，实现区域化产业带、产业群，建设特色优势产业强县强镇。

---

① 浙江省农业厅：（浙农［2013］30号）：《产业集聚化行动等八个专项行动实施意见的通知》，2013年7月2日，http：//www.zjagri.gov.cn/html/main/wjggview/200074.html。

② 中华人民共和国环境保护部：《坚持绿色发展、生态富民，扎实推进有机食品产业发展——浙江省有机食品生产基地建设管理交流材料》，2012年9月10日，http：//www.zhb.gov.cn/ztbd/rdzl/yjsp/jyjl/201209/t20120910_235956.htm。

按照“全产业链发展”的思路，推进农业上下游产业、前后环节对接，推进农业产加销各环节紧密结合，延伸农业产业链，提高产业化经营水平。根据资源优势，通过改善环境、政策扶持、招商引资等办法，支持发展配套产业、相关服务业及下游产业，培育以优势农产品为重点的加工企业集群，打造杭州、宁波、温州都市圈和浙中城市群郊区的都市型产业区、环杭州湾和浙东沿海地区的加工出口型产业区、金衢丽地区及部分欠发达山区的生态型产业区“三大板块”，形成特色鲜明的城市群①。

【参考文献】

［1］顾益康、袁海平、许勇军：“正确处理好十大关系——新中国60周年浙江‘三农’发展经验总结”，《浙江经济》，2009年第17期。

［2］赵伟明、鲁长根、杨新琴等：“浙江省种植业结构调整的特点、经验和发展对策”，《浙江农业科学》，2000年第1期。

［3］金贵兴：“论浙江省粮食作物的生产和安全性”，《科技通报》，2006年第3期。

［4］徐萍、卫新、王美青等：“浙江省粮食需求与粮食安全态势的探讨”，《浙江农业科学》，2007年第2期。

［5］蔡镭：“浙江省无公害农产品、绿色食品、有机食品发展现状和对策研究”，浙江大学硕士学位论文，2009年。

［6］冯家新：“浙江省1949—2010年蚕种生产量及蚕茧产量分析”，《蚕桑通报》，2012年第1期。

［7］李建中：“我国与发达国家农业标准化的比较分析”，《中国信息报》，2007年7月26日。

［8］白荣欣：“略论传统农业向现代农业的转变及面临的矛盾”，

① 浙江省农业厅关于印发加快推进农业现代化三年行动计划2013年度实施方案及责任分工的通知，2013年4月2日，http://12316.agri.gov.cn/25467/articleview2.html。

《经济问题》，2008 年第 2 期。

[9] 蒋怡、黄秋平："粮改后浙江省农业结构调整思路与方式研究"，《嘉兴学院学报》，2002 年第 11 期。

[10] 卫新、王美青、徐萍："浙江省农业功能分区与区域农业发展研究"，《中国农业资源与区划》，2009 年第 3 期。

（**本章执笔：**张蕾、沈满洪）

分论之二：生态养殖业发展与生态畜牧渔业开发

养殖业已成为浙江农业和农村经济发展的支柱产业之一，对保障食物安全、增加农民收入具有重要战略作用。在建设生态省的过程中，为了养殖业的健康、可持续发展，保护和改善农村生态和自然环境，浙江省积极推进生态养殖业和生态畜牧渔业发展，走出了一条具有浙江特色的发展道路，取得了令人瞩目的成就。2011 年，浙江省开始将养殖业的化学需氧量、氨氮减排任务列入政府绩效考核，强制性减排任务与农业减排空间有限的巨大矛盾开始凸显。浙江省作为一个人多地少、资源相对短缺、环境容量有限的经济强省，怎样平衡畜牧业的可持续发展和生态环境的有效保护已经成为摆在各级政府面前重大而突出的现实问题。本章在回顾浙江省生态养殖业发展历史的基础上，总结浙江省生态养殖的典型模式，并分析生态养殖业发展存在的主要问题，最后提出浙江省生态养殖发展的对策建议。

一、浙江省生态养殖业的发展

1. 从传统养殖到生态养殖

改革开放以来，浙江省的养殖业（包括畜牧业和渔业）产值持续增长（见图 2－1），2011 年的牧业产值和渔业产值分别达到 1978 年的 58

倍和188倍。与此同时，浙江省农业产业结构也稳步调整优化，牧业和渔业产值占农业（包括农林牧渔）总产值的比重也分别由1978年的14%和5%上升至2011年的21%和26%（见图2-2）（浙江省统计局，2012）。尤其需要指出的是，渔业产值和比重增长更为迅速，已超过牧业产值和比重。

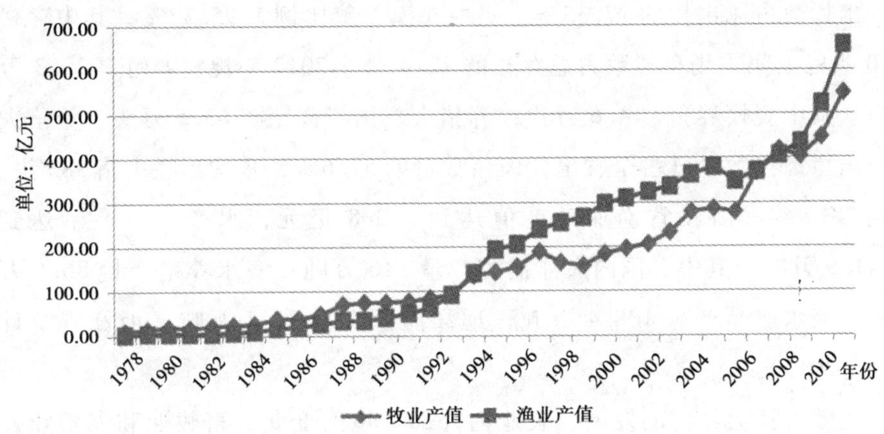

图2-1 1978年以来浙江省牧业和渔业产值变化趋势

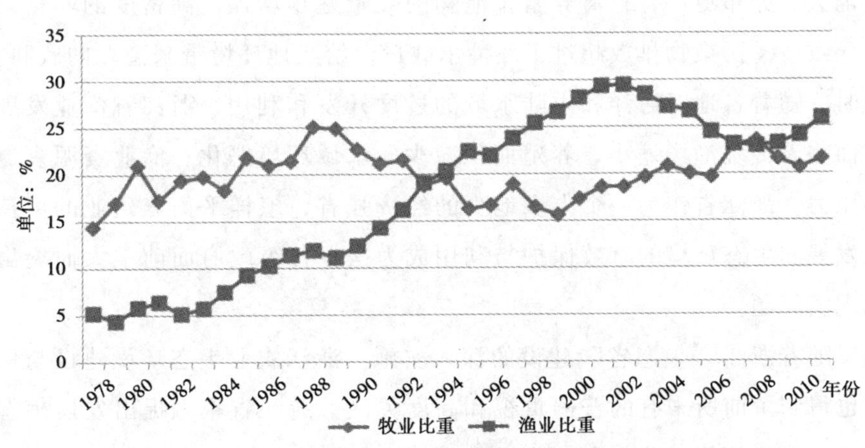

图2-2 1978年以来浙江省牧业和渔业产值占农业总产值比重变化趋势

到2012年，浙江省全省畜牧业总产值549.04亿元，占农业总产值的20.65%。肉类总产量180.80万吨（其中猪肉产量139.71万吨；禽肉产量 37.00 万吨；牛肉产量 1.15 万吨；羊肉产量 1.67 万吨）；禽蛋产量 48.14 万吨；奶类（牛奶）产量 19.27 万吨。主要畜禽规模化程度进一步提高。据统计，全省蛋鸡规模养殖比例达 94.07%。全省生猪规模养殖比例为 81.13%；其中年出栏 500 头以上的养猪场出栏数占总出栏数的 51.31%。肉鸡规模养殖比例为 88.41%；其中年出栏 10000 只以上肉鸡场出栏数占总出栏的 77.35%。奶牛规模养殖比例为 95.35%；其中存栏 50 头以上奶牛场存栏数占总存栏的 72.41%。2012 年规模养殖户 10.3 万户。其中规模养猪户 4.6 万户；养猪大户出栏肉猪 1763.5 万头。养猪大户出栏肉猪数量已占全省出栏肉猪数量的 57.6%，户均出栏肉猪 383 头。到 2012 年，浙江省渔业总产值达到 683.8 亿元，水产品总产量达到 541.9 万吨。其中，国内海洋捕捞产量 316 万吨；海水养殖产量 86.1 万吨；淡水产品产量 108.4 万吨；远洋渔业产量 31.4 万吨（浙江省统计局，2013）。

随着社会经济的发展、农业内外部环境的变化，畜牧业和养殖业发展所带来的资源和环境问题日益突出。全省畜禽养殖场、养殖户数量逐步加大、分布更广，畜禽养殖排泄物的数量逐年增加。高密度的养殖量也导致畜禽污染物排放超过了环境承载量，给当地环境带来潜在的威胁。同时，随着各地对海洋和内陆水域的过度开发和利用，浙江省渔业发展正面临着传统渔场缩小、养殖面积减少、水域环境恶化、渔业资源衰退等压力。浙江省作为一个人多地少的经济强省，怎样平衡养殖业的可持续发展和生态环境的有效保护与利用成为摆在各级政府面前重大而突出的现实问题。

随着浙江“生态省”建设的深入实施，浙江农业生态环境建设与保护也得到了前所未有的普遍重视和高度关注。浙江省率先提出发展生态农业，以集约化经营和生态化生产为结合，着力推动传统养殖业向现代生态养殖的转型。早在 1996 年，中共浙江省委、省人民政府就明确提出要从传统畜牧业向现代畜牧业转化，从粗放型向集约化、质量型畜牧业转变的指导思想，并积极引导、扶持规模养殖场和养殖小区建设。2004

年，省农业厅召开全省现代畜牧业暨农村能源生态建设现场会，明确提出要转变养殖方式，优化产业结构，大力推广资源节约、生态循环的清洁化生产技术，加快发展生态畜牧业。2007年，浙江省人民政府出台了《关于大力发展现代畜牧业的若干意见》，提出要“引导发展健康、生态的养殖方式，逐步优化畜牧业区域布局与产业结构，着力构建现代畜牧产业体系，促进畜牧业与种植业、农村生态建设协调发展。”① 为有效保障畜产品市场供给，有力促进农业节能减排增效，积极服务于生态省和社会主义新农村建设，浙江省农业厅就加快推进农牧结合、发展生态循环型畜牧业，于2008年出台了《关于加快推进农牧结合建设生态畜牧业的意见》，要求到2010年，全省新建生态养殖示范场（小区）200个，带动市县建立1000个生态养殖场（小区），95%以上规模养殖场实现农牧结合、排泄物资源化利用和污染零排放，散养户养殖污染得到有效治理利用，农村生态环境明显改善；畜产品综合生产能力显著提升，肉类产量达到180万吨以上，禽蛋产量60万吨以上，奶类产量25万吨以上，猪肉等主要食用畜产品自给率达到80%以上；畜牧业产值占农业总产值的比重达到23%以上，牧业收入占农民人均纯收入中的比重逐步提高②。2009年1月，浙江省海洋与渔业局印发了《关于大力推进我省生态渔业建设的若干工作意见》，要求全省各地要充分认识发展生态渔业的重要性和紧迫性，切实采取积极有效措施，大力推进生态渔业建设，并提出要在“今后五年，在我省构建沿海生态高效渔业发展区、内陆设施渔业示范区、山区生态渔业建设区、大水面洁水渔业开发区等几大渔业块状经济区，基本形成自然环境和谐、基础设施优良、渔业结构合理、区域特色鲜明、科学技术先进、运营机制新颖的现代生态渔业发展格局，促进渔民收入稳定增长和渔区社会繁荣进步③。截至2012年底，全省水产品

① 浙江省人民政府：《关于大力发展现代畜牧业的若干意见》，2007年12月20日。
② 浙江省农业厅：《关于加快推进农牧结合建设生态畜牧业的意见》，2008年6月23日。
③ 浙江省海洋与渔业局：《关于大力推进我省生态渔业建设的若干工作意见》，2009年1月9日。

总产量达到510万吨，渔业总产值达到1860亿元，年均增长8%；渔村居民年人均纯收入达到12200元，年均增长5%。2010年，浙江省环境保护厅和浙江省农业厅联合发布《关于进一步深化畜禽养殖污染防治加快生态畜牧业发展的若干意见》要求进一步深化畜禽养殖污染防治，加快生态畜牧业发展，并对畜牧养殖污染控制提出了具体措施①。2011年，浙江省将畜禽养殖的化学需氧量、氨氮减排任务首次列入政府绩效考核，强制性减排任务与农业减排空间有限的巨大矛盾开始凸显。有些地方开始限制畜牧业发展规模，甚至采取项目限批措施。同时浙江省人民政府2012出台的《关于加快构建新型畜牧业产业体系促进畜牧业现代化建设的意见》明确提出："十二五"末，全省畜牧业大产业产值达2000亿元以上，猪肉等主要食用畜产品自给率稳定在80%左右，其中生猪饲养量还将新增130万头②。为了加强畜禽养殖污染防治工作，促进畜牧业转型升级，改善生态环境，保障人民群众身体健康，2013年5月浙江省人大常委会通过了《关于加强畜禽养殖污染防治促进畜牧业转型升级的决定》，决定要求要合理布局、科学确定畜禽养殖规模、总量，重点发展生态养殖小区、生态养殖场、农牧结合的家庭农场，逐步淘汰严重影响环境的低、小、散养殖户，确保养殖业发展与环境承受能力相适应③。

浙江省养殖业快速恢复发展增效显著，得益于浙江率先推进畜牧业生产方式由传统散养向规模经营转变，也得益于浙江创新推进高效生态养殖业的发展。浙江省是全国最早推进畜牧业生产方式由传统散养向规模经营转变的省份之一，2007年前后全省生猪、肉禽和奶牛的规模饲养比重已位居全国各省前列，已经基本完成畜牧业从传统散养向规模养殖的转型（彬彬，2009）。如今正在推进养殖业的二次转型，即由传统规模

---

① 浙江省环境保护厅、浙江省农业厅：《关于进一步深化畜禽养殖污染防治加快生态畜牧业发展的若干意见》，2010年5月5日。

② 浙江省人民政府：《关于加快构建新型畜牧产业体系促进畜牧业现代化建设的意见》，2012年5月7日，http：//www. zjagri. gov. cn/。

③ 浙江省人大常委会：《关于加强畜禽养殖污染防治促进畜牧业转型升级的决定》，2013年5月30日，浙江在线新闻网站，http：//zjnews. zjol. com. cn。

养殖向高效生态的现代养殖业进行转型。

2. 生态畜牧渔业发展

近五年来，浙江省大力发展生态养殖业，通过多种措施鼓励和推动生态畜牧渔业发展，取得了显著的成就。2010 年浙江省全省共投入资金 2.0 亿元，其中省财政安排 7158.5 万元，地方配套 1500 万元，全面完成 45% 家生猪存栏 100 头、牛 10 头以上规模化养殖场治理及 25 个畜禽粪便收集处理中心的建设任务。全省新建厌氧池 15.7 万立方米，储粪棚 5.7 万平方米，雨污分离设施（包括改造沟渠）50.4 万米。45% 家治理场中采用农牧结合型治理模式 4397 家，占 96%，新增项目紧密配套农田果园 1.11 万公顷，鱼塘 6 万公顷，涉及存栏生猪 75.5 万头，奶牛 0.4 万头。经治理后，年可处理养殖废水 307 万吨，处理粪便 33 万吨，年可减排 COD（化学需氧量）2.11 万吨、氨氮 0.17 万吨。规模化畜禽养殖场排泄物资源化利用率提升至 95%。同时，在 16 个场（村）开展小规模畜禽养殖场及散养密集村畜禽排泄物资源化利用试点。2010 年，浙江省共争取国家发改委立项建设 111 个生猪标准化规模养殖场，总投资 15193 万元，其中中央投资 6400 万元，项目建设将新增基础母猪 1.55 万头，年新增出栏商品猪 27.64 万头；立项建设 8 个奶牛标准化规模养殖场，总投资 1130 万元，其中中央投资 500 万元，新增存栏奶牛 5151 头，年新增产奶能力 21444 吨。在温州、台州、丽水三市扶持建设 47 个生态规模养猪场，项目总投资 3205 万元，浙江省财政投资 940 万元，新增母猪 2722 头，年新增出栏商品猪 4.96 万头。2008—2010 年，温台丽三市累计新建生态规模猪场 197 个，截至 2010 年底，三市生猪总存栏 227.32 万头，出栏 307.73 万头（中国畜牧年鉴编辑委员会，2011）。

积极推动农牧结合，2010 年全年增收约 1.08 亿元。2010 年新完成 4596 个生猪存栏 100 头、牛 10 头以上的规模化畜禽养殖场的排泄物资源化利用，利用粪便 33 万吨，配套农田果园 2.4 万公顷，有机肥生产、化肥节省、农产品品质提高等，共节本增效 3000 万元。发展种草养畜 3200 公顷，以 10 千克牧草代替 1 千克精粮，即每公顷（年产草 10 吨）全年可节省饲料费 24600 元，全年可节约 7872 万元。

同时，开展标准化规模畜禽养殖场示范创建。按照《农业部办公厅畜禽养殖标准化示范创建活动工作方案》的要求，积极开展标准化示范场创建活动，制定省示范创建工作方案，建立创建组织协调机构和专家组，对参与示范创建的养殖场户进行现场指导，并制定了示范场现场审验标准，验收标准上增加了生产水平、现代畜牧新型产业体系建设、先进设施设备和农牧结合生态循环利用 4 项省特色附加分。2010 年，全省共完成 44 个国家畜禽标准化规模养殖场创建，其中生猪示范场 26 个、奶牛示范场 5 个、蛋鸡示范场 8 个、肉鸡示范场 5 个。其中奉化市鑫杰畜禽专业合作社、浙江永宁弟兄农业开发有限公司、海盐海兴牧业有限公司、味全（安吉）乳品专业牧场有限公司、浙江东兴实业有限责任公司伊康乳业分公司、龙游康绿蛋鸡场、杭州萧山志伟家禽有限公司被授予国家标准化示范场。

改革开放以来，浙江渔业走出了一条具有浙江特色的渔业跨越式发展路子，取得了令人瞩目的成就，在保障市场安全有效供给、增加渔农民收入、促进渔区和谐稳定、推动社会主义新农村建设等方面发挥了重要作用。2006 年以来，浙江省积极推动传统渔业向生态渔业转型，大力发展生态渔业，也取得了显著的成效。“十一五”期间，浙江省建成标准渔港 7 座、新开工和在建标准渔港 29 座，改造标准鱼塘 107 万亩，建成渔业种质资源保护区和增殖放流区 20 个，39 个水生动物疫病防治站建设全面启动。为了推进水产养殖标准化生产，全省已累计建成无公害、绿色和有机养殖面积 200 多万亩，占到水产养殖总面积的 43% 以上。按照渔业产业与资源养护、生态保护协调发展的要求，实施了碳汇渔业行动计划，在东部沿海，发展 30 万亩贝、藻、鱼类浅海生态养殖；实施洁水保水行动计划，在西、南部山区，发展 100 万亩外荡、江河、水库生态渔业；实施资源养护生态修复行动计划，建设省级增殖放流区、水产种质资源保护区、海洋牧场各 5 个，增殖放流水生生物苗种数量 50 亿尾（粒、只）以上；实施稻田养鱼稳粮增收行动计划，在粮食主产区和山区，发展50万亩新型稻田养鱼。在渔业生态资源养护上，浙江省大力落实《中国水生生物资源养护行动纲要》。截至2010年9月底，全省共投入财政资金约1.75亿元，每年放流水产苗种2.5亿—3.5亿尾（粒），放流区域已遍及全省沿海和内陆主要水域，放流品种涉及鱼虾贝藻等数十种。在积极引导渔民转产转业、减船减人、伏季休渔之外，浙江省不断调整和完善渔业规费征收政策，通过经济杠杆调节，引导捕捞作业方式的转变。

二、浙江省生态养殖业发展的典型模式

在浙江省畜牧业养殖规模不断发展的同时，畜牧养殖给当地环境带来潜在的威胁。一些地方由于技术、管理和政策等方面的原因，畜牧养殖废弃物未得到合理的处理和有效的资源化利用，给周边自然环境带来的污染危害日益严重。新世纪以来，为推进高效生态农业发展和生态省建设，浙江省积极引导畜禽养殖场开展生态治理，建立了一些废弃物处理工程系统实现畜禽排泄物污染减量化和资源化利用，逐步形成了"桐庐万强模式"、"临安双干模式"、"龙游雄德模式"、"南湖竹林模式"和"余杭蓝天模式"。在上述发展模式的基础上，浙江省各级畜牧管理部门和相关生产主体大胆实践，勇于创新，走出了一条科学发展之路。

1. 生态畜牧养殖模式

(1) 桐庐万强模式：管网联结、就地利用

桐庐万强模式是以农牧结合排泄物就地利用为特色，即把畜禽排泄物经固液分离后，干粪经堆积发酵后用于果园；污水尿液经三级沉淀后，用水泵输送到山顶贮液池，再通过管道自流浇灌果园。如图2－3所示。

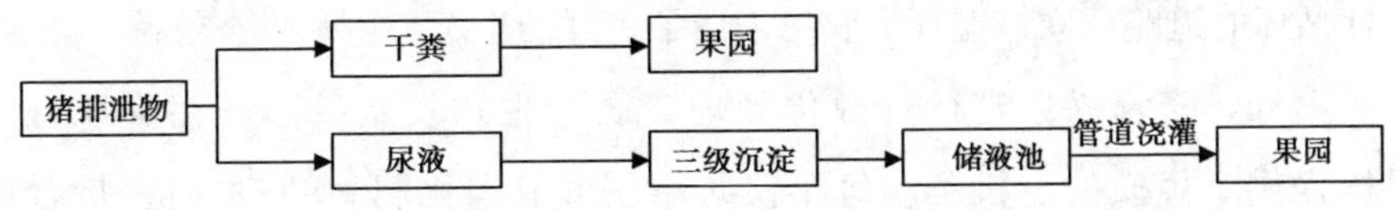

图2－3　桐庐万强模式：管网联结、就地利用

桐庐县万强农庄，按1亩果园配套5头存栏生猪的标准，在低丘缓坡建猪场、果园和青饲料基地，并建立养殖场污水储存和灌溉管道系统，种养结合，实现养殖场排泄物就地利用，完全消化（蔡薇萍，2008a）。主要做法如下：

第一，适度规模。浙江省桐庐县分水镇龙潭村的万强生态农庄，总面积1000余亩，现有标准猪舍4830平方米，2010年农庄全年出栏生猪5000多头；农庄内还建有以黄花梨为主的520亩果园、200亩茶园、140亩绿化苗木、100亩青饲料基地。猪场每天产出的大量猪粪经生物化处理后，成了"绿色肥料"，被源源不断地送到果园、苗圃、青饲料基地和鱼塘。通过废弃物处理和利用，已使这片昔日的荒山坡变成了花果园；而原本臭气熏天的畜禽粪便，在这里不仅没有对环境形成污染，并且成了产业发展的最重要保障。

第二，种养结合。万强农庄初建时，就首先对农庄进行了科学的规划。万强农庄依据"整体、协调、循环，再生"的原则，把1000亩面积山地规划分为五个板块——山脚废耕地兴建畜牧场，低丘缓坡开发山地水果，四周旱地发展绿化苗木和青饲料基地。按照"生态化"要求，业主在农庄内实施粪尿无害化处理、综合利用配套工程。

第三，立体循环。猪场每天产出的猪粪尿首先经过固液分离，猪粪进行堆积发酵和微生物接种，成为微生物有机菌肥用于果园；尿液污水通过三级沉淀后用电泵抽至山上的八个贮存池之中，经果园中铺设的地下管道成为果树的水肥，喷施于果园中。农庄实现了封闭式循环，做到了粪尿等污物的减量化、无害化、资源化利用，这不仅大大增强了农庄的自净功能，而且"变废为宝"，把畜禽粪尿转化为资源优势，使农庄发展步入良性循环的道路。立体循环为农庄创造了极好的生态环境和生态效益。

第四，畜禽粪尿进行资源化处理。通过生物技术处理的猪粪尿，为果树提供了优质的有机肥。每年仅此一项可节省化肥50吨左右，折合成本20万—25万元；有机肥的使用还有效改良了土壤板结，提高了土壤肥力，增进植物成活率，有利于苗木、果树根系发达，长势强旺。当地出现旱情，许多地方受损严重，但农庄由于使用的是大量的有机肥，抗旱能力得到了明显的提高，减少旱灾损失 25%—30% 以上。肥沃的土壤，更适宜青饲料的生长，从而为生猪生产提供了源源不断的青饲料。有机肥还使水果品质提高、产量增加。据测算，施用有机肥，6 年生果树平均亩产增加 230 千克，丰产年限可提前两年以上。使用有机肥，还使水果糖度平均增加 0.8 至 1.5 度，口感更鲜美。由于果品安全质量有保证，农庄的水果在市场上越来越受到消费者的青睐。销售价比其他产地的果品每千克高出 1 元至 1.8 元。

自 1998 年到 2007 年，农庄猪舍从一幢发展到七幢，母猪饲养量从 26 头发展到 250 头。果园、茶园、林地和青饲料基地总面积已达到 960 亩。经济实力像滚雪球似的日益壮大。据统计，万强农庄几年来共带动农户 2500 余户，新发展各类水果 1700 亩，绿化苗木 1500 亩。农庄作为农业龙头企业，还发展订单生猪 20000 余头，增加农业产值 1000 多万元。多年来，该农庄还与农技部门一起通过举办培训班、现场会等多种形式开展宣传示范，每年接待各类参观人次 1000 余次。近五年来，该农庄先后获得桐庐县优秀龙头企业、产业化示范基地、县级科技示范基地、杭州市十佳养殖大户、省优秀科技示范户、浙江省无公害农产品基地，国家无公害农产品认证、绿色农产品认证、杭州市商品猪基地、杭州市都市农业示范园区、浙江省第一批现代畜牧生态园区等众多荣誉（蔡薇萍，2008a）。

万强农庄采用种养结合，资源循环利用的模式不但可以消纳畜禽排泄物，保护好生态环境，还能提高生猪的生产和健康水平，降低饲料消耗和生产成本。万强农庄“适度规模、种养结合、立体循环”的模式，既符合“生态立省、绿色浙江”的要求，也为山区农民发展效益农业实现增产增收提供了一条有效途径。作为畜牧业发展和畜禽废弃物综合利用的结合点，万强农庄对桐庐当地生态农业的发展，起到了极大的带动和推进作用。

（2）临安双干模式：人畜分离、养殖小区

临安双干模式以构建生猪生态养殖小区为其特色。在散养为主且饲养密集程度较高的专业村推行人畜分离、异地建设养殖小区的模式，把畜牧业的生态养殖与新农村建设结合起来，通过畜牧业的退村入区、统筹发展、规范管理，既改善了农民的生活环境，又使畜禽排泄物得到了循环利用。如图 2－4 所示。

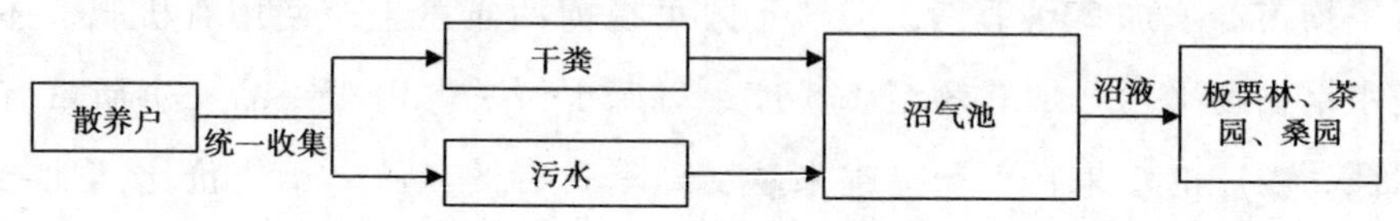

图 2－4　临安双干模式

双干村位于浙江省临安市乐平乡，是当地有名的生猪养殖专业村，全村 127 户农户，102 户养猪，占全村总户数的 80.3%，生猪养殖是该村农民收入的主要来源。但是，在房前屋后饲养，房屋、圈舍交错坐落，环境脏、乱、差。在社会主义新农村建设中，双干村村委会一方面把兴建生猪养殖小区纳入新农村建设的总体部署，统筹规划，合理布局，一方面组建村生猪合作社，以其为主体兴建养殖小区。

临安双干模式的主要内容是：从 2005 年起，在当地政府和有关部门的指导下，双干村在距离村 1 公里的一处山坳大塘坞，双干村生猪合作社调换、租用土地 20 余亩兴建养殖小区，将家家户户的猪圈迁到小区里，实行人畜分离，统一管理。该坞三面环山，隔离条件好，而且山上有茶叶、板栗等经济作物 200 多亩，周边还有桑园 240 亩。小区新建猪舍 23 幢，引进长嘉母猪 200 余头，11 个养殖大户进入小区，常年存栏生猪 3500 头左右。小区里每个栏舍都建有干湿分离和雨污分离设施，同时同步建造 11 个 12 立方米的二级沉淀池，1 个 300 立方米的沼气池及配套设施，集中建造了干粪堆积发酵池。污水通过沉淀后集中汇入沼气池，经厌氧发酵后通过管道接入两边山上的储存池，作为板栗、茶叶等经济作物的有机肥，有效解决了养殖排泄物和保护生态环境之间的矛盾。通过实地运行，临安双干村养殖业充分利用了土地资源、降低了管理成本、规模养殖效益增加、种植业效益增加、实现了较好的生态效益、还促进了农民合作经济组织的发展（蔡薇萍，2008b）。

该模式的主要成效和经验是：

第一，充分利用了土地资源。规模养殖的用地紧张一直是困扰畜牧产业发展的瓶颈，如何充分挖掘现有土地资源，促进畜牧业的可持续发展是各级政府面临的问题，双干村利用闲置山地，实施“退村入区”发展畜牧业的模式恰好在这方面为我们提供了可借鉴的经验。

第二，降低了管理成本。通过集污管系统将污水自动排入沼气池，然后通过自动排灌系统将沼液输送到板栗林、茶园、桑园中，无需人工排污。小区实行统一管理后，养殖户每天只需花 4 个小时左右的时间在小区内工作，其余时间可以从事其他的农业生产，从而节省了管理成本。

第三，规模养殖效益增加。进入小区以后，养殖户全部实行自繁自育，平均每户饲养长嘉母猪 25 头，每头降低仔猪成本 100 元；通过统一采购饲料，每头肉猪可降低饲料成本 30 元；通过规范化管理，猪的品质得到了提高，每千克活猪的销售价可提高 0.1 元，按每头猪 100 千克计，每头猪可增收 10 元，三者共计增收 140 元。2007 年共出栏肉猪 6000 多头，增收 80 多万元。

第四，种植业效益增加。小区周围的 200 多亩板栗、茶叶和 240 亩桑园全部使用小区提供的有机肥，每年可节省化肥成本近 22 万元。同时板栗的产量较小区建设前提高近 10%，每年可增收 8 万元；200 亩的优质桑园也提高了该村的蚕茧质量，每年可增收近 10 万元。在远离村庄、又有茶园桑园和板栗的大塘坞，兴建畜牧小区，对养殖排泄物采取干湿分离和厌氧发酵技术，粪污经处理后用作有机肥，达到了要求。

第五，实现了较好的生态效益。小区的建设解决了该村原有的人畜混居的现象，改善了村庄环境，既符合该村主导产业的发展，又提高了居民的生活品质。同时通过对小区内的养殖排泄物实行农牧结合、资源循环利用，做到了“减量化、无害化、资源化”，达到了养殖污染排泄物的零排放，改善了山地的土壤肥力，改变了生猪的养殖环境，三面环山的特殊位置构成了动物防疫的天然屏障，减少了疫病的传播和感染的概率，猪群发病率和死亡率明显降低。

第六，促进了农民合作经济组织的发展。双干村把兴建养殖小区和发展农民专业合作组织结合起来，统一管理、规范运行。以村生猪合作社为主体兴建养殖小区，通过对进入小区的养殖户实行“统一种猪引进、统一饲料供应、统一防疫消毒、统一污染治理、统一产品销售”的“五统一”制度，既把原来分散的养殖个体联结成了利益共享、风险共担的联合体，又推进了畜牧标准化养殖技术的运用，从而规范了合作社的管理，提高了产业的升级（蔡薇萍，2008b）。

（3）南湖竹林模式：粪便收集、户用沼气

南湖竹林模式以采用畜禽粪便收集处理中心与户用沼气相结合，有效解决了畜禽养殖的主要污染源。详细地讲，就是在每个养殖户配有三格式沉淀池和小型沼气池，在生猪养殖户比较集中的区域按照养殖量建立生猪粪便收集处理中心对干粪进行集中收集，通过干湿、雨污“两分离”，污水通过沼气池发酵用于取暖和炊事，沼液、沼渣作肥料还田或养鱼，并收集固体粪便进行堆肥发酵处理，加工成商品有机肥出售，最终实现农牧结合的循环生态农业模式，最终达到猪粪尿“零排放”。这种模式在嘉兴南湖区新丰镇竹林村得到了成功的实践，并推广至全区。这种分散处理和集中利用相结合的模式，有效推进了畜禽排泄物减量化、无害化和资源化利用。嘉兴市南湖区的畜禽养殖污染治理模式——“南湖竹林模式”被有关专家称之为“具有平原特色的我国四大治理模式之一”，是平原地区治理畜禽养殖污染的有效途径。见图 2-5。

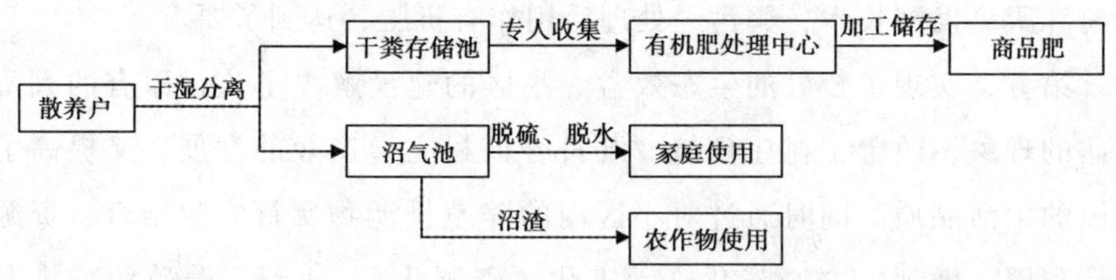

图 2-5　南湖竹林模式：粪便收集、户用沼气

2007年底，浙江省嘉兴市南湖区畜牧业产值达12.82亿元，占农业总产值的49.9%，其中生猪产值11.65亿元，占农业总产值的45.35%。生猪出栏137.75万头，是当地畜牧业的主导产业。面对生猪养殖发展快，数量大，养殖排泄物多、污染严重的情况，2008年以来，南湖区委、区政府对推进农牧结合生态循环发展模式高度重视。在推进农牧结合、生态循环模式的过程中，南湖区坚持先搞好试点、以点带面的方法。为解决养殖户们的烦恼，在生猪养殖密度高、规模养殖户多的新丰镇竹林村，建立了猪粪收集处理中心。养殖户首先对猪粪尿进行固液分离，鲜猪粪由收集处理中心统一收集，加工处理；猪尿及冲洗水进沼气池，厌氧发酵处理。其沼气作能源，沼液和沼渣作肥料（蔡薇萍，2008c）。

南湖竹林模式的主要内容是：

第一，推进“沼气工程”建设。生猪养殖户（场）在对猪粪尿固液分离的基础上，将鲜猪粪存放干粪堆积池，由猪粪收集处理中心专人定时收集；猪尿及冲洗水进入“沼气池”进行厌氧发酵处理。对生猪50头以上规模养殖户全面建设沼气池。2006年底，全区已建大中小型“沼气工程”2009处，沼气容积55035立方米。2007年又对30—50头生猪存栏户新建沼气池610处，沼气池容积15250立方米。现已累计建设“沼气工程”2673处，沼气池总容积80205立方米。全区已基本形成“畜禽—肥料—作物”、“畜禽—沼气—作物”生态循环模式。

第二，建立畜禽粪肥收集处理中心。按照“户聚、村收、片处理”的方式，每2万—3万头存栏生猪为片区建立一个畜肥收集处理中心。截至2012年，南湖区已建有30多个这样的处理中心，受益养猪农户1万多户，年可处理畜禽粪便20余万吨，生产有机肥5万余吨，基本实现了生猪重点产区畜粪收集处理全覆盖。全区各畜肥收集处理中心以股份制形式，组建成立嘉兴市新竹生物有机肥产销合作社。以猪粪为主要原料的商品复合肥远销上海、福建等地（蔡薇萍，2008c）。

南湖竹林模式的主要成效和经验是：

以循环经济的理念，创新机制，着力构建农牧结合的“畜禽—肥料—作物”、“畜禽—沼气—作物”生态循环模式，促进畜禽排泄物的减量化、无害化和资源化，转变农业发展方式，有效促进了农业增效、农民增收和农村生态环境的改善。这种做法使得当地农民减少了矿物化肥的使用，农业依靠商品有机肥出售和沼气使用也增加了经济收入，当地及其周边生态环境也获得了明显的改善。

（4）龙游雄德模式：沼液罐运、异地利用

龙游雄德模式以沼气工程统一处理与废弃物异地使用为其特色。所谓“龙游雄德模式”，就是扶持民营企业成立龙游雄德公司这样的“三沼”（沼气、沼液、沼渣）服务公司，以社会化服务形式促进“三沼”综合开发利用，组织槽罐车，对各养殖场的畜禽粪便进行收集处理，然后再运送到相关茶园果园，实现畜禽排泄物的异地再利用，发展生态种养和循环经济。如图 2－6 所示。

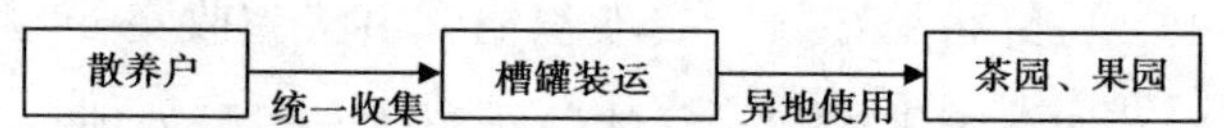

图 2－6　龙游雄德模式：沼液罐运、异地利用

畜牧业是龙游县的农业主导产业之一。2008 年，全县畜牧业产值 8.43 亿元，占农业总产值的 50.8%，养殖总量居全省第 8 位。但畜禽养殖业的迅猛发展，同时也带来畜禽排泄物污染问题。多数大中型养殖场都是纯养殖型的，没有配套的种植业基地，无法消纳沼气池中每天产生的大量的沼液。

龙游雄德模式的主要内容是：

龙游县畜禽养殖废弃物处理和利用以浙江雄德生态农业有限公司为纽带，实行“畜—沼—作物”生态立体农业模式，一头连接规模养殖场，一头连接规模农业生产基地：免费为沼气户汲取沼液和沼渣，解决沼气工程废料处理难题，为规模养殖场解决沼液的出路，同时所汲取的沼液沼渣全部供应给规模种植基地，为生态农业发展提供了优质有机肥。2006 年，拥有三家子公司的雄德公司积极参与“三沼”综合开发利用，成为龙游县“三沼”综合利用社会化服务的中坚力量。公司由雄绿沼气工程有限公司负责沼气建设工程施工、污水净化等职能；雄力工程安装技术服务公司承担电力、水利安装等职能；雄德生态农业有限公司则负责沼液、沼渣的再生利用、沼气配套设备维修、技术推广等职能。三个子公司在职能上充分互补，形成了完整的“三沼”综合利用的流水作业链条。

雄德公司拥有一支沼气建设专业技术队伍，是全县唯一具有沼气建造安装维护资质的企业，具体承担沼气池的建造、沼气菌的植入、沼液汲取和沼渣清理等服务，使整个治理项目达到规划、标准、施工、物资供应、安装“五统一”。同时，雄德公司积极参与衢江漂流畜禽尸体的治理，承担病死畜禽无害化处理池建设任务。公司对规模养殖场排泄物治理业主提供沼气炊用、照明的安装，在沼气池与厨房100米范围内免费安装沼气管道，并免费提供沼气灶、沼气饭煲、沼气灯和沼气安全阀门，对用户沼气使用进行培训，下发了沼气使用安全手册，设立了警示牌。同时，公司常年安排专业技术人员，配备专用车辆，设立服务热线，面向全县沼气用户开展即时服务，及时排除沼气使用中因用户操作不当造成的不产气及灶具故障。经发酵后排放的沼液虽然达到了无害化排放的标准，但是仍然能给环境造成一定的污染，会使水体富营养化。县农业局及时协调雄德公司、规模养殖户和规模种植户，积极探索沼液、沼渣综合利用途径。截至2012年底，全县由该公司提供服务的种植场、基地沼液灌溉面积已达2000多亩，实现了沼液的无害化综合利用。实施沼气工程后，畜禽粪尿干湿分流，固体排泄物进入堆粪房发酵处理，液体排泄物及冲洗污水进入沼液池，经过厌氧菌发酵和有氧杀菌产生沼液、沼渣，沼液达到无害化排放标准。在雄德公司的推动下，龙游县治理工程进度快、效果好，处理畜禽固体粪便、猪尿及冲洗水能力快速提升，年可处理畜禽固体粪便、猪尿及冲洗水120万吨，年产沼气92万立方米，产沼渣沼液75万吨，可供改良山地、旱地和果园56万亩，提供鱼塘饲料700余亩。畜禽排泄物通过干湿分离，固体排泄物堆肥腐熟后充分利用，粪尿和冲洗污水经沼气发酵以沼液形式投放种植业，实现了

“多赢”局势（李竹生，2007）。

龙游雄德模式的主要成效和经验是：

扶持民营企业（浙江龙游雄德公司）以社会化服务形式促进“三沼”综合开发利用，是龙游县积极实践的一条治理畜禽排泄物污染并实现“废物利用”的重要途径。通过龙游雄德公司的参与，使得当地养殖“三沼”得到统一的处理并实现了异地的使用，实现了农牧结合，龙游县畜牧养殖业也取得了良好的经济效益和环境效益。畜牧养殖空间得到拓展，畜禽粪尿经过发酵和杀菌，大大降低了各类疫病的发生概率，基本消除环境污染。养殖户收入得到增加，沼气池建成后，满足了日常做饭、烧水的需要，节省燃料费用。生态环境得到改善，土壤肥力明显提高，养殖场产生的废弃物得到统一处理，解决了养殖场的环境污染，保护了周边的生态环境。同时，以有机肥代替化肥，减少了化肥的使用对土壤环境的破坏。农产品品质得到提升，采用沼液作为有机肥进行种植，因沼液无污染、无残毒，无抗药性，减少了农药化肥的用量，提高了果实的品质和商品率，成了名副其实的绿色食品。

（5）余杭蓝天模式：区域配套、循环共生

余杭蓝天模式以生态链耦合实现废弃物资源化为其主要特色。蓝天模式是围绕猪场排泄物的处理与利用实行农牧结合，利用物质循环和能量高效流转利用关系，将整个蓝天生态园区合理分区规划五个功能区块，采用立体循环的新型种养殖模式将五大功能区块种养业有机结合，形成“猪、蚓、鳖、草/稻、梨/茶、羊”多元结合的新型农业循环经济模式。蓝天模式是将整个“蓝天生态园区”划分为种猪养殖区、生态鳖养殖区、农作物生产区、湖羊养殖区和园外辐射区。以“猪、蚓、鳖、草、稻、梨、茶、羊”为主要循环点，春末至秋末，猪场粪污经固液分离后，干粪养殖蚯蚓，蚯蚓活体用作生态鳖的饵料；污水则经生化处理后用作稻田肥料。秋末至来年春末，猪场粪污固液分离后，干粪制成有机肥施用梨园、茶园；污水厌氧发酵后用于种植牧草，牧草养羊。这样就构成了一个完整的立体循环的生态循环系统（王伟，2008）。如图 2－7 所示。

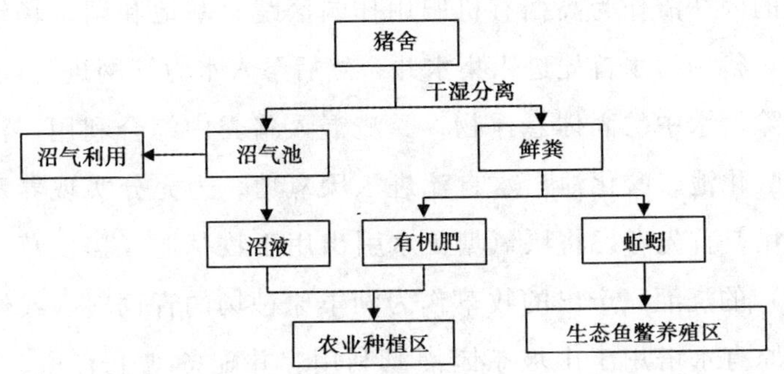

图 2－7 余杭蓝天模式：区域配套、循环共生

浙江蓝天生态农业开发有限公司建成的蓝天生态农业园位于杭州市余杭区西部的径山镇，创建于 2000 年 6 月。蓝天生态农业园围绕猪场废弃物污染生态化处理和资源化利用，确立了循环经济生态发展战略，形成了“猪—蚯蚓—鳖—稻/草—梨/茶—羊”的新型农业循环经济模式，在园区内逐步发展了蚯蚓养殖、生态鳖养殖、湖羊养殖、水稻/牧草/黄花梨/大棚蔬菜种植及周边山地茶叶种植的农业产业结构。实现“资源—产品—再生资源”的良性循环，在社会、经济、生态建设方面取得了较大成绩，现已成为杭州市重点农业龙头企业，余杭区规模最大的养殖型龙头企业，并通过国家级循环经济标准化试点，成为全国第一家通过循环经济标准化试点项目的企业（李樱之，2010）。

浙江蓝天生态农业开发有限公司以养猪起步，但猪场排泄物的污染问题，由于投资和运行费用过高而成为发展的瓶颈。为此，他们积极探索生态化改造。余杭蓝天模式的主要做法是：

根据循环经济“减量化、资源化、再利用”原则，根据物质循环和能量高效流转利用关系，园区合理分区规划五个功能区块：种猪养殖区、蚯蚓养殖场、生态鱼鳖养殖区、农产品种植区和湖羊养殖区。

种猪养殖区。占地 110 亩，年出栏种猪 5000 头、商品肉猪 15000 头规模。养殖场采用清洁生产技术，实施“清污分流、雨污分流、干湿分置”，对猪粪和污水实行干湿分离，猪粪被送入的猪粪熟化池与秸秆混合发酵，腐熟后用于蝇蛆和蚯蚓养殖，产出的生物成体作为生态鳖饲料利用，残余的固体渣作为高档有机肥用作园区蔬菜基地和湖羊场饲料牧草地的底肥。猪场污水首先进入集水井，然后泵入水力筛网进行固液分离，进一步去除污水中的固体悬浮物，粪渣混入猪粪中综合利用。污水自流进入水解酸化池，酸化池出水自流进入厌氧塘，为充分实现养殖污水的资源化利用，首先考虑将厌氧塘出水引出用于牧草地（黑麦草、墨西哥玉米轮种）的浇灌，产出的牧草作为湖羊原种场的青饲料。或经提升至周边山坡原有水塔用于山坡茶园灌溉利用。并配备"上有顶、下有底"的干粪贮存发酵池，防止二次污染。

蚯蚓养殖场。2002 年投资 60 万元建成蚯蚓养殖塑料大棚（蚓反应器）1.2 万平方米，改变猪粪未经无害化处理直接外运农田利用和鱼塘养鱼的历史状况，提高猪粪利用附加值，年利用鲜猪粪 2000 吨，农作物秸秆 220 吨，产蚯蚓活体 39 吨，蚓粪有机肥产量 975 吨，年创经济效益 60.5 万元。蚯蚓用于配置甲鱼饲料，蚓粪有机肥作为高档有机肥利用。以蚓制粪的技术，不仅有效地解决了猪粪处理难的问题，而且不同条件的场可以根据实际情况确定蚯蚓养殖面积，灵活性大，投资成本低，效益丰厚。

生态鱼鳖养殖区。公司开挖生态鳖标准养殖塘 229 个，用蚯蚓饲喂甲鱼，不仅替代了部分甲鱼饲料，降低了养殖成本，而且还有利于提高甲鱼的诱食率，提高甲鱼的免疫水平，促进甲鱼生长；并自主创新采取"鳖—鱼—螺丝"分层混养生态技术、微生态制剂调控水质技术、"水位控制"技术和"稚鳖分级饲养技术"，实现了增产增效、削减饲料消耗和防疫药物使用的目标。公司外塘全生态的养殖方式，使鳖产品相继通过"无公害"、"绿色"和"有机"农产品认证。

农产品种植区。总占地 1200 亩，含蜜梨园、水稻田、蔬菜地，四季轮作，每年春末至秋末种植水稻，秋末至次年春末种植黑麦草作湖羊饲料，使用猪场有机肥，可年产优质水稻和草料。部分厌氧沼液和猪粪有机肥通过田间沟渠和人工运输得到资源化利用。

湖羊养殖区。羊场占地 30 亩，配套青饲料基地 56 亩，一年四季种植黑麦草、墨西哥玉米、苏丹草等牧草，年产湖羊种羊2000头、商品羊3000头。

在蓝天生态农业园的五大功能区中，春末至秋末，猪场粪污经干湿分离后，猪粪熟化送到大棚养蚯蚓。蚯蚓用作生态鳖基地的饵料，污水经生化处理后，作为水稻田肥水。秋末至春末，猪场粪污水经干湿分离后，熟化干粪作为茶园、梨园施冬春肥，污水厌氧酸化处理后牧草田种墨西哥黑麦草，污水种草养羊。在生态鳖基地也形成生态小循环：用蚯蚓和专用鳖饲料喂甲鱼，甲鱼排泄物给水中鳙鱼吃，鳙鱼排泄物给塘底层螺蛳吃，螺蛳作为水中清道夫，净化有机物生成小螺蛳再给甲鱼当饵料，甲鱼干塘起捕池塘底泥又给堤坝上的梨树作有机肥。

余杭蓝天模式的主要成效和经验是：

蓝天生态农业园依托科技手段，基于生态循环共生的思想，建立了一个综合的功能区循环生产的生态园区，有效解决了畜禽养殖业废弃物治理难的问题，解决了部分农民劳动力就业问题，同时实现了废弃物的资源化利用，创造了明显的环境经济效益、社会效益、环境效益“三赢”，在区域农业经济发展和农业结构调整中起到了一定的示范和推广作用。

蓝天生态农业园的经济效益主要表现在下列几个方面：一是猪场实行固液分离工艺使干粪收集率达到90%以上，削减冲洗水消耗及污水产生量近60%，显著降低污水处理和处置成本，合计取得经济效益8.6万元；二是甲鱼塘“水位控制”技术使生态鳖整体产量提高10%，“稚鳖分级饲养技术”提高产量20%，并有效防止饲料流失及水体污染；三是利用猪粪养殖蚯蚓，蚯蚓用于养鳖，年可利用猪粪3920吨，产蚯蚓活体156吨（10元/千克），猪粪有机肥975吨（450元/吨），直接经济效益200万元；四是污水生态化处理成本平均以每立方米0.53元计，比常规污水处理工艺降低1.47元，年节约污水处理费用4.3万元；污水处理沼液用作农肥，降低化肥成本2.5万元，水稻、蜜梨、径山茶等农产品和牧草产出效益390万元。

蓝天生态农业园的生态效益主要表现在：通过对“EM 微生物调控水质”、“水位稳定系统”、“分级饲养”等清洁生产技术应用和循环经济产业链的科学运作，有效解决了猪场排泄物污染的老大难问题，实现了资源化利用，削减了化学药剂、农药和化肥的施用，明显改善了农产品品质，取得了明显的生态效益。

蓝天生态农业园的社会效益主要表现在：公司作为区域农业龙头企业，起到了示范作用，既解决了周边辐射区部分农户就业问题，并带动了 200 余户农户养殖中华鳖，目前公司“彪”牌中华鳖已获得“无公害”和“有机”双认证，对产品市场销路和价格产生了明显的影响，产生了显著的社会效益（李樱之，2010；罗传达，2012）。

2. 生态渔业养殖模式

针对空间资源日益紧缺、生态环境日趋恶化、生物资源日渐衰退等瓶颈问题，浙江省为保障水产品安全有效供给和实现渔业可持续发展，按照生态学原理，应用现代科学技术和设施装备，在实践上提出并运用了多种生态渔业养殖模式，以提高渔业养殖的单位产出率、资源利用率和劳动生产率，同时修复和保护渔业生态环境，减少养殖业对生态环境的不利影响。

（1）淡水养殖的典型模式

①池塘环境友好型养殖模式。池塘环境友好型养殖模式即采用安全、高效的微生态制剂调节水质，并减少药物使用，降低对水体的氮、磷排放，同时通过构建一定比例的人工湿地、生态氧化塘或利用生态沟渠、稻田、藕田等来处理和重复使用养殖水体的一种生态型养殖模式。采用这种养殖模式，可有效减少药物使用，确保水产品的质量安全；同时也减少了养殖用水的排放，使池塘养殖对自然环境和水体的影响减少到最小，具有节水环保和安全高效等优点。浙江中得生态农业有限公司在杭州市西湖区双浦镇投资建设的 660 亩中华鳖池塘养殖基地，采用高效优质饲料，生产与应用、安全无公害综合防病以及水体营养物质控制等技术，把化学耗氧量高、氮磷含量高的养殖污水集中回收至 20 亩的无害化

处理池中，然后通过花螺蛳、白鲢、青虾、罗非鱼和水浮莲等水生动植物、微生态制剂和生物膜进行综合处理与调控，使水体达到养殖用水标准，实现了养殖场内污水的循环利用和废水的“零排放”。与此同时，养殖基地内高密度养殖的商品鳖质量也显著提高，与未改进养殖方式前相比成活率提高了10%—12%①。

②湖泊水库洁水型渔业开发模式。洁水型渔业开发，又可称“保水型渔业”，以保护水环境为目的，选择以鲢鳙鱼等滤食性鱼类进行人工放养，利用生物食物链原理，消耗水中的富营养化物质，从而达到保障生态平衡，保护水环境，充分利用水体渔产力，提高广大库区农民致富能力的目的。这种渔业开发方式，就是通过“以鱼治水”和“以鱼养水”，实现水环境保护与渔业开发的协调共赢，还能大大提高广大库区农民的致富能力。根据水生生物食物链理论，湖库中每生产一吨花白鲢，就要消耗40吨藻类，可减少水体中氮3.7吨、磷0.51吨。1998—1999年，千岛湖曾连续两年大面积暴发蓝藻“水华”之后，采取了加大千岛湖上游局部水域控制捕捞量并进行鲢鳙鱼放养等措施。多年的实践证明，不仅有效控制蓝藻等“水华”的大面积爆发，确保了库区水质稳定在II类以上，而且，以鲢、鳙鱼为主的水库有机鱼产量有了显著的增加，达到了生态与经济效益的双赢②（周晗，2011）。

③文化传承和创新型生态养殖模式。利用稻田、山溪等丰富的浅水资源，辅之以现代科技手段，传承和创新具有悠久历史的稻鱼（虾、蟹，以下简称鱼）共生和山溪以草养鱼等生态循环养殖模式。既种稻（草）又养鱼，把植物和动物、种植业和养殖业有机地结合起来，促进物质和能量良性循环转化，实现“稳粮丰鱼增收”的目的。稻鱼共生生态养殖，既是农作制度的传承和创新，也是浙江省山区农民致富奔小康的一条好路子。在浙江省青田、开化等山区，群众历来就有利用稻田、山溪

① 浙江省海洋与渔业局：《关于大力推进我省生态渔业建设的若干工作意见》，浙海渔发[2009] 2号，2009年1月9日。

② 浙江省海洋与渔业局：“生态渔业发展方向和模式”，2012年10月21日，www.zjoaf.gov.cn。

养鱼的习惯。2005 年 6 月经联合国粮农组织（FOA）批准，已有 1200 多年历史的我省青田县稻田养鱼系统成为世界首批五个农业遗产保护项目之一。青田县仁庄乡，已发展稻田养鱼 2000 多亩，每年能够取得平均亩产 500 千克稻、150 千克鱼和近 5000 元亩收入，社会、经济、生态效益十分显著。开化的“清水鱼”，根据县志记载自明朝始，迄今也有 600 多年历史①。

（2）海水养殖的典型模式

①鱼贝藻立体混养模式。在浅海海域，选择适合该类水域生长繁殖、经济价值高、宜于人工苗种培育以及放牧饲养的鱼、虾、贝、藻等水生生物，利用生物间不同的栖息特性和食物链关系，实施规模化立体型增（养）殖，构建水域的生态平衡，改善水体环境，修复渔业资源，实现水生生物多样性。人工栽培大型海藻是较为可行的利用生物操纵法治理富营养化的方法，利用贝类滤食浮游藻类消除富营养化既能发展渔业又能净化海洋，是一举两得的好办法。实践证明，凡在浅海贝类、藻类，特别是贝藻间养的养殖海区，从未发现赤潮的发生。同时，大量的贝、藻生物不仅本身就是水产食品，还可为鱼、虾、蟹等水生动物群提供良好的生长、繁殖、索饵环境，促进生态系统的良性循环与渔业资源的增殖增值（卢光明，2012）。

宁海县毗邻象山港和三门湾，近海养殖面积达 23. 8 万亩，是浙江省最大的海水养殖基地。由于传统的网箱作业方式会产生很大污染，容易造成病害，破坏生态平衡，可能引发赤潮。县里主动调整养殖结构，控制大黄鱼、鲈鱼等上游品种的数量，积极鼓励养殖蛏子、牡蛎等中下游水产品，建立了“鱼虾—贝藻”海水生态养殖模式，通过生物循环，实现海洋环境的平衡净化。目前全县近海网箱养殖面积只有 1500 亩、虾塘 8 万亩，而贝类养殖面积已达到 14 万亩。

奉化海洋渔业部门在悬山岛、凤凰山岛附近海域实施鱼贝藻混养并

① 浙江省海洋与渔业局：“生态渔业发展方向和模式”，2012 年 10 月 21 日，www. zjoaf. gov. cn。

净化海水，鱼贝藻养殖面积扩大到1000多亩，并在南沙岛滩涂上试种木槿等耐盐性植物。据悉，该生态养殖项目已被列为国家级科技兴海示范项目。该项目在原有鲈鱼、红鱼等海水网箱养殖的基础上，先后引进了三倍体太平洋牡蛎、皱纹盘鲍等贝类及羊栖菜、龙须菜等藻类新品种8个，开展了鱼贝藻轮养、间养、套养等不同养殖模式试验，进行了牡蛎罐头加工及海苔人工育苗和养殖技术的研究，并先后通过了省、市有关部门验收。经宁波市海洋环境监测站每月一次的水质检测结果表明，养殖区内水质由此前的IV类、V类变为III类，达到无公害水产品和农业标准化示范区要求。

②工程化渔业养殖模式。采用高效水处理技术、自动化控制系统和功能性饲料等，有效控制净化养殖污水等自身污染，减轻对环境与资源的破坏，大幅度提高养殖单产和经济效益。工程化养殖包括集约化养殖和工厂化养殖，具有高密度、集约化、高效益、少污染等特点。舟山市塑料大棚养殖南美白对虾是浙江省该类模式的成功典型。2007年全市有四家养殖单位，面积共90亩，产量279吨，平均亩产量3.1吨，亩产值9.9万元，亩利润4.8万元。2009年，浙江省海洋水产养殖研究所利用科研与推广专项，在永兴基地建立了循环高效生态健康养殖海水净化处理系统，开展了现代工程化养殖模式的研究与应用，初步建立了鱼虾贝循环高效生态健康养殖模式，并取得了较好经济、社会、生态效益①。

③海洋牧场。海洋牧场是一种全生态的海洋渔业发展模式。简单来讲，海洋牧场就是通过人工建造人工鱼礁等方式，给海洋生物营造一个适合野外生存的“海底家园”，为鱼虾等提供繁殖、生长的场所，改善海域生态环境，从而达到保护、增殖的目的。就像赶着成群牛羊到广阔的草原上放牧一样，把海底的各种鱼类聚集在这些海域，让鱼儿在牧场里无忧无虑地生活、繁殖。同时，通过海洋牧场这种纯自然的养殖方式，可以保证海鲜品质。从2004年起，宁波市已先后在渔山和象山港海域进

① 浙江省海洋与渔业局：“生态渔业发展方向和模式”，2012年10月21日，www.zjoaf.gov.cn。

行了人工鱼礁的试验性投放，至今已在象山港白石山附近海域投放人工鱼礁单体 358 个，形成 12 组单位鱼礁组成的鱼礁区，在北渔山外侧海域投放了 7 只渔船礁体，混凝土礁体 79 只，形成 5 个礁体群的人工鱼礁区，礁区面积已达 500 公顷。2010 年底，宁波市正式出台海洋牧场建设规划，计划用 10 年时间，投资 15 亿元，在沿海建设象山港海洋牧场试验区、渔山列岛海洋牧场综合示范区、韭山列岛牧场化资源保护区等六个各具特色的海洋牧场区，总面积达 100 平方公里，建立未来的水中“粮仓”。“十二五”期间，台州市也将在椒江大陈海域建成首个海洋牧场。根据《椒江区“十二五”海洋经济发展规划》，大陈海洋牧场将建成 5 万立方的人工鱼礁，形成 1500 亩规模的藻类、贝类增养殖场（李波，2012）。

三、浙江省生态养殖业发展存在的主要问题

1. 养殖生态系统尚需优化

生态畜牧业是指运用生态系统的生态位原理、食物链原理、物质循环再生原理和物质共生原理，采用系统工程方法，并吸收现代科学技术成就，以发展畜牧业为主，农、林、草、牧、副、渔因地制宜，合理搭配，以实现生态、经济、社会效益统一的畜牧业产业体系。现代生态渔业是以整体优化、生物多样性、系统方法等生态学原理为基础，强调生态系统的良性循环、系统功能的稳定性与持续性，按生态规律开发，注重渔业生产与生态环境相协调、质量安全与现代技术相统一的渔业生产方式。而浙江省养殖业尚未建立起完整的能够自我循环的生态循环链条，养殖废弃物的再利用不充分，农牧脱节现象还普遍存在，大多养殖企业由于资金、技术等原因只能关注养殖生产，而没能和相关循环产业联合起来，发展农业循环经济。尽管浙江省设施养殖渔业（包括近海养殖业）近年来发展迅速，但由于渔业养殖规划不统一、开发不合理，大多养殖区处于浅海和海湾（这部分海域水体交换缓慢），这也导致了部分海域水体污染、水质下降以及赤潮频发的现象。同时，部分养殖户为追

求单位面积的高产量，过度投放饵料，进行高密度养殖，也使不少养殖区域的承载力过度，造成了养殖区域及附近的环境污染（李波，2012）。在当前土地经营规模偏小、分散、难流转的状况下，规模养殖产生的大量粪便和废水集中应用于各类种植业基地、园区的难度越来越大。同时，在基本农田不能搞养殖、浙江本身用地十分紧张的现实情况下，新建、搬迁及散养户异地置换等用地矛盾十分突出，使农牧对接、粮鱼共生养殖遇到很大困难。

2. 废弃物处理方式粗放

很多养殖场产生的畜禽废物大量集中于局部地区，使得养殖场周围田地和水域无法完全消纳。同时养殖场大都又缺乏足够能力来进行畜禽粪便污染治理的投资，使得畜禽粪污直接排放，造成了严重的环境污染问题。当前，养殖废弃物的处理有多种可以采取的方式，然而由于很多养殖户规模化养殖时间不长，很多养殖户缺乏经验、资金短缺，对粪便养分及其价值也缺乏足够清楚的认识，往往难以综合化利用多种方式进行养殖废弃物的处理（马永喜，2011）。在很多地方，养殖户对粪肥的还田施用量缺乏科学的认识，往往将自家动物粪肥在未经任何处理的情况下全部施用于自家耕地，造成有机粪肥施用过量，带来一定的环境污染。虽然有机肥具有增加土壤养分、增强土壤微生物活性和改善作物品质等作用，但是越来越多的研究已经表明，大量长期施用有机肥对大气、土壤和水体等会造成潜在的威胁和危害。很多养殖场虽然已经建立了相应的废弃物处理和利用设施，但往往由于技术所限只注重单一的能源回收或肥料加工，不能兼顾环境的综合治理和资源的综合开发利用。同时，由于资金所限，很多养殖场的各项废弃物处理和资源化设施是逐步发展起来的，缺乏处理设施建设整体规划，缺乏整体的规划和各个子系统之间有效的耦合，使得处理设施不能很好地发挥综合性的作用，效益较差。现行法律法规和规章对畜禽养殖小区、畜禽养殖场有一套具体的管理规范，省政府规定畜禽养殖小区、畜禽养殖场规模标准分别为生猪 500 头、100 头，而对 100 头以下的畜禽养殖场、养殖户缺乏明确管理规范，废弃物处理方式粗放，造成嘉兴、衢州、金华等地的局部区域畜禽养殖业环境污染严重。

3. 资源化程度低

截至2011年底，浙江省规模畜禽养殖场排泄物资源化利用率达到96%。但大多小的养殖场仍然很难经济化地对养殖废弃物进行资源化循环利用。在现实情况中，由于养殖废弃物的数量大且品质差特点，人们对其价值认识还存在一些错误和消极的观念，对养殖废弃物资源化的重视程度不够，阻碍了养殖废弃物资源化和生物质能利用技术的推广和应用（相俊红和胡伟，2006）。养殖废弃物在生物圈内进行循环利用被认为是传统而经济有效的而且对环境不造成污染的养殖废弃物处置方法。但是，由于我国土地制度的制约，绝大多数规模化养殖场没有足够配套的耕地以消纳其产生的大量集中的废弃物（马永喜，2011）。由于未经发酵处理的养殖废物在处理、运输和还田施用时既不方便也不卫生，因此很难作为肥料或其他农业生产环节的养分产生足够的经济效益。

4. 技术适用性差

目前的养殖场废弃物处理技术和工艺大多是从工业废弃物和生活废弃物处理技术中移植借鉴而来，处理工艺种类繁多，技术效率和经济效益差别很大。面对种类繁多的处理工艺，养殖场业主以及政府管理者等非废水处理专业人士也往往无所适从。很多养殖场为应付环保检查的需要，盲目引进和投资，没有全面地进行技术经济和环境效果评价，结果造成投资和运营成本过高或者处理效果不理想。例如，我国很多养殖场已经广泛采用国外引进的“猪舍水冲清粪”工艺，虽然一定程度上节约了劳动力，但其耗水量很大，排出的粪尿和污水混在一起，粪便中的大部分可溶性有机物进入到废水给后续的废水处理带来更大的困难。而我国大部分养殖场的粪便收集方式仍以水冲式为主，干清粪方式普及率不高（马永喜，2011）。农民中沼气应用技术没有达到家喻户晓、人人掌握的程度，在“三沼”综合利用上还存在不少盲点。对稻鱼共生、浅海贝藻鱼虾、池塘生态高效和工程化等生态渔业养殖技术还难以与农业基础条件和相关配套设施相适应。

5. 政策激励不足

管理制度滞后、政府制度和政策的激励不足导致生态养殖发展缓慢。生态养殖发展支持及其污染管理往往涉及多个政府部门，由于各个政府部门的职能重点和管理权限不同，因而在制定和实施生态养殖发展和支持政策上需要各部门的相互配合，政策的制定和出台往往落后于实践的需要，需要各个相关管理部门相互协作、加强沟通，完善生态养殖发展的管理制度和激励措施。同时，由于养殖业是微利行业，而养殖废弃物的处理和利用需要相当大的投资，养殖经营者通常难以承受（马永喜，2011）。环境工程技术、物质再利用技术和减量化技术的研发和采用还缺少足够的政策支持。如在有机肥的使用问题上，由于化肥方便、见效快、国家限价及农户施用习惯、养分性价比优，而针对有机肥生产，浙江省至今尚未出台相应扶持政策，其加工成本高、使用不方便和肥效挥发慢，农牧对接十分困难。生态渔业是一项投资大、周期长、见效慢的产业，也是一项脆弱产业，一些洁水型渔业、环境友好型渔业需要更高的养殖成本，但由于其给环境带来正的外部性，需要政府予以一定的支持，政府在支持生态渔业发展上的激励措施非常缺乏，对水产育种、病害防治和资源养护的财政支持也还比较薄弱。

四、浙江省生态养殖发展的对策建议

1. 养殖产业政策和生态环境政策要配合

发展生态养殖是一个系统性工程，既要考虑到社会经济发展的需要，也要考虑到环境容量和人们对于环境的要求，要充分考虑到养殖业发展与周边水土环境之间紧密的生态联系。对于规模化养殖场的建立审批和发展管理，地方政府相关农业部门和环境保护部门要在政策制定和实施过程中加强沟通与合作。在较大规模的养殖场建立和审批的过程中，不但要考查其环保设施配套情况，同时也要考查其周边的自然生态情况、耕地配套情况以及资源化利用措施的采用情况，从源头上防止污染的发生。将动物粪肥作为肥料进行资源化的还田利用是最为经济有效的办法，养殖场的建立应当尽量要保证有一定的配套耕地。在养殖场环境防治中，不能仅仅移植工业污染和城市生活污染的防治办法，要根据当地农业生态经济系统的特点，积极推动养殖过程前后的“生态循环”，按照自然生态系统物质循环和能量循环规律，进行全面系统的规划，建立多种经营协调发展的复合农业生产体系。根据当地的自然地理条件，对不同的地区和不同的土壤类型确定畜禽粪便容纳量以及粪便使用的方法和时间，对粪肥的还田利用进行必要的技术指导。在生态养殖小区、生态养殖场和农牧结合的家庭农场以及病死动物无害化处理设施建设等方面给予土地、资金和技术的支持，实现畜牧业发展与环境承受能力相适应的目标。环境保护部门要结合当地农业生产的实际，制定具体的粪肥还田标准和处理后废水的应用标准等环境标准。同时要适当提高过低的排污费征收标准，并在实践中予以严格执行，促使规模化养殖场提高环保意识，积极防治污染。各地要积极制定促进养殖污染防治与养殖废弃物资源化利用的环境经济政策，对规模化养殖场污染防治，特别是对养殖废弃物资源化利用在申请财政补贴、贷款、污染防治补助等方面给予支持。对污染治理工作不积极、效果不明显或造成污染的养殖场（户），取消有关专项资金申报资格。要加大在财政、税收等方面的政策支持，吸引更多的资金、技术、人才加入到生态养殖产业，形成企业家、科学家、金融家和政府、企业、研发机构在生态畜牧和生态渔业产业上的良性互动，促进生态养殖业的快速高效的发展。

2. 积极推动养殖资源循环化利用

随着各地养殖规模的扩大，集约化程度的提高，开展废弃物资源化综合化利用已逐步具有经济上和技术上的可行性。当前应当积极通过政策扶持和技术吸收引进等多种措施支持废弃物的资源化产业的发展，采取多种方式转化利用养殖有机废弃物，“变废为宝”，综合利用，这样不仅可解决其对农村环境的污染问题，而且可带来良好的社会、经济和生态效益。改变以前粗放的、高耗能的、无节制的、不持续的毁灭性的渔业生产方式，大力发展低耗能高效益的产业和作业方式。如海藻的开发和利用可再生的生物质能源，鱼类和贝壳类的生物深加工、生物基质以及新的养殖技术和新品种的引进，研制低脂低热的生态保健食品等。

政府相关部门要积极完善有关沼气发电上网的基础设施，提升中小型沼气发电上网的技术效率和经济效率，加大对中小型沼气工程发电上网补贴支持，推动养殖场沼气发电上网进行废弃物资源化利用的进程。同时亟待制定和完善有机肥生产规范和产品质量标准，对有机肥生产厂家给予一定的技术支持，提升废弃物的堆肥化利用的水平（马永喜，2011）。做好有机肥产品的质量检验和质量监督，规范有机肥市场，稳定市场价格，使得养殖场有一定的经济激励去进行废弃物的综合化处理和利用。对实施养殖废弃物就地消纳和“三沼”综合利用的单位与个人，省财政采取以奖代补方式予以相应的资金或项目的扶持；结合“千万亩农田提升”工程，实施有机肥使用补贴政策，将养殖废弃物消纳利用与改善地力、改良土质紧密结合；对列入省政府“811”环境整治项目并经验收合格的规模养殖场和采用农牧结合实现“零排放”的生态牧场，免征排污费；严格执行环评费减半收取政策，简化环评程序和办证手续；加强农牧结合技术、设施设备研究与推广应用，完善排泄物治理后续服务，建立“三沼”服务组织等新型专业化合作社，推动建立长效管理机制，提高农牧结合效率及资源化利用水平。

3. 推进生态养殖技术推广和创新

因地制宜地推广畜禽养殖废弃物处理和利用技术，并着力推进生态养殖技术创新。在畜禽养殖废弃物处理中有各种各样的处理方法和技术选择可供选择，但不管是“工业化处理”（大规模机械化密集式处理）还是“自然处理”（基于土地池塘等），没有一成不变的解决办法，而是要根据当地自然情况和社会经济环境在各种各样的处理方法和技术中进行优化选择和调整。但一般说来，要首先考虑成本较低的自然生态处理的办法，并进行示范性地推广，再考虑机械化设备化的处理办法。各级科技部门要重视对畜禽养殖场污染治理技术的研究和实践探索，将科技创新与传统农业经验相结合，用现代的生物技术和工程技术支撑畜牧养殖业的废弃物处理向高效化、无害化、生态化和资源化方向发展。在研究和推广污染治理技术的同时，更要积极推进资源化利用技术的应用和发展，加大对沼气工程设计、沼气发电技术、有机肥堆肥技术和施用方法等的技术研发的支持和技术应用的推广及扶持工作。由于中小型的养殖场处理自身的废弃物需要投入较大的成本、同时又没有足够的经济利润，需要对采用废弃物处理和资源化利用技术措施、并达到当地排放标准和环保要求的养殖场给予一定资金奖励或补贴，以经济手段促使他们积极开展废弃物的处理和利用（马永喜，2011）。

实施生态渔业技术推广和创新。深入实施渔业“科技入户”工程，以水产品质量标准体系建设为重点，加快主要养殖品种地方标准制定，完善渔业标准体系建设，建设一批主导品种标准化示范基地，加大标准实施力度，提高主导品种生产标准化比例。以突破产业发展瓶颈制约为重点，强化科技对产业发展的支撑作用。以提升科技创新能力为重点，建设若干个遗传育种中心、生物制剂研发中心、苗种质检中心、水产医药临床试验基地等科技创新服务平台，提高源头创新能力。以建设全省水产技术推广公共服务平台为重点，加强水产技术推广体系建设，加快科技成果转化。围绕主导品种和区域优势特色品种，加强对稻鱼共生、浅海贝藻鱼虾、池塘生态高效和工程化等生态渔业发展模式的试点总结和深化研究，加强高质量配合饲料研发、渔药药代动力学和病害防治等基础性研究，加快循环利用、高效生态的集约式健康养殖技术及其配套水质净化和废水处理技术研究。

4. 加强养殖业卫生监管和环境监管

推动生态养殖业的发展，还要切实加强对养殖场所和畜禽鱼类产品的卫生监管和环境监管，保证养殖产品生产的生态化，品质的生态化，维护生态养殖产品的声誉和形象，保障生态养殖的稳定可持续发展。因而，要各级行政执法部门切实履行动物卫生及动物产品安全监管职责，促进养殖业健康发展，维护公共卫生安全，要强化全程动物卫生监督执法。按照分类管理与分级指导结合、事前审批与事后监督并重的原则，严格动物防疫条件审查，规范跨省检疫审批，强化检疫出证管理，推进检疫申报点建设，创新产地检疫与屠宰检疫监管模式，进一步加大对饲养生产、隔离、屠宰加工、经营储藏、运输等活动的动物卫生监督执法力度。

根据动物及动物产品不同风险状况，确定动物卫生监管重点和检查频率，实施风险管理。强化源头管理，指导养殖生产者遵循良好的健康养殖和兽医卫生规范，有效降低动物疫病等动物卫生及动物产品安全风险。实施动物标识及动物产品可追溯管理。按照生产有记录、信息可查询、流向可追踪、质量可追溯、责任可追究的基本要求，加快推进动物标识及动物产品可追溯体系建设，调整完善建设思路和技术路线，提高建设质量和实际应用效果，实施动物及动物产品的全程可追溯管理。各地加强对规模畜禽养殖场的监管，全面实行畜禽标识可追溯管理。各级人民政府应当建立病死畜禽无害化处理长效机制，推行病死畜禽统一收集、集中处理、统计报告等制度。畜禽养殖相对集中的地区应当统筹兼顾，加快建设病死畜禽无害化处理场所，严禁并及时查处随意弃置或者不按规定处理病死畜禽及其产品的行为。鼓励村（居）民自治组织通过制定村规民约、畜禽养殖协会开展行业自律等，规范畜禽养殖行为，形成群防群治畜禽污染的良好氛围。

全面推行水产健康养殖，加强质量安全监管。加大投入力度，完善初级水产品质量安全监管相关病防、防疫和检测体系，加强水产品药残监控，适时开展质量安全专项整治和执法监管，强化质量安全管理，加强生产源头监管。以疫病检疫、鱼病研究、水质分析、质量检测等实验室建设为重点，加快渔业环境检测、产品质量检测和水生动物防疫检疫“三检合一”。加强水生动物疫病预防与控制，建立以疫情监测点为基础的全省疫情监控网络。进一步健全完善初级水产品质量安全监管体系，尽快使得初级水产品药残抽检完全合格。要加强海洋水域环境的监测和管理，完善以省海洋渔业环境监测站为中心的监测网络，对重要渔业水域进行海洋水体环境质量常规监测。对倾倒有害废弃物、违法填海以及使用违禁药物等行为，要严格监管并予以有效惩处，切实保护生态渔业的健康和可持续发展。

【参考文献】

[1] “发展生态渔业的浙江选择——访省海洋与渔业局局长赵利民”，www. zj. xinhua. net 新华网，2009 年 3 月 27 日。

[2] 浙江省统计局：《浙江统计年鉴 2012》，中国统计出版社 2012 年版。

[3] 蔡薇萍：“桐庐万强模式：管网联结就地利用”，http：//www. farmer. com. cn，《农民日报》，2008 年 10 月 9 日。

[4] 蔡薇萍：“临安双干模式：人畜分离、养殖小区”，http：//www. farmer. com. cn，《农民日报》，2008 年 10 月 9 日。

[5] 蔡薇萍：“南湖竹林模式：粪便收集户用沼气”，http：//www. farmer. com. cn，《农民日报》，2008 年 10 月 9 日。

[6] 李竹生：浙江省龙游县社会化模式发展“三沼”综合利用的初步，http：//www. ehome. gov. cn，生态家园网站，2007 年 8 月 24 日。

[7] 王伟：“蓝天模式：区域配套循环共生”，http：//www. farmer. com. cn，《农民日报》，2008 年 10 月 9 日。

[8] 李樱之：“蓝天生态农业园：五大功能区循环生产”，http：//hzdaily. hangzhou. com. cn/hzrb/html/2010 - 07/29/content _ 910734. htm，《杭州日报》，2010 年 7 月 29 日。

[9] 罗传达：“径山蓝天养猪场卖羊卖茶卖甲鱼”，http：//zjnews. zjol. com. cn/05zjnews/system/2012/11/20/018957516. shtml，浙江在线新闻网站，2012 年 11 月 20 日。

[10] 周晗：“湿地高效生态农业优化模式及应用研究——以嘉兴市秀洲区北部湿地为例”，浙江大学硕士学位论文，2011 年。

[11] 卢光明："浙江海水池塘养殖清洁生产模式的初步构建与优化"，宁波大学硕士学位论文，2010 年。

[12] 李波："关于中国海洋牧场建设的问题研究"，中国海洋大学硕士学位论文，2012 年。

[13] 马永喜："规模化畜禽养殖废弃物处理的技术经济优化研究——以北京北郎中村为例的生态经济模型分析"，浙江大学博士学位论文，2011 年。

[14] 相俊红、胡伟："我国畜禽粪便废弃物资源化利用现状"，《现代农业装备》，2006 年第 2 期。

[15] 中国畜牧年鉴编辑委员会：《中国畜牧年鉴》，中国农业出版社 2011 年版。

（**本章执笔：**马永喜、沈满洪）

分论之三：土地集约利用与土壤环境保护

土地是人类赖以生存和发展的物质基础，是农业生产的基本生产资料。农业土地资源的数量和质量对农业的产量、质量以及产值具有决定性的影响。生态农业要求把发展粮食与多种经济作物生产，发展大田种植与林、牧、副、渔，发展大农业与第二、三产业结合起来，具有综合性、多样性、高效性、持续性的特点①，是土地集约利用与土壤环境保护的创新模式。同时，土地集约利用与土壤环境保护又能保障生态农业的发展。浙江省积极推进标准农田、基本农田、土地开发整理、沃土工程、农业污染整治与土壤环境监管工作，在土地集约利用与农用地土壤环境保护的工作过程中积累了宝贵经验，取得了一定的成效，同时也存在一些问题，有待于进一步改善。针对现存的问题，借鉴发达国家和地区土地集约与环境保护方面的成功经验，将更加注重集约、高效、生态利用与保护农土地资源，为生态农业提供充足且优质的土地资源，保障生态农业的持续稳步发展。

一、土地集约利用与土壤环境保护的做法与举措

1. 土地集约利用

① 百度百科：生态农业，http：//baike. baidu. com/view/49678. htm。

浙江省致力于土地集约利用的探索与实践，开展了标准农田建设、基本农田保护、土地开发整理、集约利用创新等工作，积极推进土地高效、集约利用，促进生态农业的发展。

（1）标准农田建设

从1998年起，浙江省大力推进标准农田建设，其内容主要包括：灌溉工程、排水工程、田间道路工程、田间防护林工程以及土壤改良工程，具体工程建设内容见表3－1。经过十多年的努力，到2009年，全省累计投入资金约250亿元，整理土地2000万亩，建成1500多万亩标准农田，占全省基本农田总量的59%，耕地总量的51%，确保了全省300亿斤粮食生产能力①。标准农田建设的主要举措有：

推动标准农田建设的制度创新。标准农田建设是一项时间长、涉及面广、政策性强的任务，各级政府都成立由分管领导任组长，国土、农业、林业、水利、交通、财政等部门主要领导组成的标准农田建设领导小组，并专门成立土地开发整理中心负责这项工作的技术指导。土地开发整理中心负责制定本区域的标准农田建设专项规划，领导小组协调部门关系，管理建设专项资金，及时掌握标准农田建设的动态。标准农田建设工作列入各县级政府的年度责任制考核内容之一，年内没有按计划完成的，暂停非农建设用地指标的审批；对任务完成较好的县（市），省政府给予精神与物质的双重奖励（见表3－1）。

表3－1　　浙江省标准农田工程建设内容

工　程	建设内容
灌溉工程	标准农田建设要求灌排分设，灌溉渠系包括干渠、支渠、配水渠、泵站
排水工程	建设包括干沟、支沟、斗沟排水沟系
田间道路工程	利用田间原有的机耕路，设置干道、支道，并按技术规范建设桥、涵、闸、放水口等渠系建筑物
田间防护林工程	在机耕路干道旁种植的主林带宜用乔木，支路、田塍旁种植一些经济林，林相结构合理新颖，改善农田生态环境，形成新的农田生态系统

① 浙江省土地整理中心：“浙江省土地整治规划修编相关情况”，2010年。

续表

工　程	建设内容
土壤改良工程	标准农田土壤肥力下降后需要采取多种措施加以改良，农田用养结合，冬季适当安排种植绿肥，冬季作物实行小麦、油菜、绿肥合理轮作；调整化肥结构，增施有机肥，早晚稻秸秆还田

政府大力支持。浙江省人民政府先后发出了《关于开展1000万亩商品粮基地建设的通知》（浙政发〔1999〕190号）、《浙江省国土资源厅关于加快土地开发整理建设标准农田若干政策的通知》（浙土资发〔2003〕71号）等文件，对标准农田建设给出了优惠政策，为标准农田建设提供了资金保障。一是标准农田建设新增耕地“按比例折抵为建设占用耕地指标”的政策。由各县（市、区）土地行政主管部门对标准农田建设后按比例获得的建设用地指标进行单独建账，在全省范围内有偿调剂，有偿调剂费专项用于标准农田建设及耕地开发。对自筹资金投入标准农田建设的单位或个人，整理后按规定获取的折抵建设用地指标自己不使用的，由县（市、区）土地行政主管部门收购，并从折抵指标有偿调剂费中按净增耕地面积补偿给投资单位或个人。这些优惠政策，吸引了有条件的单位和个人参与标准农田建设与土地整理。二是采取政府补助政策。县（市、区）财政调整支出结构，从建设用地收益中切出一块，协同耕地开垦费，设立“标准农田建设与土地整理专项基金”，根据农田建设项目规模、难度不同，按不同的标准额度进行补助。

与农业综合开发和小流域治理相结合。浙江省标准农田建设有效地结合农业综合开发和小流域治理。国家农业综合开发项目，各级财政都有配套资金投入，这是标准农田建设资金不可缺少的部分，因此，各地在制定标准农田建设规划时，都将农业综合开发项目一并规划，统一设计。对农业综合开发项目中建成的示范区面积，纳入当年标准农田建设面积统计上报。同时，将当地当年建成的标准农田按农业综合开发项目的要求统计上报农业综合开发办。浙江标准农田建设也与小流域治理等生态环境建设紧密结合。丘陵地区开展标准农田建设，把重点放在保水、保土、保肥上，减少水土流失，减少山洪暴发或山体滑坡给人民群众带来的生命财产威胁。其中，杭嘉湖地区标准农田建设与太湖流域治理相结合，加高加固围圩，防止洪水淹没；钱塘江沿岸、沿海地区标准农田建设与标准海塘建设相结合，加强田间防护林带建设，减少了台风、海潮带来的损失。

全程管理标准农田建设项目。严把标准农田建设项目审查关、质量监督和竣工验收关、资金管理使用监督关。第一，项目申报单位先编制项目可行性方案和工程项目预决算方案，经国土、农业、水利、交通、财政等部门会审后认为可行后进行项目立项、工程规划设计和报批。第二，进行工程招投标，通过公开、公平、公正的市场化竞争，确定施工单位。建立工程质量跟踪监督制度，既实行施工内部的监管，又实行外部监督。对面积大、投资多的标准农田建设项目要聘请部分县（市）人大代表当义务监督员。各级土地行政主管部门对标准农田建设项目施工情况及时进行检查，发现质量问题，采取果断措施限期返工。第三，项目竣工后，先由乡镇组织初检，合格后，再由县（市）组织国土、农林水等部门的专业人员按照工程标准进行严格的验收；防洪、治涝、抗旱、治渍的验收，委托当地水利部门进行；道路、桥梁的验收，委托交通部门负责；田间绿化的验收，及时听取当地林业部门的意见。

正确处理土地产权关系。标准农田建设涉及田块重整、村镇之间界线的调整，还牵涉到农民土地承包经营权的流转。因此，在建设前，乡镇、村组织人员，对建设项目区内的土地进行丈量，把丈量的情况详细登记在册，确认各农户的承包土地面积，及各村土地权属、范围、面积。在建设过程中尽力避免村界的调整，依法维护集体土地所有权，保障集体和农民的合法权益。在项目完工后，按照建设前确认的土地面积重新划回农户。对于新增耕地，所有权明确给土地所在的集体组织，作为机动田可以承包给种粮大户，实行规模经营。在尊重民意的前提下，建立标准农田经营权的有偿流转机制（赵哲远等，2003）。

（2）基本农田建设

浙江省全面实现“基本农田标准化、基础工作规范化、保护责任社会化、监督管理信息化”，基本农田建设取得了良好的成效。到2012年底，全省有耕地面积3124万亩，建成基本农田保护面积2711万亩，占耕地总面积的87%。主要做法有：

建立耕地保护责任制。着力建立政府主导、全社会广泛参与的耕地保护共同责任机制，层层落实耕地保护责任制，使各级地方政府真正负起保护耕地的责任，保护耕地和基本农田。从2006年起，浙江出台并实施了《浙江省市级政府耕地保护责任目标考核办法》，省、市、县、乡四级政府都签订了责任书，明确了耕地保护责任，并落实到了广大农户。2008年，省国土资源厅联合省财政、农业等10个耕地保护造地改田领导小组成员单位，组织开展了全省市级政府2007年度耕地保护责任目标执行情况考核。省政府对各市政府耕地保护责任目标考核情况进行了通报，对优秀单位进行了表彰奖励。为适应新形势的要求，省国土资源厅完善了全省耕地保护责任目标考核实施细则，确保耕地保有量、基本农田保护面积、标准农田保有面积不减少。

积极探索基本农田保护补偿制度。2009年以来，结合基本农田保护示范区建设，先后在全省11个国家级和省级示范区和部分示范乡镇开展了基本农田保护补偿机制试点。通过试点工作，逐步完善基本农田保护补偿机制，提高基层组织和农民群众保护基本农田的积极性和主动性①。

积极推进基本农田保护示范区建设。省国土资源厅下发了《关于进一步加强基本农田示范区建设的通知》，要求各地严格按照“四化”的建设要求，积极建成国家级基本农田保护示范区、省级基本农田保护示范区、乡镇基本农田保护示范区。到2008年底，全省有157个乡（镇）完成基本农田保护示范区建设。

各部门齐抓共管。相关部门按照各自职责，共同做好耕地保护工作。2007年起，浙江将重点项目建设用地管理工作列入耕地保护责任目标考

---

① 《中国国土资源报》：“改革创新解难题科学发展谱新篇——浙江省十年国土资源管理工作回眸”，http：//www. mlr. gov. cn/xwdt/dfdt/201210/t20121029_1151584. htm。

核内容。在重点建设项目立项、审批、施工、征迁、资金管理、违法用地行为查处等各个环节中，进一步明确了建设项目主管部门及国土、发改、建设、规划、财政、林业、农业、水利、环保、监察、公安等相关部门的职责，建立了重点建设项目用地管理联席会议制度，强化了责任考核，确保重点项目依法依规用地，规范有序推进。

（3）土地开发整理

从1995年开始，按照“规划引导、政策激励、多元投入、规范管理”的思路，大力实施土地开发整理复垦与农村土地整理工作。截至2008年底，全省共整理农地2000万亩，整治行政村15919个、建成全面小康示范村1181个，建成村庄宅基地整理示范村125个，建设用地耕作层表土剥离再利用示范项目83个。截至2010年底，全省通过土地开发整理复垦，已连续15年实现了耕地占补平衡，保障了农村经济社会发展对用地的合理需求（见表3－2）。

表3－2　浙江省农村土地开发整理具体的工作进程

年份	主要工作	目标
1998	开展了以“田、水、路、林、村”为主要内容的农地整理，以及以零散宅基地复垦为主的建设用地复垦	进一步改善农业生产条件，提高耕地质量，保障粮食安全
2003	开展了以“村道硬化”、“垃圾处理”、“卫生改厕”、“污水治理”、“村庄绿化”等五大整治内容为主的“千村示范、万村整治”工程	全面整治农村“脏、乱、差”的现象
2007	开展了“百村”宅基地整理示范工程和“百项”耕作表土剥离再利用示范工程	探索整村推进宅基地整理和建设用地耕作层剥离再利用
2009	开展了“百万”造地保障工程（低丘缓坡开发利用、滩涂围垦造地、建设用地复垦质量示范工程项目）	进一步加大土地开发整理复垦力度，做好扩大内需促进经济平稳较快发展的用地保障

浙江省土地开发整理主要做法有：

一是着力加强农用地整理。积极开展田水路林综合整治，在改善农村生产生活条件和生态环境的同时，增加有效耕地面积。

二是积极开展工矿废弃地、特殊用地、盐田等废弃地复垦。关闭坑矿山等废弃用地、特殊用地、盐田的复垦，立足优先农业利用。

三是适度开发宜耕后备土地。推进低丘缓坡开发利用。科学制定低丘缓坡综合开发利用专项规划和年度实施计划，不断推进湖州、金华、衢州、丽水地区低丘缓坡资源的开发利用。开展滩涂围垦造地。切实加强区域滩涂围垦专项规划和年度实施计划编制，不断推进钱塘江两岸杭州湾地区和浙东南沿海地区滩涂围垦工程，在保护和改善生态环境的前提下，开发建设农用地，增加耕地①。

四是整理农村宅基地。以“科学规划、全面整理、统筹建设”为农村宅基地整理思路，主要根据农村经济发展水平、地形地貌、地理区位、产业结构的不同，初步形成了四种农村宅基地整理类型（鲁建平，2009）（见表 3 – 3）。

表 3 – 3　　浙江省四种农村宅基地整理类型

宅基地整理类型	类型简介	类型特点
迁村并点型	以一定地域范围内区位条件好、经济实力强的村庄为中心合并迁建其邻近的村庄以形成具有相当规模、功能齐全的或以某种产业为主导的新型中心村	一是中心村有一定的产业基础，能吸纳附近村庄的劳动力；二是附近的村庄农户少，但占地面积大且集体经济较发达，农民较富裕；三是农户旧房翻新、新建住宅和公建设施配套的要求强烈，群众新建住宅向中心村集聚的意见比较统一
整村搬迁型	以政府为主体进行运作，主要是针对下山脱贫、地质灾害点防治为目的整村搬迁的村庄	一是地处特殊地区，水、电、路等基础设施条件很差，按照政策规定，整体搬迁或逐年梯度搬迁；二是老村一般按自然地理、地貌建造房屋，房屋破旧不堪，布局分散，且大部分的年轻人已居住在山下，通过宅基地整理置换，可新增耕地的潜力较大；三是可享受的优惠政策多，省、市、县各级各部门的扶持力度较大

① 浙江省人民政府：《浙江省土地利用总体规划（2006—2010 年）》，2009 年。

续表

宅基地整理类型	类型简介	类型特点
腾地盘活型	编制好村庄规划，按规划安排农民居住用房、生产用房的用地，配套建设村庄基础设施，保证道路通畅、水电齐全，引导农户利用原有的村庄建设用地进村建房	一是本村聚居面积较大。区位较好，但空心村现象突出、一户多宅多、旧房危房多、闲置废弃地多，通过整理新增村庄建设用地潜力较大；二是受土地利用总体规划和村庄建设规划的限制，村庄周围标准农田、基本农田比较多，村庄建设可拓展空间小；三是村级集体有一定的经济实力，且村干部班子工作能力强
城镇社区型	结合城镇发展与建设规划、土地利用总体规划，对农村社区进行统一布点，在城镇规划区内规划建设几个集中安置点，安置将来需搬迁的农民	主要结合城市总体规划，为城乡接合部的农村居民点进行更新改造

（4）集约利用创新

浙江省在农业土地集约利用上进行了有益的探索，创建了一些值得借鉴的发展模式。

庭院经济。利用自己庭院的土地和农村剩余劳动力资源、农副产品资源和就近可得的水资源，在庭院内房前屋后的零星地块以及闲置的房屋内，进行以商品生产为主要目的的种植业、养殖业和农副产品加工业等。一是发展庭院种植业，利用庭院自身拥有的良好环境条件，并根据庭院所处的位置与地形种植相应种类的蔬菜、果树等的种植模式。二是发展庭院养殖业，在养殖区养猪、兔、鸡、鱼等。许多乡村养猪、鸡、鱼等较为常见。三是家庭立体农业，例如以沼气为纽带的“四位一体”模式，把沼气池、畜舍、厕所、温室大棚有机结合起来，通过沼液喂畜、畜肥施用等，促进养殖业和蔬菜生产的发展（王辉等，

2010)。

稻田养鱼生态模式。大力发展与推广稻鱼共生、稻虾共生、莲鱼共生、茭鱼共生等多种模式，利用生态互补原理，每亩可增产 5%—15%，节约农药 40% 左右，同时还可大幅减少化肥的使用，是集约利用土地的一个创新，也有利于土壤环境保护①。其中，永嘉县积极推进稻田养鱼的模式，并逐渐实现了从传统粗放养殖、多模式高产高效养殖到无公害化标准养殖的发展，主要的做法有：一是规模化田鱼种苗培育。永嘉县逐步改变田鱼苗种生产单家独户，零星分散的状况，培育发展了一批有一定生产规模的田鱼苗种生产单位，如大若岩镇玉泉村水产养殖场、茗岙乡陈章水产养殖场、碧莲水产养殖场。二是推广先进养殖技术。包括：稻田养鱼重点村开设了农函大淡水养殖专业班，举办了农民素质培训班等。三是多样化养殖品种。永嘉县稻田养鱼除常规品种田鱼、草鱼外，还发展了虎纹蛙、湘云鲫等名优品种养殖。此外，有的养殖户还利用溪流性鱼类如黄颡鱼、鲶鱼等名优品种进行稻田养殖等。四是发展生产基地。永嘉县大力推进稻田养鱼基地建设，2008 年，稻田养鱼基地补助由每亩 200 元提高到每亩 500 元，鼓励养殖的基地化②。

发展休闲观光农业。发展休闲观光农业是土地集约利用的另一种创新模式。浙江省充分利用田园风光、山海资源优势，推进水、土、田、林、路综合治理，改善农业生产条件，扩大产业基地规模。在此基础上，延伸开发农业的生产功能，配套服务设施，使之与休闲观光融为一体。聚集农业的新品种、新设施、新技术，发展参观游览、采摘体验、科普教育、成果展示等休闲观光项目，使农业高科技发展与休闲观光农业紧密结合，提升休闲农业品位。通过发展休闲观光农业不仅集约利用土地，并促使农业与自然生态保护、农业景观欣赏和农业科普工作等有机地结

---

① 国家新闻网：“稻田养鱼生态模式将在浙江全面‘开花’”，http://www.chinanews.com/cj/2010/10-28/2619835.Shtml。

② 中国经济网：“浙江稻田养鱼实现‘四化’面积近 10 万亩”，http://www.ce.cn/cysc/agriculture/gdnx/200807/17/t20080717_16188564.shtml。

合起来，形成了生产、生活、生态、文化融为一体的新型农业。截至2010年底，浙江省各类休闲农业区点达1680个，总面积157.6万亩，总产值达到88.6亿元[①]。

2. 土壤环境保护

在土壤环境保护方面，主要开展了下列工作：

（1）沃土工程建设

浙江省于2004年开始准备，2005年启动实施沃土工程综合示范项目，并于2011年继续组织沃土工程项目建设，不断加大对沃土工程项目的建设支持，促使浙江省耕地质量有明显的改善，增强了农业综合生产能力。

实施沃土工程综合示范项目。总投资1025万元，其中中央拨款500万元，地方配套500万元。通过2005—2007年实施，到2008年，项目完成了预期的任务。一是完善了省市区三级土壤肥料测试网络，改造化验室1896平方米，添置各类仪器设备190多台套，提升了土肥测试能力；二是建立土肥新技术示范基地1020亩，示范应用24396亩；三是促进了土壤肥力特别是土壤有机质的提高，提高了土地的综合生产能力，实现增产增收[②]。

苍南县与丽水市在2005—2007年间，沃土工程建设突出。苍南通过增施有机肥、测土配方施肥，改造中低产田、治理土壤障碍因子、建设土壤肥力监测点等措施，达到了改造土壤、增肥地力、平衡生态。仅2005年，苍南县建立了龙港涂园土壤改良等11个示范基地，面积8560亩[③]。丽水市积极建设万亩园地套种三叶草“沃土工程”示范基地。丽水市土肥植保站专门召开园地套种绿肥工作会议，布置了园地套种白三

---

① 中国信息网：“浙江力争做精休闲观光农业”，http：//www. agri. gov. cn/V20/SC/jjps/201112/t20111215_2436459. htm。

② 嘉兴农业信息网：“浙江省沃土工程综合示范项目通过专家组验收”，http：//www. jxagri. net/html/ tf/nydtView/ 8833. html。

③ 温州网：“苍南沃土工程实施工作初现成效”，http：//news. 66wz. com/system/2006/06/13/100133181. shtml。

草的工作任务，要求各县（市、区）至少建立 2—3 个 300 亩以上的园地套种白三草示范基地，并统一采购了白三草种子。同时，开展技术培训，制定《丽水市园地套种绿肥白三叶的实施方案》，并根据实践经验，编写了《白三叶草种植规程》。通过制作白三叶草种植展板进行图片宣传等方式，较好地推广了白三叶草在园地套种的关键技术。仅 2007 年，丽水建立了 42 个示范基地，示范面积达 10050 亩[①]。

实施沃土工程项目。2011 年，浙江省农业厅办公室下发了《关于组织申报沃土工程项目的通知》，继续组织实施沃土工程。主要建设的项目内容包括：建设绿肥示范基地，建设耕地综合培肥省级示范区，示范推广作物高效施肥模式、推广实施测土配方施肥以及建设土肥质检能力及耕地质量检测评价体系，并给予了配套的政策补助[②]，具体建设内容与政策支持见表 3－4。

表 3－4　　浙江省沃土工程项目建设内容与资金补助

沃土工程项目	建设内容	资金补助
建设绿肥示范基地	包括建设省定紫云英绿肥制种基地和绿肥种植示范基地。以紫云英、黑麦草、蚕豌豆、园地套种三叶草、箭舌豌豆等绿肥为主，每个示范基地连片种植 100 亩以上，每个项目总示范面积 5000 亩以上，示范带动效果明显	省定紫云英绿肥制种基地补助，按农户交售种子每千克补贴 4 元，并对新建基地予以适当的基础设施建设、技术指导等补助。绿肥种植示范基地建设每亩省补助 20 元，每县 30 万元以内；土壤有机质提升补贴项目县择优扶持，省补资金每县 10 万元左右，主要用于培肥监测点和示范方建设、品种筛选试验和技术模式示范推广等

① 丽水市农业局："我市大力发展园地套种绿肥"，http：//www. lishui. gov. cn/zwdt/zwdt/zwdt-bmxx/ t20070423_260543. htm。

② 浙江农业信息网："关于组织申报沃土工程项目的通知"，http：//www. zjagri. gov. cn/html/main/wjggview/143691. html。

续表

沃土工程项目	建设内容	资金补助
建设耕地综合培肥省级示范区	重点建设列入“两区”建设规划经土壤改良、适宜种植粮食和蔬菜等优势经济作物、相对集中连片2000亩以上的中低产田综合培肥示范区。不断提升示范土肥新产品新技术和有机质，推广应用适合本区域土壤类型、种植作物的地力综合培肥技术、模式，组装配套和系统集成土壤改良先进适用技术，并建立耕地地力综合培育模式和机制	省补资金每亩300元，每县80万元以内，主要用于绿肥种植和秸秆腐熟剂、商品有机肥、配方肥、土壤改良剂应用等地力综合培肥技术示范及必要的田间基础设施完善
示范推广作物高效施肥模式	围绕化肥减量和品质提升，省级政府重点扶持开展农作物需肥规律、配方肥配方和推广机制研究，建立以茶叶、柑橘、蔬菜等为重点的作物施肥指标体系和科学施肥分区图。地方政府重点扶持开展区域布局和资源优势明显的重点主导（优势）产业作物需肥规律研究示范，开展3414类试验、养分校正区域实验和以粮油作物为主的肥料利用率田间试验，建立重点区域主要作物施肥指标体系	重点区域主要作物施肥指标体系建设，每县省补资金不超过25万元；配方肥“统配统供”示范每亩省补资金20元每个示范合作社补助资金不超过15万元，主要用于构建配方肥供应网络和配方肥示范补贴；高效生态施肥模式示范县创建，每县省补资金30万元以内，主要用于高效施肥模式专家咨询系统和整村、整乡、整县推进机制与技术推广模式，以及配方肥产供销有效运行机制建设
推广实施测土配方施肥	因地制宜建立不同地域、不同耕作制度、不同产量水平下的测土配方施肥示范推广模式。设计、开发、生产和应用各类作物配方（专用）肥；组织校正试验，验证和完善肥料配方。分级、分区开展测土、配方、施肥等技术培训	省补资金主要用于新模式示范基地展示建设、取土化验分析、肥料试验、技术培训、发放施肥建设卡和技术入户指导，以示范1万亩为最小单位，每亩补贴15—20元；配方肥开发应用补贴主要用于肥料的配方设计、田间校正试验、配肥加工等补贴，配方肥使用最小面积为5000亩，每亩补贴50元

续表

沃土工程项目	建设内容	资金补助
建设土肥质检能力及耕地质量检测评价体系	围绕支撑《浙江省耕地质量管理办法》实施、肥料质量安全监管、农产品及产地环境质量安全监管等，构建规范化、标准化的土肥质检和耕地质量检测评价体系，省级重点扶持耕地质量检测监测评价体系区域布局规划，耕地地力分等定级、检测监测评价技术规范和标准研究，提升和完善省级土肥化验室，以及开展土肥省级检验检测等	省补资金每个基层化验室30万元以内，不得用于化验室基本建设。高精密检测仪器设备由省农业厅按有关规定统一组织政府采购

（2）农业污染防治

浙江省着力开展农业污染防治工作，主要举措如下：

种植业污染防治。一是积极改进耕作方式。积极推广以密植、间作、套种和秸秆覆盖留茬还田、免耕少耕等为主要内容的保护性耕作方式，提高地面农作物的空间覆盖度，增加土壤中的根系，培肥地力。开展精准农业技术体系试验示范与推广，加强农田水肥管理，减少农田营养物流失。二是全面实施“化肥减量增效工程”。深入开展了农田地力调查和耕地质量的动态监测，科学划分农田面源污染敏感区和化肥污染重点控制区。积极推广以控制氮、磷流失为主的节肥增效施肥技术和作物专用肥应用。不断调整优化用肥结构，大力提倡增积、增施有机肥。大力推进平衡配方施肥活动，提高肥料的利用率。积极建立精准施肥示范基地，推动科学、合理地施用化肥。三是推进“农药减量控害增效工程”。推进建设农业有害生物综合治理示范体系和农药施用量监控网络，组建植保专业合作社为基础的技术推广模式，大力促进农药减量控害增效示范区建设。积极推广应用植保“三新”（新方法、新农药、新药械）技术，推广高效、低毒、低残留农药新品种和生物防治技术、新型植保器械的应用，推进低容量喷雾、静电喷雾等农药施用新技术，大力发展精确施药技术，减少农药用量，降低农药残留，保护土壤环境。四是开展农田污染最佳管理措施示范和推广。积极采用延长径流停留时间、减缓流速、向地下渗透、物理沉淀过滤和生物净化等技术，阻控氮、磷等农田污染物进入水体环境。开展各类农田最佳管理措施的运用，截留过滤净化农田地表径流中营养物、沉积物、重金属和农药，减轻对河流、湖库水体的污染。积极推进农田排水沟渠的生态化改造，重点在有条件的山地丘陵区和平原河网地区开展农田污染最佳管理措施综合示范。

畜禽养殖污染防治。一是严格畜禽养殖环境管理。不断加强畜禽养殖禁养区、限养区、适养区的划分、调整和管理，完善畜禽养殖分区管理制度。大力推进新建、改建和扩建规模化畜禽养殖项目的环境影响评价，落实“三同时”制度。推进规模化畜禽养殖场排污申报登记和排污许可证的发放。加强了大中型畜禽场规划管理，并严格控制区域单位耕地面积畜禽饲养量。二是深入推进畜禽养殖污染治理。深入推进全省畜禽养殖业污染治理，大力开展全省年存栏生猪100头以上、牛10头以上（其中嘉兴市年存栏生猪50头以上）畜禽养殖场（户）排泄物治理。推进建设现代畜牧生态养殖小区（场），积极引导畜禽散养户向养殖小区集中。以水禽为重点，开展规模化家禽养殖场的污染治理。三是不断加强畜禽清洁养殖技术推广应用。积极推广畜禽清洁养殖技术，按照不同畜禽养殖种类和规模，选择了一批畜禽养殖企业（场）开展畜禽清洁养殖示范，从源头控制污染物的产生量。大力推广应用环保型饲粮，提高饲料利用效率；推广干清粪工艺、节水设施及技术，减少清洗用水，减轻污水治理压力；采用负压通风、湿帘降温等环保节能型设施和工艺，控制有害气体排放；探索生物发酵舍等新型的养殖污染防治方法。四是推进畜禽养殖废弃物综合利用。大力推广农牧结合综合利用型生态治理模式，加大畜禽养殖废弃物综合利用技术的推广力度，新建了一批畜禽粪便废弃物资源化综合利用示范工程。积极研究推广畜禽粪便发酵新技术，提高堆肥效率、改进肥料配方和质量。

农田废弃物污染防治。一是秸秆废弃物污染防治。大力推进秸秆的资源化综合利用，推行秸秆粉碎翻压还田、堆沤还田、过腹还田以及利用秸秆生产有机肥，深入研发和推广秸秆气化利用技术。二是加强地膜污染的防治。大力推广一膜多茬、旧膜覆盖技术，提高旧膜利用率，减少大田用膜量。不断加强废旧地膜回收利用，禁止随意丢弃、焚烧和简易填埋。推进地膜新产品的开发应用，积极推广光解膜、生物降解膜、双解膜、草纤维地膜、纸地膜、液态地膜等环保可降解地膜。三是加强农药（兽药）废弃物管理。逐步建立完善农药（兽药）废弃物回收处置体系。依托销售网络，设置农药（兽药）废弃物集中回收点，实现农药（兽药）废弃物统一回收。积极向村民宣传农药（兽药）废弃物的危害，提高村民农药废弃物安全处置意识①。

（3）土壤环境监管

浙江省积极开展农用土壤环境监管，主要措施如下：

建立农产品产地环境监测制度。一是通过调研，明确农产品产地的监测范围及对象（行业类型、基地面积等）。二是确定农产品产地的监测内容，包括基地背景调查（基地的自然概况、生产管理现状、污染源以及地理信息、相关图片资料、位置示意图）、监测项目（包括土壤、灌溉水和环境空气）、监测频次等。三是根据相关国家标准、规范，确定布点与采样方法、分析方法，以及农产品产地环境质量评价标准，明确质量控制要求。四是分析农产品产地环境质量，形成监测与评价报告②。

开展农产品产地土壤污染监控。重点开展了基本农田（标准农田）、粮食生产功能区、现代农业示范园区和“菜篮子”基地等土壤（重金属）污染状况及其成因的调查和监测工作，在主要农产品产区、大中城

① 浙江省发展和改革委员会、浙江省环境保护厅：《浙江省农村环境保护规划》，2009 年。

② 浙江省环保厅：《关于报送浙江省土壤环境监管试点工作进展情况的函》，http://www.zjepb.gov.cn/root14/xxgk/zfwj/qtwj/201112/t20111229_107781.html。

市郊区、工矿企业周边、污水灌溉区等敏感区域新建农田土壤（重金属）污染长期定位监测，建立农田土壤污染综合监测网，建设农田土壤污染综合防控试验站。并强化产品和土壤环境质量双重监督，定期开展无公害农产品产地环境安全抽查，定期通报相关农产品和土壤环境质量状况。

建立土壤环境监测与评价体系。制定实施《浙江省清洁土壤行动环境监测实施方案》，建立一批土壤环境质量监测点位，建设覆盖全省重金属重点防控区、重点防控源和主要农产品产地的土壤环境质量监测网络。不断完善环保、国土资源、农业等部门间土壤环境监测调查信息共享机制，建设省级土壤环境状况数据库，实现污染场地状况和土壤环境质量信息互通共享。研究并制定了土壤环境质量评价指标体系和土壤污染监测技术规范①。

认真落实清洁土壤行动。一是专题研究了土壤环境监测工作，初步明确了监测工作的总体目标、主要任务和能力保障措施。二是完善政策制度。出台《关于加强集中式污水处理厂污泥污染防治工作的通知》，明确了集中式污水处理厂污泥处置的具体要求，划分了建设和环保部门的监管职责，建立了污泥处置的泥质监测和处置情况半年报制度，为集中式污水处理厂污泥处置建立了操作和监管程序。三是推进污泥处理设施建设。污泥集中无害化处置设施。截至 2011 年底，全省累计建成 22 座污泥集中无害化处置设施，处理能力 6721 吨/日。

二、土地集约利用与土壤环境保护的成效与经验

1. 主要成效

浙江省是典型的人多地少地区，因此，积极推进标准农田、基本农田、土地开发整理、集约模式创新等土地集约利用工作，积极推进沃土工程、农业污染防治与土壤环境监管等土壤环境保护工作，并取得显著

---

① 浙江省人民政府：《浙江省人民政府关于印发〈浙江省清洁土壤行动方案〉的通知》，http://www.zj.gov.cn/art/2011/8/29/art_12460_7465.html。

成效。

(1) 资源保护意识日益提高

浙江省耕地后备资源不足，且人口不断增长，人地矛盾十分突出，因此，十分注重土地管理，严格保护耕地，出台了系列保护土地资源的政策措施。每年组织开展全国“6·25”土地日和浙江省6月的土地管理宣传月活动，推进全民宣传教育活动。对各级领导干部，明确考核措施，将土地资源保护工作列入年度综合考核目标，以此激励领导干部依法管理土地，保护耕地。对于农民群众，利用标语、横幅、橱窗、会议等形式宣传土地资源保护和集约利用的重要性，并严肃查处违反土地管理法律法规的行为。经过多年的实践，干部群众土地资源节约集约利用的意识明显增强。普遍认识到，节约集约利用土地资源，是功在当代、利在千秋的战略决策，是国情与省情的必然选择。必须十分珍惜和高效利用宝贵的土地资源，保障经济社会的可持续发展①。

(2) 生态农业用地规模扩大

农业土地资源是发展生态农业的基础性资源，尤其是质量较高的耕地更是发展生态农业的基础性保障。浙江省不断推进农业土地集约利用进程，生态农业用地规模不断扩大。

图3-1显示了2006—2011年浙江省基本农田保护面积的变化趋势。从中可以看到浙江省基本农田保护面积呈现上升趋势。2006年，浙江省基本农田保护面积是2366.89万亩，到2011年增加到2563.36万亩。图3-2显示了2001—2011年浙江省优高农业示范基地的数量和面积，其中右轴显示示范基地数量，左轴显示示范基地面积。从图3-2中可以看出，浙江省的优高农业示范基地在数量和面积上均呈现出逐年增加的趋势，优高农业示范基地从2001年的3359个增加到2011年的8268个，优高农业示范基地面积从2001年的227万亩增加到2011年的470万亩。

---

① 中国国土资源报：“切实提高土地资源节约集约利用水平”，http://www.mlr.gov.cn/xwdt/dfdt/201210/t20121015_1147388.htm。

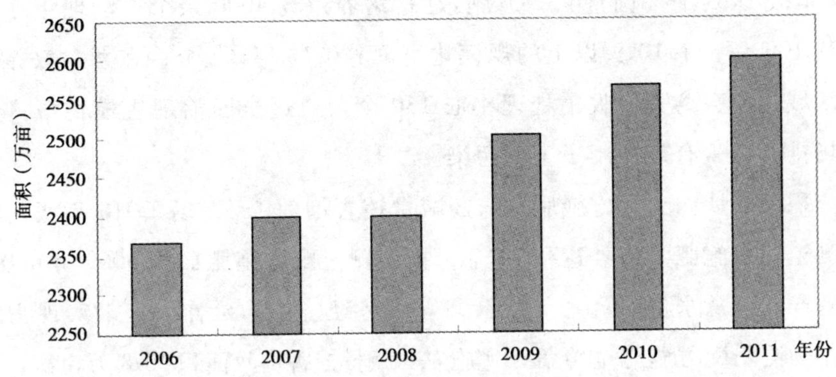

图 3－1　2006—2011 年浙江省基本农田保护面积示意图

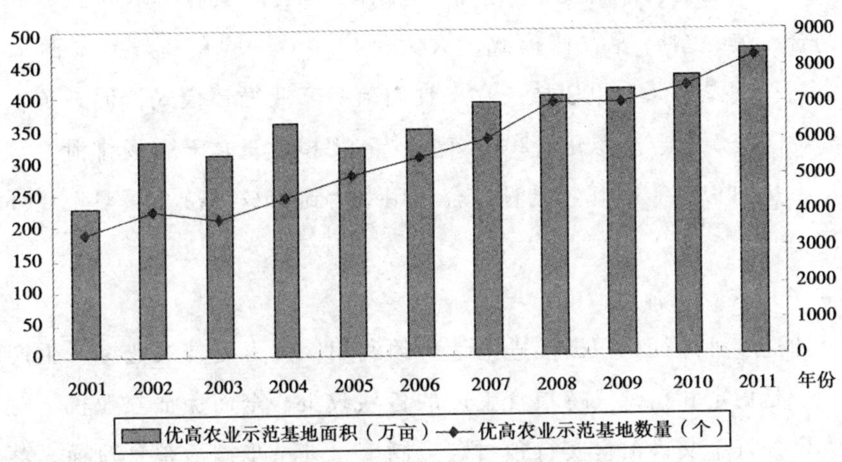

图 3－2　2001—2011 年优高农业示范基地面积示意图

（3）土壤污染得到一定控制

通过全面治理规模化畜禽养殖场排泄物，积极开展测土配方施肥和农药减量控害增效工程以及创新农作制度，使得土壤污染得到一定的控制。

规模化畜禽养殖场排泄物治理被列入浙江省人民政府“811”环境整治和保护两个三年行动计划以来，全省通过禁养与治理相结合的方式，全面推进畜禽污染防治工作。至 2010 年底，全省基本完成了畜禽禁养区、限养区划定（调整），关停转迁畜禽养殖场4000余个；治理年存栏生猪100头、牛10头以上的规模化畜禽养殖场14167个；在畜禽散养密集区域建成畜禽粪便收集处理中心150个。通过全面治理规模化畜禽养殖场排泄物，有效控制了土壤污染。

积极开展测土配方施肥和农药减量控害增效工程，至2010年底，全省测土配方施肥实施县达到72个，推广测土配方施肥面积3009万亩次，实施产业已从水稻向蔬菜、茶果桑等优势经济作物延伸，基本实现主要农作物测土配方施肥全覆盖；实施农药减量控害增效面积1078万亩次，水稻病虫害统防统治服务面积达239.6万亩，覆盖全省水稻种植面积的16%。

进一步创新农作制度，积极推广轮作、间作、套作等农作技术和农牧结合、粮经结合等农作模式，大力推广稻草—蘑菇—芦笋（西瓜）、茭白秸秆（桑枝条、果树枝条）—食用菌等产业循环模式，促进了农业废弃物的资源化、能源化。2010年，全省规模化畜禽养殖场排泄物综合利用率达到95%，农作物秸秆综合利用率达到75%，减少了对土壤环境的污染①。

（4）农业综合生产能力增强

通过多种途径，积极推进土地集约利用，大力提升农业综合生产能力。一是稳定和完善扶持粮食生产的各项政策，全面免征农业税，对种粮大户按订单交售粮食实行预付定金制度；进一步搞活粮食流通，落实粮食工作责任制，稳定粮食市场。二是大力发展高效生态农业，按照现代经营理念发展农业，积极支持特色优势农业发展，推广有机农业、设施农业、休闲农业等高效生态农业模式，发展现代畜牧业和水产养殖业。三是扶持农业龙头企业，培育各类农民专业合作组织，加快农业“引进来”、“走出去”步伐，加强农产品品牌建设和现代营销体系培育，实行鲜活农产品运输“绿色通道”政策。四是鼓励土地经营权“依法、自愿、有偿”流转，促进农业规模经营。五是加大科技兴农力度，整合各

① 浙农计：《浙江省生态循环农业发展“十二五”规划》，2011年。

项政策性农业发展资金，提高资金使用效益；实施种子种苗工程，加强农业科技项目攻关、成果转化和先进适用技术的推广；推进农业信息化、标准化建设，实施农业信息“进村入户”工程，构建完善的农产品质量标准体系、检验检测体系；不断改革农业技术推广体系，全面推行乡镇科技特派员制度。六是加强农业基础设施建设，落实最严格的耕地保护制度，推进标准农田建设①。

农业综合开发也极大地增强了浙江省农业综合生产能力。作为全国首批立项的十个农业综合开发省（市、区）之一，浙江省农业综合开发已覆盖全省所有市、县（市、区），其中国家农业综合开发项目县（市、区）达到55个。从2006年到2011年，浙江省农业综合开发共投入154.4亿元，完成农业综合开发土地治理项目开发任务472.01万亩，完成产业化经营补助类项目455个，完成产业化经营财政贷款贴息项目488个。全省农业综合开发项目区新增粮食生产能力24.889万吨，为项目区农民增收45.3亿元。同时，通过山水田林路综合治理，全省不少地方的农村土地得到科学平整，农田基础设施完善，发展农业生产的主要制约因素基本排除，抗灾能力普遍增强，项目区的防洪能力达到20年一遇，除涝能力达到10年一遇，灌溉保证率达到80%以上，极大地改善了农业生产条件②。

浙江省农业综合生产能力增强体现在：第一，主要农作物产量增加，图3－3所示，从1978年至2011年，浙江省粮食、棉花、油料、蔬菜、茶业、水果、柑橘等主要农作物产量呈现增加的趋势，其中，1978年，浙江省主要农作物产量1524万吨，到2011年，增加到3564万吨，是1978年的2.34倍。第二，农业产值不断提高，从1978年至2011年，浙江省农业产值呈现上升的趋势（见图3－4）。2011年，浙江省农业产值

① 吕祖善：“大力提升农业综合生产能力”，http：//zjnews.zjol.com.cn/05zjnews/system/2005/02/27/006063844.shtml。

② 新华网：“浙江进入农业综合开发成效最为显著时期”，http：//news.xinhuanet.com/local/2011－07/07/c_121637583.htm。

达到 1152.04 亿元，是 1978 年的 22.67 倍。第三，浙江省农民生存和生活的生态环境逐步改善，农民的满足感不断提高。

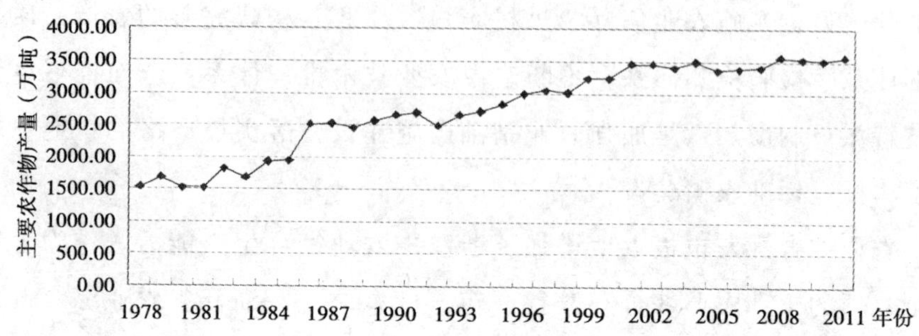

图 3-3 1978—2011 年浙江省主要农作物产量变化趋势图

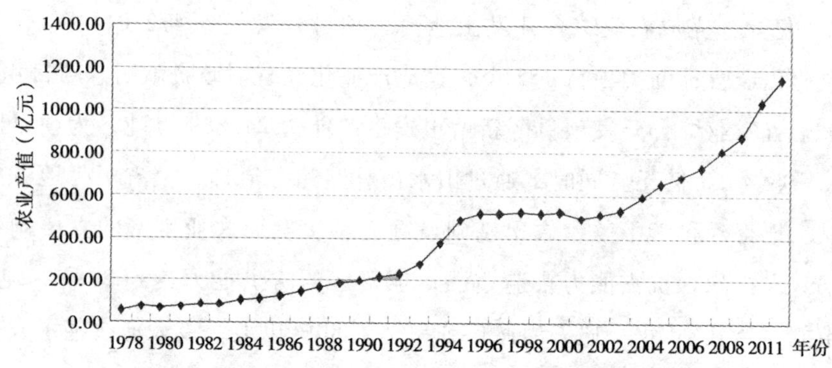

图 3-4 1978—2011 年浙江省农业产值变化趋势图

（5）农业土地利用效率提高

经过不断探索与实践，浙江省农业土地节约集约利用引导科学发展的制度取向越来越明晰，成效越来越明显，土地投入产出水平逐步提升。浙江省主要农作物（含粮食、棉花、油料、蔬菜）单位产出水平呈现上升趋势。1978 年，浙江省每公顷播种土地产出农作物是 3.85 吨，2001 年以后，每公顷产出农作物均超过 10 吨，到 2011 年，每公顷播种土地产出达到 12.59 吨[①]，土地利用效率不断提高（见表 3-5）。

① 《浙江省统计年鉴 2012》。

表 3－5　1978—2011 年浙江省主要农作物单位土地产出量变化情况

年份	主要农作物产量（万吨）	主要农作物播种面积（千公顷）	每公顷产量（吨）
1978	1496.52	3891.33	3.85
1979	1645.02	3890.19	4.23
1980	1472.65	3906.60	3.77
1981	1466.00	3898.34	3.76
1982	1760.48	3922.60	4.49
1983	1622.83	3955.40	4.1
1984	1864.33	3959.66	4.71
1985	1773.87	3830.55	4.63
1986	2409.58	3740.24	6.44
1987	2391.48	3798.00	6.3
1988	2362.70	3778.86	6.25
1989	2373.60	3800.25	6.25
1990	2377.50	3885.11	6.12
1991	2433.24	3891.11	6.25
1992	2298.92	3789.39	6.07
1993	2252.00	3424.76	6.58
1994	2263.73	3336.97	6.78
1995	2310.66	3486.05	6.63
1996	2463.89	3552.71	6.94
1997	2442.21	3539.77	6.9
1998	2486.76	3512.77	7.08
1999	2578.51	3491.69	7.38
2000	2747.84	3211.28	8.56
2001	2771.12	2901.33	9.55
2002	2773.90	2723.18	10.19
2003	2635.29	2452.27	10.75
2004	2650.98	2422.42	10.94
2005	2624.54	2496.45	10.51
2006	2540.10	2298.70	11.05
2007	2498.62	2259.04	11.06
2008	2575.51	2100.11	12.26
2009	2599.96	2139.19	12.15
2010	2601.89	2123.97	12.25
2011	2640.30	2096.31	12.59

（6）农民经济收入大幅增加

实施土地集约经营，通过改革土地制度，推进土地流转，促进农业产业化，极大地提高了农民的经济收入。从图 3－5 可见，浙江省农民纯收入不断提高，而且增速较快。1978 年，浙江省农民人均纯收入为 165 元，到 2000 年，提高到 4254 元。而到 2011 年，达到 13071 元，是 1978 年的 79.21 倍。

以杭州千岛湖镇为例，千岛湖镇都市农业一直存在着人多地少的矛盾，通过土地流转的方式最大程度实现了零散土地的集约利用。到 2009 年底，全镇约有 400 多亩土地实现了集约、连片发展，种植畅销的水果、蔬菜等农作物。有些村利用连片发展的农业项目成立专业合作社或是开发农家乐，有力推动了“果园、菜园、乐园”三园经济发展，极大地提高了农民收入，2009 年一亩地的收入比开展土地流转之前高出三至四倍①。

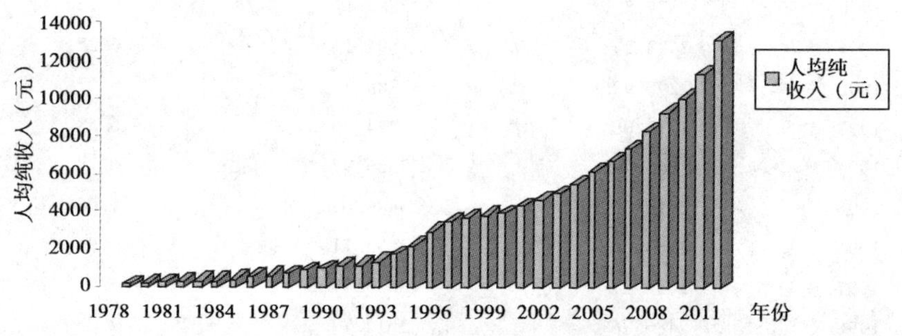

图 3－5　1978—2011 年浙江省农民人均纯收入变化趋势图

2. 基本经验

根据自身农业土地资源的特点，浙江省在推进土地集约利用与土壤环境保护工作过程中，积累了独具特色的经验，这对于未来土地集约利用与土壤环境保护工作，依然会起到激励和借鉴作用。总体而言，可以概括为以下六大经验：

（1）强化组织领导工作

① 千岛湖新闻网讯：“土地集约率高了农民收入涨了千岛湖镇土地流转效益凸显”，http：//www. qdhnews. col1499/col1568/article. html1？ id＝1042362。

各级政府不断转变用地观念，把节约集约用地摆在突出的位置。通过成立土地集约利用、土地资源保护等工作的领导小组，强化规划引导，落实责任制以及考核制度，并通过各部门协调配合，切实抓出土地集约利用的成效。

成立土地整理领导小组。从 1999 年起，在全省相继组织开展了“1500 万亩标准农田建设”、“整村搬迁复垦示范工程”、“建设占用耕地耕作层剥离再利用示范工程”、“百万”造地保障工程等一系列土地开发整理工程。各级政府都成立了由分管领导任组长，国土、农业、林业、水利、财政等部门主要领导组成的土地开发整理（造地改田）领导小组，全面落实组织协调和实施工作。有建设任务的乡镇成立土地开发整理实施小组，把各项工作具体落实到人，分工负责，推动土地开发整理规划实施，促进土地集约经营①。

强化规划引导，注重构建节约集约用地调控体系。浙江省以节约集约用地为土地调控的重要目标，整合城乡规划、产业发展规划等，强化土地利用总体规划对全省农村经济社会发展的综合空间管制作用，充分发挥了规划对节约集约用地的调控和引导作用。

落实责任分解。将土地资源节约、土地节约集约利用与环境保护的目标任务，分解到各市和有关部门，并将指标完成情况纳入各地经济社会综合评价体系。严格实行行政问责制和一票否决制。各市政府每年向省政府报告目标责任的履行情况，县级以上政府要向本级人民代表大会或常务委员会报告目标完成情况，自觉接受监督。

完善考评制度。不断完善干部实绩考核机制，探索实施将节约集约用地纳入党政领导干部工作考核体系，并把节约集约用地评价结果作为市、县政府领导干部实绩分析的重要依据。2005 年，浙江省开始探索实施将节约集约用地纳入党政领导干部政绩考核指标体系。2008 年，省政府进一步强调把节约集约用地考核纳入市、县经济社会发展综合评价体系，作为市、县政府领导干部政绩综合考核评价的重要内容。在实施过

① 浙江省土地整理中心：“浙江省土地整治规划修编相关情况”，2010 年。

程中，浙江省土地集约利用评价选择了土地利用强度、用地弹性、经济增长耗地和土地利用管理绩效四个层次 17 项指标，省委组织部将评价结果直接纳入各市党政领导干部班子实绩分析评价报告。节约集约用地评价工作已成为各级党政领导落实工作的“助推器”、施政的“风向标”和干部考核的“指挥棒”[①]。

各部门协调配合。各地、各部门不断增强工作的紧迫感、责任感和使命感，按照条块结合、协同推进的要求，结合本地区、本部门实际，各司其职、互相配合，制定和实施有利于促进农村农业土地节约集约用地的政策措施[②]。

（2）加大政策支持力度

明确政策导向，注重形成节约集约用地长效机制。在控制增量引导盘活存量土地、规范初次配置、推进土地市场交易等方面作出了相应约束与激励有效结合的制度安排。省人民政府先后下发了《关于切实推进节约集约利用土地的若干意见》、《关于印发资源节约与环境保护行动计划的通知》、《关于进一步发挥土地保障和调控作用切实推进经济转型升级的通知》及《关于推进低效利用建设用地二次开发的若干意见》等多个推行土地集约利用的综合性政策措施文件。通过以上政策措施的具体部署和落实，浙江省的土地利用效率得以全面提升[③]。

出台相关办法，保护土壤环境。2006 年，浙江省出台了《市级政府耕地保护责任目标考核办法》，省人民政府每年对全省 11 个市级政府耕地保护责任目标履行情况进行考核并通报。2011 年，《浙江省耕地质量管理办法》经省政府第 61 次常务会议审议通过，进一步加强和完善了浙

① 《中国国土资源报》：“改革创新解难题科学发展谱新篇——浙江省十年国土资源管理工作回眸”，http：//www. mlr. gov. cn/xwdt/dfdt/201210/t20121029_1151584. htm。

② 《浙江省人民政府关于切实推进节约集约利用土地的若干意见》，http：//www. hzgtj. gov. cn：81/jpm/dynamic/portal? action = infoDetailAction&eventSubmit_doInfopolicy = doInfopolicy&id = 6444440。

③ 《中国国土资源报》：“改革创新解难题科学发展谱新篇——浙江省十年国土资源管理工作回眸”，http：//www. mlr. gov. cn/xwdt/dfdt/201210/t20121029_1151584. htm。

江省耕地质量建设与管理制度建设，全面提升耕地质量建设与管理水平。2012年，中共浙江省委办公厅、省人民政府办公厅联合下发了《关于建立和完善耕地保护共同责任机制扎实做好耕地保护工作的通知》，构建党委领导、政府负责、部门协同、公众参与、上下联动的耕地保护工作新机制，保护耕地质量，保障粮食生产能力、农产品质量和农业生态环境①。

（3）创新经营管理制度

有限的土地资源和农业发展需要大量土地之间的矛盾是客观存在的，解决这一矛盾必须协调土地利益相关者。在这样的背景之下，浙江省创新性地实施“土地流转”、“土地换社保”、“土地入股”、“土地年薪制”等制度，促进土地集约经营。

浙江绍兴、义乌等地首先建立了较为健全的宅基地流转机制。对因异地就业或户主已农转非而导致不再使用宅基地的农户，在自愿的前提下，通过合理经济补偿由村集体收回，统一安排使用。对愿意进城镇规划区定居、自愿退出住宅的农户，由县级以上政府制定统一政策，通过宅基地换城镇住房的方式，凭退出证明，在本县（市、区）范围内享受县城、中心镇购买安居房、经济适用房等政策（陈学光等，2010）。

慈溪龙山镇积极开展土地季节性流转，实现土地集约高效利用。通过政策引导，创新多模式推进季节性流转。一是自发流转。农户直接承包给种植大户，承包面积一般在几亩到几十亩不等，以农户间口头协议为主。二是代耕代种。种粮大户可向龙山镇山下村周边拥有冬闲地的农户临时性租用土地，种植小麦、油菜等粮食、油料作物，且为流出农户提供免费机耕、机割和优惠价水稻种子，为农户解除后顾之忧。三是有偿流转。规模经营大户可向杨高村村民季节性流转土地，种植水稻、小麦与马铃薯，每季租金在100—150元。2008年，龙山镇实现季节性土地流转面积2405亩（不含20亩以下户的自发流转）。20亩以上大户22户次，涉及流出农户1042户次。在促进粮食生产、扭转季节性抛荒现象取

① 浙江农业信息网：“韩兵副主任在《浙江省耕地质量管理办法》宣传贯彻座谈会上的讲话（摘要）”，http：//www. zjagri. gov. cn/html/trfl/ldjhView/157051. html。

得良好成效[1]。

同时，不断创新土地管理制度。海宁市探索形成了“精细化管理”模式。实行“精细化管理”，精确计算，科学评价，客观考量，节约集约利用每一寸土地。“精”是对工作精益求精，“细”是对工作一丝不苟，“化”是建立常态机制。具体到土地资源精细化管理，是在土地资源管理上创新理念、体制，改变土地利用方式和资源配置方式，整合国土资源遥感影像、土地利用现状、农村土地整治、土地权属、土地执法等“图数一致”业务数据库，在此基础上摸清全市转而未供、供而未用、用而未尽、低效利用、集体存量建设用地及土地后备资源等分布状况，建立和实现土地资源管理精细化、信息化、系统化的运行机制[2]。

（4）推进土地规模经营

浙江省在推进土地节约、集约利用过程中，主要创建和发展了大户经营模式、股份制经营模式、合作社经营模式、企业经营模式等四种典型的土地规模经营模式[3]，积极促进农业规模发展（见表 3－6）。

表 3－6　　浙江省土地规模经营的四种典型模式

典型模式	模式简介	典型案例	优势分析
大户经营模式	以熟悉农业种植技术并具备一定资金实力的农民通过各种形式承包土地，实行规模经营的一种模式	全省各地最为普遍，以“分时承包”的规模经营形式最为典型。在不改变土地承包权的基础上，土地经营权实行季节性流转，经营者根据生产需要向土地原承包人包租土地一个生产季节，种一季包一季，同块地在不同季节由不同经营者经营	灵活性强，大大提高了农民的利益

① 浙江农业信息网：“开展土地季节性流转实现土地集约高效利用”，http：//www. zjagri. gov. cn/html/main/tdcbView/103360. html。

② 中国政协网：“珍惜土地资源节约集约用地”，http：//www. cppcc. gov. cn/zxww/2013/06/17/ARTI1371435137291433. shtml。

③ 中国农经信息网：“浙江省农村土地规模经营的多种模式调查”，http：//www. caein. com/index. asp？ xAction = xReadNews&NewsID = 26194。

续表

典型模式	模式简介	典型案例	优势分析
股份制经营模式	村民以土地入股，按股权分配，实现规范化管理与经营土地模式	以上虞市虞东粮食合作社为例。股权式入社。实行资金入股和土地入股相结合的方式，在利润分配时按股权实行二次分红。规范化管理。实行依法管理、按章管理、专业管理相结合的管理方式。一体化经营。合作社实行统一品种、统一育秧、统一种植、统一管理、统一收割、统一销售的一体化经营模式。全方位支持。一是粮食直补、良种补贴、购机补贴等政策支持。二是在品种选购、农资供应、病虫防治、栽培技术等方面提供全程服务和指导。三是参加农业风险保障	有利于耕地开展集约化、长期化和标准化经营，同时可实现土地股份合作社集体和各股东的双得益，对于普通农户来说，有利于更好落实土地承包政策、分享土地增值权益，从制度上保障农民的根本利益
合作社经营模式	以农民专业合作社经营的模式，通过租赁承包或以服务换取经营权获得土地的一种方式	以龙游县种粮合作社为例。龙游县种粮合作社主要由5个公司、4个种粮大户、122个农户组成。其中，5家涉农企业为本社社员提供种子、农机、农资及粮食收购、加工等优惠服务；4个种粮大户通过土地流转形式承包土地，建立基地，为社员提供技术示范服务。对外主要表现形式有三种，一种是从不愿意种田的农户手中按土地级差分不同代价转包土地；另一种是从兼业农户手中“以服务换经营权”方式取得早稻的生产经营权；第三种是利用机械的优势，为一些农户提供代耕、代收、代育秧等方面的有偿服务	以服务换经营权的形式，大大提高了土地利用率和粮食综合生产能力。对于广大农户来说，合作社运作的三种方式都有利于减少农民在种粮上的精力投入，可把更多的时间投入到第二、三产业，同时，由于合作社提供了社会化服务，增加农民收入

续表

典型模式	模式简介	典型案例	优势分析
企业经营模式	农民把土地委托村集体经济组织承包给农业企业的一种模式	以德清县为例。拥有30万亩农田的德清县，2007年，已有10多万亩的面积实现了土地承包经营权的有偿流转，为种养大户和农业企业规模化经营腾出了空间。同时，德清75%以上的农村劳动力转向了第二、三产业，剩下的4.8万人留在一产，其中相当一部分则进入农业基地当“农业工人”，或在农业专业合作社里按照标准化方式从事现代农业	工商企业凭借其雄厚的资本实力、灵活的经营机制、科学的管理方式，有效地推动了现代农业建设，同时造就了一批现代农业的主体，解决了部分农民的就业问题

（5）积极推广先进技术

积极强化基层公益性农技推广服务，不断提升农业技术推广能力。其中，绍兴市在先进技术推广方面更是积累了宝贵经验，包括：将推广先进技术工作与农业科技入户工作相结合，与现场交流、田间示范相结合，与实施农业产业化项目相结合，着力提高基层科技服务能力和水平。

与农业科技入户工作相结合。一是开展结对活动。组成了6个专家小组，组织56名专业技术人员为技术指导员与600多个科技示范户结成对子，在新品种引进推广、种养殖结构调整、农业标准化等方面“手把手”传授技术。二是因地制宜开展培训。围绕全区推广十大主导品种；测土配方施肥、农业标准化等十大主推技术；稻鸭共育、种草养鹅、黄草—晚稻等十种生态种养模式设置培训课程，通过生态种养模式的推广，提高了土地利用效率。三是结合各类科普下乡活动，把有关农业土地集约利用与土壤环境保护方面的科普书籍、信息、新技术送到农户手中。

与现场交流、田间示范相结合。一是采取区、镇街层层分级上示范课。相互学习交流组织培训经验与方法。二是聘请专家进行上课辅导。聘请在水稻栽培、花卉培育等方面的技术专家、责任农技师现场上课与技术指导。三是"土专家"现身说教。充分发挥农村实用人才的特长，聘请具有土地综合利用经验的典型代表作为培训老师。四是注重示范。适时指导有一定基础的学员组织实施农业科研项目，建立粮油高产示范、种养结合新模式等示范基地。

与实施农业产业化项目相结合。一是提供服务性培训。根据产业所需，本着"一村一品一训"的原则，为特色农产品生产基地建设提供产前、产中和产后系列培训。如国家级绍兴绍鸭原种场围绕绍兴鸭开展无公害饲养、疫病防治及配套高产高效饲养新技术培训。绍兴市兴农果蔬专业合作社聘请专家上课、田间现场指导，为省级无公害蔬菜基地内的农户进行蔬菜新品种、新技术和产销信息的系列培训。二是进行引导辐射式培训。组织农村党员干部参加花卉苗木、特种养殖等培训，带头调整农业结构。三是进行推进式培训。以农业龙头企业为依托，培育名牌产品、无公害农产品、强化企业规范管理，促进农村土地集约利用①。

（6）深入开展调查研究

针对全省耕地质量上存在的突出问题，浙江省农业部门开展了包括标准农田地力调查与评价、环太湖流域耕地地力调查与质量评价、结合测土配方施肥项目的测土调查等耕地质量调查与评价工作②，通过这些调查研究，针对性地提出有关耕地质量保育的有效措施，促进农田质量提升。

标准农田地力调查与评价。从 2003 年 11 月开始，在核查全省 1000 万亩标准农田面积的基础上，组织富阳、临安、建德、海宁、秀洲、海盐、长兴、嵊州、温岭、苍南、瑞安、乐清、江山、慈溪、莲都、兰溪、衢江等 17 个县（市、区），开展了地力调查试点工作。到 2004 年 6 月底，调查试点工作全面结束。从试点县调查结果来看，浙江省标准农田

① 廖卷清："创新农业发展方式努力提升现代农业水平"，http：//www. sxny. net/html/main/sxnytxView/50578. html。

② 浙江省土肥站："浙江省耕地质量现状与对策建议"，http：//www. zjagri. gov. cn/html/main/observeView/101222. html。

在地力培肥、管理和建设上，主要表现在非农建设用地占用较多优质粮田，导致地力总体水平下降；标准农田综合生产能力不高，离吨粮田差距较大；部分地方在标准农田建设中，破坏了多年形成的耕作层；部分新围垦农田含盐量高，导致不宜种植；部分田块实际上还不具备“标准农田”的基本条件；不少地方忽视地力培肥，使耕地质量退化等六方面的问题。针对上述问题，浙江省农业部门提出“保护一等田，提高二等田，改造培肥三等、四等田，消除五等田”的建设思路，力争通过综合培肥、改良和用养相结合的管理措施，使全省 70% 标准农田的土壤肥力提高一个等级，使综合生产能力明显提高。

环太湖流域耕地地力调查与质量评价。太湖流域地区是浙江省经济较为发达地区，也是全省传统的粮油生产基地。但是，随着工业化、城镇化建设步伐的加快，造成大量地势平坦、长期耕作培肥而形成的优质粮田被大量占用，加上发达经济带来的工业点源、生活废弃物、农业面源污染，对太湖地区农业生产乃至整个区域生态环境都带来了较大的负面影响，造成太湖流域地区的耕地土壤、水体和大气环境质量都受到了不同程度的污染，为此农业部确定在“十五”期间组织开展环太湖流域县域耕地地力调查与质量评价。从 2002 年至 2006 年，浙江省完成了涉及嘉兴、湖州两市，除安吉县以外所辖的 11 个县（市、区）的耕地地力调查与质量评价，并通过农业部组织的验收。通过对上述 11 个县（市、区）基本农田保护区内的水田、菜地、园地的耕地地力、土壤环境、土壤污染及灌溉水水质状况、无公害农产品基地生产现状、农业面源污染状况进行调查与评价，加强了基本农田质量管护和农产品产地环境质量管理，有针对性地对中低产土壤进行改造，确保浙江省粮食生产安全和农产品质量。

结合测土配方施肥项目的测土调查。结合农业部在浙江省的 45 个全国测土配方施肥项目实施县，浙江省已开始运用计算机技术、地理信息系统和全球卫星定位系统，通过充分利用测土配方施肥项目的野外调查和实验室分析化验数据，结合浙江省第二次土壤普查、土地利用现状调查等成果资料，将完成对有关耕地地力基础数据和图件的数字化，建立相应的耕地地力属性和空间数据库，同时，根据耕地地力评价指标体系，对耕地地力进行分等定级，在此基础上，构建县域耕地资源管理信息系统。

三、土地集约利用与土壤环境保护的问题及原因

1. 存在问题

（1）优质农用土地资源流失严重

浙江省在农用土地利用和土壤保护方面，存在着优质农用土地资源流失严重的问题。一是因为浙江省处于长江中下游地区，水土流失较为严重。水土流失造成坡耕地水、土、肥流失，土地退化、耕地减少，而且大多数农民缺乏对土地的养护，导致优质土地流失严重。二是农村居民点建设分散，用地超标。随着农民收入的提高，致富速度加快，对住房条件的改造愿望更为强烈，改造能力更强。但由于缺乏有效的规划管理，居民点建设分散布点现象仍较为普遍，用地超标，加剧了农用土地资源流失。三是土地污染所造成的优质土地资源流失。农村土地的污染来源于乡镇企业的工业污染、大量使用农药化肥造成的土壤污染，还有农民的生活垃圾污染，一些垃圾堆放场地占用了宝贵的土地资源，恶化了周围的土地生态环境。

（2）农户经营土地规模普遍偏小

与发达国家相比，中国农户经营规模普遍偏小。发达国家一个劳动力经营管理的土地高达 66.67—200 公顷，中国平均仅为 0.2 公顷左右。中国人均耕地面积只有世界平均水平的 1/4、意大利的 1/20、美国的 1/230、加拿大的 1/376（吕军等，2008）。

与全国平均水平相比，浙江省农户经营规模普遍偏小。根据浙江省第二次农业普查资料，2006 年，浙江省农户家庭户均耕地面积 1.74 亩，人均耕地面积 0.52 亩，远低于全国户均耕地 7.3 亩和人均耕地 1.39 亩

的水平，且呈逐年递减的趋势[①]。而且，农业生产格局仍然以一家一户小规模分散经营为主。农户的分散经营，造成系列问题：一是农地分散经营使得农产品供给层次低，难以获得市场优势。单个农户进入市场面临重重困难：主体分散，无力抵御市场竞争、需求变化带来的巨大风险；组织化程度低、素质低以及封闭式经营，使农户直接进入市场的交易费用昂贵；缺乏获得市场信息的有效渠道，缺乏对信息进行分析、过滤、判断、选择的能力，面临的市场风险高。同时，家庭生产的盲目性和农产品市场竞争的无序性，也造成农业资源的巨大浪费（纪晓锋，2011）。二是地块分散、小规模经营，制约农户对先进生产设施的投资和先进技术应用的要求，也不利于现代化的机械操作，造成农产品科技含量低、农业科技成果转化率低，农业产业整体素质不高，劳动生产率和农业生产效益低下，直接制约了农户生产投资积极性。三是农地分散经营，导致生态农业生产整个过程难以实现有效控制，特别是标准化生产、农产品质量安全及品牌建设等难以落实，难以获得规模效益，不利于生态农业生产的社会化、规模化和集约化发展。

（3）优质耕地质量下降比较明显

浙江省优质耕地质量下降比较明显，主要表现在以下几个方面：一是土壤肥力下降。人们越来越依赖于方便快捷的农药化肥，重使用轻养护、重产出轻投入，进行掠夺式的经营，忽视了对耕地质量培育管理。原土壤肥力较高的农田，由于长期缺乏培肥地力，不仅土壤养分水平下降，而且土壤物理性状劣化，加之农田基础设施长年失修，田间排灌渠系不配套，甚至部分农田季节性抛荒，严重影响土壤生产力的发挥。二是耕地养分失衡。大量农业劳动力的转移和普及更新农业科技知识的滞后，导致出现不合理施肥现象，包括重施氮、磷肥，钾肥不足，氮、磷、钾及其他营养元素比例失衡，造成土壤物理性状劣化，影响农产品产量与品质和农业生产的可持续发展。三是设施栽培地区土壤酸化盐化。由

① 浙江省发展和改革委农经处、浙江省农科院区划所课题组："浙江省不同类型农户生产经营行业研究"，http：//www. zjdpc. gov. cn/art/2010/12/8/art_126_27746. html。

于大棚连续种植与偏施化肥，导致土壤酸化盐化，使作物产生不同程度的危害。主要不利的表现为土壤 pH 值明显下降；由于大量肥料施入土壤，造成土壤盐分接近或超过临界指标；氮磷钾养分富集，既产生盐害，又抑制作物对硼、钙、镁、锰、锌等营养元素的吸收而出现生理缺素症状，最终导致作物减产、品质下降①。

以金华市为例，从 2008 年开始，金华市根据不同的地貌类型、土壤类型、种植结构等，确定地力（土地的肥沃程度）监测点。到 2011 年，全市已建立长期定位监测点 29 个，动态监测点 330 个。监测结果表明，常规施肥区土壤有机质、全氮呈逐年下降趋势，其有机质含量下降 0.2 克/千克，全氮含量下降 0.05 克/千克。从土壤养分平衡状况看，土壤氮、磷养分盈余，钾养分亏缺严重，养分比例不协调，存在施肥不平衡现象②。

由此可见，浙江省农业发展过程中，部分地区粗放经营，农户不注重科学施肥，使得优质耕地质量退化日益严重，造成耕地质量下降，土地板结等。

（4）农业用地环境问题比较突出

浙江省农用地环境问题比较突出，表现为农用地土壤污染较为严重。一是集约化畜禽养殖场快速发展，但对其环境管理和污染治理未跟上畜禽养殖污染迅速上升。二是不恰当的农业生产造成的危害影响农用地环境质量。浙江省农业发展过程中存在着有机肥投入呈下降趋势，而化肥、农药投入不断上升；化肥施用比例失衡，氮肥用量偏高，重化肥、轻有机肥的现象普遍存在；农药使用不合理、不科学，忽视农药使用安全间隔期等问题，严重影响农用地土壤环境。三是农用土地存在着土壤污染物累积的状况。浙江省 2002 年的土地承受废水、废气、废渣负荷分别达

① 浙江土肥站："浙江省耕地质量现状与对策建议"，http：//www. zjagri. gov. cn/html/main/observeView/101222. html。

② 金华新闻网："如何提升下降的农田肥力——对我市农田地力现状的调查"，http：//www. jhnews. com. cn/jhrb/2011 - 04/27/content_1540042. htm。

到每平方公里 3.18 吨、1534 立方米、0.02 吨，全省受污染的耕地面积为 3333 平方公里，占耕地总面积的 20% 以上。超过 20% 的城郊土地的主要重金属含量高于全省土壤背景值上限①。

农用地的土壤污染导致不能种植绿色农作物，不利于生态农业的发展。2010 年，浙江省政协组织一调研组专题就“食品药品安全”问题，赴杭州、台州等地进行了实地调研。据课题组对浙北、浙东和浙中的 236.5 万公顷农用地调查，不适合种植绿色农作物的农用地面积为 47.2 万公顷，占 20%；浙北、浙中、浙东沿海三个区域中，属轻度、中度与重度重金属污染的面积分别占其总面积的 38.12%、9.04%、1.61%，城郊传统的蔬菜基地、部分基本农田都受到了较严重的影响②。由此可见，浙江省农业用地的环境问题是一个非常值得关注的话题。

2. 原因探析

浙江省在优质农用地土地资源、农户经营土地规模、优质耕地质量、农业用地环境等方面存在的问题，主要原因是社会意识不强、农户素质偏低，以及政策法规、监管体系、资金技术投入等方面存在不足，有待于进一步深入研究并改变。

（1）保护意识比较薄弱

浙江省土地集约利用与土壤环境保护的意识仍然比较薄弱，主要表现在：一是相当多村民小农意识强烈，对农业集约化认知程度不高。对自己耕种的土地十分珍惜，对租地问题比较敏感，不敢轻易脱离土地耕种，对土地集约化经营抵触，抱着小富则安的心态，只顾眼前利益，也不愿意将“自己”的土地拿出来参与集约化经营。二是人们对土壤功能的认识落后，土壤污染防治的意识不强。长期以来，广泛宣传教育土地承载的经济功能，忽视土壤所承载的其他价值，对土壤的掠夺性经营成

① 苏杨：“浙江农村的环境综合整治”，http://www.china.com.cn/xxsb/txt/2006-04/03/content_6173059.htm。

② 人民网：“浙近二成农用地因土壤污染不能种植绿色农作物”，http://env.people.com.cn/GB/13297861.html。

为常态。地方政府和社会各界依然习惯 GDP 优先的发展模式，而没有改变对土壤功能的功利性理解，改变与土壤相关产业的唯经济论体系，把保护土壤提高到保护人类生命的高度。有相当部分的干部群众对土壤环境保护的重要性缺乏认识，农民对农用地土壤污染防治意识普遍不高（史延通，2012）。三是多数农民缺乏规模经营和质量意识，应对市场风险能力弱。农民往往注重产量，忽视质量；注重生产，忽视销售；注重单干，忽视合作，这影响生态农业的标准化、规模化生产。

（2）农户总体素质偏低

随着农村改革日益深入、农业经济和各项社会事业的不断发展，农村工业化、城镇化水平逐年提高，农民非农化趋势日渐明显，农民与土地关系进一步淡化，大量有文化、懂技术、善经营的农民脱离农业行业，流向其他产业，造成从事农业生产人员总体素质偏低。据 2006 年浙江农业普查资料，在全省 893.54 万农户中，纯农户为 173.95 万户，仅占农户总数的 19.47%。从表 3－7 中可以看出，浙江省纯农户中以小学及以下文化程度所占比例最高，占纯农户总数的 62.65%；初中次之，占 16.87%；高中以上文化程度比例最低，其中大专以上只占 6.02%。而非农业户则相反，以高中以上文化程度所占比例最高，占非农业户总数的 57.14%；小学及以下文化程度比例最低，只占 19.08%。

表 3－7　　农村劳动力文化程度与农户经营结构　　单位：%

受教育程度	纯农业户	农业兼业户	非农兼业户	非农业户	非经营户
未上学	34.94	20.00	11.74	6.35	63.83
小学	27.71	20.00	19.80	12.70	14.89
初中	16.87	20.00	22.48	23.81	4.26
高中	14.46	20.00	22.15	30.16	4.26
大专以上	6.02	10.00	23.83	26.98	12.77

同时，与全国平均水平相比，浙江省农业从业人员存在老龄化趋势与文化程度普遍偏低的问题。2006 年，浙江省农业从业人员中，以 51 岁

以上人员居多，比例高达53%，呈现“老龄化”趋势；并且文化程度偏低，其中小学及以下文化程度者占71%。而根据国家公布的农业普查资料，全国农业从业人员中，51岁以上人员比例为32.5%；小学及以下文化程度者为50.6%。这不仅意味着浙江省整个农业行业从业人员总体素质远落后于全国平均水平，与浙江省社会经济发展水平在全国的位置不相符，导致农业产业在获取各种资源的竞争中处于劣势①。

（3）政策法规不够健全

农用地集约利用的政策法规有待进一步完善。制约粗放用地、鼓励节约集约用地的法规相对滞后，节约集约用地的责任机制和考核机制不够完善。实施调控用地总量的农用土地利用总体规划和年度计划缺乏严肃性，对闲置浪费土地行为的查处力度不大。同时，浙江省农业集约化发展过程中，土地流转的管理和服务工作未能规范和完善。浙江省土地流转尚处于自发阶段，无规范的土地流转管理体制和服务机构，无流转的自主平台，流转信息不畅，土地流转价格缺乏评估依据，未形成市场化运作的流转机制，都阻碍了土地集约利用、规模生产，不利于生态农业的持续发展。

农用地土壤环境保护的法规有待健全。有关土壤环境保护的国家立法内容存在重复立法较多、立法冲突、原则立法过多、可操作性差、基本法律制度没有建立等缺陷②。而浙江省现有的土壤环境保护与污染控制相关法规分散且不系统，缺乏针对农用地土壤污染防治与土壤环境保护专项的法规，存在明显的滞后性，不能满足浙江省农用地土壤环境保护工作的实际需要。

（4）监管体系不够完善

土壤环境监管制度体系不够完善。包括土壤环境质量监测和评价制度、土壤污染责任追究制度、土壤污染治理和修复制度等在内的土壤环

---

① 浙江省发展和改革委农经处、浙江省农科院区划所课题组：“浙江省不同类型农户生产经营行业研究”，http：//www. zjdpc. gov. cn/art/2010/12/8/art_126_27746. html。

② 中国环境与发展国际合作委员会：“中国土壤环境保护政策研究”，2010年。

境监管制度体系尚未健全，农用地土壤环境风险评价、安全评价和环境监测，应对农用地污染的预警机制和措施，以及地方农用地土壤环境质量指导标准都有待建立健全。

土壤污染防治与监管水平较低。浙江省土壤污染防治与环境保护工作尚处起步阶段，土壤污染防治手段较为落后，土壤环境保护的工作机制尚未形成，标准体系有待建立①。地方各级环保部门土壤监测能力较薄弱，国家例行监测中尚未纳入土壤环境监测，缺乏负责土壤污染防治的专门机构，也缺少农用地土壤信息管理系统。

以节约集约用地为特征的土地利用监督机制不够健全。浙江省部分地区对节约集约用地的责任机制和考核机制还没有建立，相关的配套政策措施不够完善，对土地利用的跟踪监督还不够，造成农户粗放用地，宝贵的土地资源没能得到充分、有效利用。

（5）土地产权不够明晰

土地产权模糊。市场经济要求产权必须清晰，但是中国农村土地的产权问题一直是不够明晰。《中华人民共和国土地管理法》第 6 条规定：农村和城市郊区的土地，除法律规定属于国家所有的以外，属于集体所有；宅基地、自留地和自留山属于集体所有。但是这个集体究竟是基层三级政府中的哪一级很不明确，加上集体土地的所有缺乏人格化的代表，主体虚设，造成农村土地产权不清晰。

显然，浙江省的土地产权问题也存在这样的问题。农村土地产权不清，造成了很多问题。农村土地所有权主体对来自政府方面的侵权行为难以进行有效的制约，对农户在使用土地过程中的机会主义行为也难以给予约束和监督。第一，就土地使用权来说，土地承包期的不稳定和责任田的频繁调整影响了农民进行土地投资、集约利用土地的积极性，导致农民对土地使用的短期行为。第二，就土地收益权而言，中国农村的地税制度，既有明税，又有暗税，其中暗税的随意性很大，往往夹杂着

① 浙江省环保厅：《关于报送浙江省土壤环境监管试点工作进展情况的函》，http://www.zjepb.gov.cn/root14/xxgk/zfwj/ qtwj/201112/t20111229_107781.html。

对农民的乱摊派、乱收费，严重侵害农民的利益，极大地削弱了对农业生产的激励作用。第三，就土地处置权来说，虽然法律上规定，农村土地使用权可以转让、转包，但由于各种客观原因，实际土地流转的难度不小，造成土地流转的土地较少（刘成刚等，2005）。

（6）资金技术投入不足

土地集约利用资金投入有限。由于生态农业建设周期较长，且短期收益，农业收益比非农业收益低，很多农户将农业作为副业或兼业，而把主要精力放在其他收益较高的生产经营行业上，从而导致土地资金投入过低的粗放经营，甚至出现丢荒或变相撂荒土地的情况。农业生产规模小，无法形成规模经济，造成农村土地粗放利用（吕军等，2008）。

农用地土壤环境保护的资金投入不足。农用地土壤环境保护，土壤质量建设需要有长期稳定的资金保障。尽管国家规定将不低于土地出让平均纯收益的15%用于农业土地开发，但这部分资金在实际分配使用过程中，并没有明确多少比例用于土壤环境保护，特别是由低丘缓坡、滩涂围垦等建成的标准农田，往往是在基础设施建设上投入较大，在土壤环境保护建设上投入较少，导致在标准农田建设时地力培肥投入不足，土壤质量水平普遍较低（程街亮等，2011）。

污染土壤修复治理资金缺乏有效保障。污染土壤的修复治理需要全面考虑受污染土壤及地下水的治理，资金需求量巨大。浙江省污染土壤调查评估与治理修复工作的资金一般来自政府相关部门，资金来源有限且没有保障，修复治理工作难以开展，资金问题成为很多污染地块再开发的主要障碍[①]。

农业科技成果转化率较低。根据调查，中国每年取得6000多项农业科技成果，转化率不足50%，而其中的普及率又只占1/3，大部分科技成果还停留在实验室阶段或没有推广普及应用。政府在农业科技创新投入方面不足是农业科技发展缓慢的主要原因之一。农业教

① 中国环境与发展国际合作委员会："中国土壤环境保护政策研究"，2010年。

育、科研和推广三者之间缺乏良好的合作机制，条块分割、各自为政，难以形成合力，同样阻碍了农业科技发展和成果转化（吕军等，2008）。

污染土壤修复技术支撑能力不强。浙江省土壤污染治理技术尚不成熟，土壤污染治理措施代价较高，净化周期长，而且效果不甚理想。污染土壤修复技术尚不成熟，大部分技术仍停留在实验室模拟研究阶段，缺乏具体的工程实践经验。现有的各种修复技术存在许多难以解决的问题，缺乏针对不同类型污染土壤的经济技术可行的成熟修复技术。总体上看，尚未建立修复技术的筛选体系，现有的技术支撑条件难以满足农用地土壤污染修复工作的需求。

四、土地集约利用与土壤环境保护的思路与理念

1. 总体思路

坚持以科学发展观为统领，以提高土地利用效率、改善农用土壤环境、促进人与自然和谐发展为目标，以土地节约集约利用、农用土壤环境保护为重点，以标准农田建设工程、基本农田保护工程、土地开发整理工程、沃土工程为抓手，牢固树立标准、高效、节约、集约、生态与保护的基本理念，全面落实最严格的耕地保护制度和节约用地制度，强化土地集约管理手段与土壤环境监管力度，全面提高农业用地管理能力。

不断加强土地节约集约利用与保护的宣传教育，加大资金技术人才要素投入，创新土地节约集约利用模式，推进农村土地流转制度改革，完善农用地土壤环保标准体系，着力开展土壤环境综合治理，努力推动农业用地从简单扩展、粗放利用和要素依赖型向资源保护、效率提高和创新推动型转变，大力促进土地集约利用程度、土壤环境保护水平与生态农业综合效益的提升。

2. 发展理念

（1）标准、高效理念

坚持标准、高效理念。加强农田基础设施建设，推广土地利用与土

壤保护先进技术，提高生态农业物质装备水平，发展多种形式规模经营，促进专业化、标准化和集约化发展。一是要拉长农业产业链，形成化肥生产、粮种培育、农业种植、机械化收割、粮食精加工、产品包装和营销、食品销售渠道建设、食品运输物流一条龙的农业—工业—服务业三产结合的农产品专业化扩展产业链，增强农产品附加值，高效利用农村土地。二是要促进农业现代化和机械化，不断提高农村劳动力素质，大力发展农业现代化，提高机械化水平和单位生产率，提高土地单位产量和质量。三是要推进土地标准化、规模化经营，建立合理的土地流转机制，打破家庭按户分散经营的小农经济格局，建设高标准农田，推进土地标准化、规模化经营。

（2）节约、集约理念

强化节约、集约用地理念。要把节约集约用地作为农业土地管理各项工作的出发点和落脚点，作为贯穿农业土地管理全部工作的主线，作为调查评价、规划计划、审批供应、开发利用以及监督考核等环节的基本标准。要加快改革创新土地管理调控机制，进一步完善节约集约完善政策措施，挖掘土地资源开发利用潜力，促进农业结构优化升级，不断提高土地节约集约利用水平。一是节约用地。在土地开发利用过程中，充分利用政策、技术、管理等手段减少社会经济发展对土地造成的消耗，尽可能地减少土地浪费，保护土地资源。在农村建设用地上要尽量节省利用土地，千方百计不占或少占耕地。二是集约用地。积极创新农作制度，改善经营管理，整合分散布局，集聚土地要素，采用先进的技术设备和科学方法，大力提高土地利用效率和经济、社会、生态环境效益。

（3）生态、保护理念

坚持生态、保护的理念，增强土地忧患意识，加强农地土壤环境保护，合理开发和利用土地资源，实现生态农业的可持续发展。在农业发展过程，要考虑土地利用的综合效益，协调好土地利用的系统性和外部性问题，重视农村经济、社会、生态环境三效益综合形成的整体效益。要将农业土地开发、利用、整治、保护相结合，防止土地超载的过度开发和掠夺式利用，加强土地退化的防治，保护和改善土地生态环境。减少对土壤环境风险性大的生产技术进行农业生产，农产品生产过程中推行清洁生产、高效生产，整个生产过程注重污染的控制，使污染排放最小。注重使用绿色肥料、绿色农药、绿色地膜，减轻对土壤环境环境的污染，保持土壤肥力并提高土地利用率，促进人与自然和谐发展。

五、土地集约利用与土壤环境保护的对策与措施

土地集约利用与土壤环境保护是一项系统工程，需要当地农民、农业企业经营者和政府部门等的广泛参与和积极支持。浙江省土地集约利用与土壤环境保护工作要遵循生态和土壤环境保护优先，兼顾合理开发和高效利用的原则，促进土地资源可持续开发与利用。在明确总体思路与基本理念的前提下，针对浙江省土地利用与土壤环境保护过程中存在的问题，结合各地区土地集约利用与土壤环境保护的成功措施及做法，提出如下对策建议：

1. 加大宣传力度，强化全民土地集约利用与土壤环境保护意识

拓展宣传方式。充分利用“4·12 地球日”、“6·25 土地日”等有利时机，采取多种宣传方式，包括报刊、电视、广播、网络等媒介宣传以及座谈会、分发宣传资料、设立咨询台、热线电话、征求意见、实地走访等其他宣传方式，向全社会宣传节约集约用地和土壤环境保护的重要性，土壤环境保护相关科学知识和法规政策，不断强化公众保护耕地、节约集约用地的意识。

推广先进典型。认真总结和推广节约集约用地、保护土壤环境的先进典型，并给予表彰奖励，重视发挥先进典型的示范作用，为扎实推进节约集约用地、保护土壤环境营造良好的社会氛围①。

加强信息公开。建立土壤环境信息网络共享平台，从事生态农业的

① 浙江省人民政府：《浙江省人民政府关于切实推进节约集约利用土地的若干意见》，http://www.hzgtj.gov.cn:81/jpm/dynamic/portal?action=infoDetailAction&eventSubmit_doInfopolicy=doInfopolicy&id=6444440。

企业要加强对所用土地土壤环境质量的评估，主动公开相关信息，接受社会监督。

强化全民意识。一是强化干部集约保护意识。各级政府及有关部门要加强土地管理法律、法规、政策和国土资源工作的宣传力度，将土壤环境保护相关内容纳入各级领导干部培训工作，不断提高各级领导干部的土地忧患意识和节约集约用地、保护土壤环境意识。二是强化农民集约保护意识。广泛开展土地集约利用、土壤环境保护科普宣传活动，使农民清醒地认识到在农田开发和利用自然资源的过程中往往造成土地浪费、生态环境污染；进而把这种认识转变为自己的实际行动，以“保护土地，集约利用，人人有责”的态度，积极参加各项土地集约利用、土壤环境保护活动，自觉培养土地集约利用、土壤保护环境的道德风尚，使集约利用、保护环境成为大家的自觉行动，落实在生态农业发展过程中（史延通，2012）。

2. 完善政策法规，建立健全监督管理机制、体制

完善各项政策。为实现土地集约利用和优化配置，土壤质量改善，适应生态农业建设和发展的需要，应出台关于集约用地、土壤保护的政策措施，包括税收、信贷、补贴等经济政策以及加大农业基础设施建设、推广农业全程机械化、加强耕地环境治理等政策措施，提高土地利用率和产出率（孙小涵等，2010）。

制定并加强规划管理。在土地利用总体规划基础上，应开展农用地实地调研，制定节地规划和土壤保护规划，并加强规划实施管理，充分发挥规划引导作用，促进农用地资源有序开发、节约集约利用，保护好土壤环境，推进生态农业建设。

制定专门法规条例。浙江省应研究起草土地集约、土壤环境保护专门法规，制定节约集约用地成效评估办法，制定重要农产品产地土壤环境监管办法等管理办法，发挥法规条例的约束作用，推进节约集约用地与土壤环境保护工作。

健全共同责任机制。各级政府要建立由国土资源、发展改革、经信、

商务、建设、环境保护、财政、农办、农业、林业、水利、监察、审计等部门组成的协调机构，形成节约集约用地、保护土壤环境共同责任机制，齐抓共管，统筹推进农用地集约保护工作。各有关部门要各司其职、互相配合，加快制定有利于促进集约保护的政策措施，营造良好的舆论环境。

建立健全考核机制。建议把节约集约用地、保护土壤环境和综合治理目标考核纳入市、县（市、区）经济社会发展综合评价体系，作为市、县（市、区）政府领导干部政绩综合考核评价的重要内容。建立健全节约集约用地、土壤环境保护目标责任制，落实责任主体，明确考核目标，定期进行考核评价。各级政府要切实转变用地观念，加强组织领导，研究出台具体考核办法，确保集约用地、土壤保护各项工作落到实处、取得实效[①]。

建立健全激励机制。对农业规模化和集约化利用的生态农业经营者，应给予精神和经济奖励，鼓励农民群众自觉参与集约利用土地，充分调动其参与农田质量保护和建设的积极性和责任意识，使之成为土地集约利用、农田质量保护和建设的主体（程衔亮等，2011）。

建立健全集约用地监测体制。组建省级节约集约用地评价监测中心，建立集约用地评价监测制度，制订不同区域、不同行业的节约集约用地监测技术规范和评价标准，定期开展全省建设用地集约利用评价。

建立农田土壤质量监测体系。各级政府要将土壤环境质量监测纳入常规环境监测体系，制定土壤环境监测方案并组织落实。逐步建立和完善国家、省、县三级土壤环境监测网络，探索建立土壤环境质量状况定期公布制度。省、市、县通过设立长期定位监测点、动态监测点及实验区，建立农田土壤质量档案和数据库，动态分析土壤质量，及时提供耕地质量的现状与预警，实现对农田质量的动态管理（金罗漪，2010）。

3. 创新土地制度，推进农村土地流转制度改革

---

① 百度文库：“浙江省365节约集约用地实施方案”，http://wenku.baidu.com/view/15466b7f5acfa1c7aa00cc0d.html。

提高土地流转意识。通过宣传引导，提高村民对土地流转、发展集约化农业重要性认识，打破传统的小农经济意识，摒弃“搞土地流转就是搞土地私有化、搞资本主义”等不正确观念，牢固树立发展观念、创新观念、市场观念、效益观念，盘活更多的农村土地资源，为农业规模化、集约化经营提供广阔空间。

创新土地经营制度。在充分尊重农户意愿，依法保障农户土地承包权益的基础上，各级政府和农业有关部门要积极引导农户通过转包、出租、互换、转让、入股等形式，将土地流转出来，推进土地集中连片开发，并对生态农田增加资金和技术投入，实现适度规模经营和集体经营。如农户可以土地承包经营权入股的形式组建土地股份合作社。其特点产权清晰、利益直接、效益明显，风险相对较小，可以作为土地流转的新方式进行积极的探索（李耀杰，2011）。

稳定土地承包关系。稳定土地承包关系是推进土地流转的前提和基础。进一步细化和界定农民土地承包经营权的权能、权责、权益，进一步明晰土地产权，使农民的土地财产权在独立性和明确性上得到保障，使农民真正享有土地的处分权，借以行使转包、转让、出租、入股和抵押等权利。通过赋予农民对土地长期而稳定的承包经营权，推进土地经营权流转。

依法自愿有偿有序地进行土地承包经营权流转。推进土地承包经营权流转，一是做好农村土地确权工作，用立法明确土地使用权的契约性质或债权性质，以具有严格物权法意义的土地使用权取代土地承包权，从制度上强化对农民土地权益的保护。在搞好“确权”的同时，制定土地确权登记的相关法律法规，明确登记机关、登记程序和登记效力，完善土地相关权属权登记制度，搞好登记、颁证工作。二是保障农民的主体地位，坚持“依法、自愿、有偿”原则，尊重农民意愿，按照“流转形式多样化、运作方式市场化、流转程序合法化、流转合同规范化”的要求，培育和规范流转市场，维护农民土地权益，化解流转纠纷。三是坚持不改变土地用途这个前提。流转是为了推进生态农业发展，必须有利于农业规模集约化经营、农业先进科技应用和农业效益提高。四是根据各地实际情况，有序稳步推进（吴海峰，2012）。

加大土地流转政策扶持。各级政府要在财政预算中每年安排一定额度的土地承包经营权流转和规模经营专项扶持资金，对加快土地流转、发展效益农业，按规模大小给予物质和精神奖励，不但要奖励经营大户，奖励工作成效明显的镇村组织和市场中介服务组织，同时也要以多种形式鼓励农民愿意流转出土地，从而形成土地流转的双向互动机制。对规模经营主体实行信贷支持和用地优惠。各地农村合作银行要把规模经营大户作为信贷支农的重点，每年安排一定的农业信贷资金，解决规模经营大户资金周转困难的问题。

健全土地流转的法规体系。要从土地的流转方式、流转手续、流转制度等方面予以规范，使土地流转从自发、无序走上有章可循、有法可依的轨道上来。明确专门管理机构负责监督流转协议或合同的顺利执行，既保障流转出土地的农民的利益，又维护规模经营的稳定性。积极探索承包经营权的抵押和宅基地的抵押、转让问题。可因地制宜探索承包经营权的抵押和宅基地的抵押、转让问题，做到有条件地适当放开①。

建立信息服务平台，加强土地流转管理和服务工作。加强信息服务和科技服务，为村民、土地承包户提供准确的市场信息和科技信息，为土地流转提供土地政策、流转方式、信息传递、法律咨询和土地价格评估等项目服务；主动做好政策、法律的咨询和指导调解工作，开展流转主体资质审查，监督和指导流转合同的签订和备案，及时调处土地流转纠纷，促进土地流转工作逐步走上规范轨道（吴海峰，2012）。

4. 完善支撑体系，增加资金技术人才要素投入

探索多元化投融资渠道。积极探索和建立多元化投融资渠道，运用各种优惠政策，吸引企业和个人资金投入到土地集约利用、土壤环境保护上来。在微观上完善土地资源配置的市场机制，利用土地资产自身价

---

① 浙江省农业厅政法处："浙江省农村土地规模经营的多种模式调查"，http://www.360doc.com/content/10/0803/14/1399075_43375509.shtml。

值，提高土地流转的效率，形成“投入—开发—再投入—再开发”的良性循环（伍学林，2011）。

建设资金整合平台。充分发挥生态农业综合开发自身所具有的综合性、区域性、生态型和按照项目管理的优势，主动搭建标准农田、基本农田、沃土工程等项目建设的资金整合平台，按照“规划先行，统筹安排，突出重点，讲求实效”的原则和“资金渠道不变，统一规划，各司其职，各记其功”的思路，统筹相关涉农项目资金，加强部门和项目间的有机衔接，形成打造土地集约利用、土壤环境保护的巨大合力。

加强土壤基础研究。开展耕层土壤快速熟化与耕地生产力提升、土壤障碍因子形成与快速修复机理、后备耕地资源保护等重大基础研究。加强土地整治及土壤改良技术与设备研制，研发节能技术及产品。加强土壤调理剂、结构改良剂等产品研制开发。开展土壤资源保护、中低产田改良、土地整治与快速恢复、中低产田治理、后备耕地资源开发利用、土壤快速培肥等技术研究与示范①。

加大关键技术支持力度。进一步加大农业共性关键技术支持力度，重点在良种培育、节本降耗、节水灌溉、农机装备、新型肥药等方面取得一批重大实用技术成果，突破制约土地集约利用与土壤环境保护的重大技术瓶颈，强化技术集成与应用。

加强先进技术推广应用。加速生态农业重大技术的推广应用，有组织、有计划地把种养结合等新型种养模式和测土配方施肥、畜禽排泄物资源化综合利用、秸秆综合利用技术等一大批先进的、成熟的、品质优良的科研成果进行大范围、大面积推广应用，进行生物多样性管理，优化农业结构，加快发展生态农业生产力，走经济、社会、生态三大效益综合发展的新道路（伍学林，2011）。

加强技术指导。要在农村普及生态农业科学技术，提高广大农民的科学文化水平，指导农民科学种田，集约经营，平衡配方，科学施肥，

① 浙江省科学技术厅：《浙江省“十二五”农业与农村科技发展规划》，2011 年。

积极开发有机肥源，改善土壤的生态环境，提高土壤自身的解污能力。指导农民发展特色农业、高科技农业，发展农副产品深加工，推进生态农业产业化经营（吕军等，2008）。

培养农民人才。要大力增加人力资源教育投入，加强对农民技术培训，积极培养一批懂市场经济规律、善于经营管理、能够运用先进科技、懂得生态保护的农民人才，促进土地集约化利用、土壤环境保护，保证生态农业产业化经营（伍学林，2011）。

引进专业人才。积极采取激励政策，鼓励相关专业的专业人才，尤其是大学生到农村服务，为农民提供丰富科学的种植信息，帮他们分析市场动态，指导农民进行科学合理的种植和经营（牛玮玮等，2010）。

5. 探索经营方式，创新土地资源集约利用模式

积极发展农村合作经济。农村合作经济是农民自愿联合组成的，不仅能够提高农民的积极性，而且能形成规模经济，并在农业技术逐步更新的同时，可以细化农业分工，提高生产效率（李耀杰，2011）。各地区可以成立适宜当地优势产业发展的各类农村合作经济组织，发展区域特色农业，形成多种形式的经济合作，提高生态农业效益和生态农产品竞争力。组织实施良种、优质高效农产品基地等科技兴农工程，提高生态农业科技竞争力。积极发挥农村合作银行作用，解决生态农业生产中的资金问题。也要引导农民积极组建各种购销专业合作社，解决农民买难卖难问题。

支持龙头企业经营模式。龙头企业，特别是农产品加工龙头企业对提高农业产业化水平，增加农民收入，提高农用土地集约利用度有较大的影响。围绕加快生态农业产业化进程，以“龙头企业＋基地＋农户”的模式，实行产加销一体化经营，紧密企业与农户的关系，指导农民种植市场需求较大的产品，提高土地产值（杨亚杰等，2008）。

推进土地资源市场经营。积极推进土地市场化进程，运用市场机制配置土地资源是优化土地利用结构、发挥土地最大效益的有效手段。一是建立土地收购储备机制，加大闲置、空闲与低效利用土地的收储力度，

促进土地资源向高效益经营主体流动。二是通过价格杠杆调节农用地需求，建立反映资源稀缺程度和供求关系的价格形成机制，有效抑制因价格扭曲而造成的土地资源浪费。三是加强土地有形市场建设，规范土地交易许可管制，完善土地产权交易市场规则，切实保护国有土地使用权交易双方的合法权益①。

实施“农地合并”策略，实现规模经营。日本土地整理中有“农地合并”的做法，即将分散的属于同一个承租农户的田块，通过一定的技术和管理手段，在不触动土地所有权的条件下，合并成规模较大的大块耕地，并由政府出资，对合并后的耕地进行一定的土地整理，以改善承租农户的土地经营条件，增加农户收入。可以借鉴日本的土地合并、土地整理经验，由政府出面协调，帮助承包户集约利用土地，实行规模经营。政府也可与承包户共同承担土地的整理费用，实现土地资金集约化、技术集约化利用（牛玮玮等，2010）。

发展设施农业。充分利用未利用地、荒山缓坡、闲置土地和劣质农用地来建设设施农业，保护好耕地耕作层，提高土地利用效率，加快推进农业现代化，促进农业规模经营、农村稳定发展和农民持续增收②。

6. 完善标准体系，继续开展土壤环境综合治理

制定土壤质量指导标准。完善的土壤环保标准体系是政策实施的保障，浙江省可制定严于国家标准的省级标准。包括制定土壤环境质量标准、土壤环境质量评价技术规范、土壤环境监测技术规范、农用地土壤污染防治技术规范等农用地土壤环保标准。

加快推进土壤环境调查。加快推进全省农用地土壤环境调查，全面掌握全省土壤环境质量总体状况及其变化趋势，查明重点地区农用地土壤受污染的程度及其成因，在充分调查的基础上，利用 GIS 等信息技术，

① 百度文库：“浙江省 365 节约集约用地实施方案”，http：//wenku. baidu. com/view/15466b7f5acfa1c7aa00cc0d. html。

② 浙江省国土资源厅、浙江省农业厅：《关于进一步完善设施农用地管理有关问题的通知》，http：//www. mlr. gov. cn/zwgk/flfg/dfflfg/201302/t20130221_1183336. htm。

建立全省农用地土壤环境质量数据库，制定农用地土壤行动监测实施方案。

开展已受污染土壤治理。建立土壤污染风险评估和污染土壤修复制度。积极推进“沃土工程”示范区建设，提升农田总体地力；强化农田土壤重点污染区的治理和修复，开展农田土壤修复示范，对污染严重难以在短期内修复的耕地应及时调整用途。土地整理、复垦和滩涂围垦要科学规划，符合生态环保的要求。土壤污染严重，对人体健康存在严重危害的区域要设立警示标志。

开展土壤环境质量监测。完善土壤环境监测网络，建立土壤环境质量常规监测与发布制度，提升土壤环境质量动态监控能力。开展农用土壤环境监测、评估与安全性划分，重点做好基本农田、重要农产品产地和“菜篮子”基地的土壤环境质量监测评估。

加强土壤污染预防。制定土壤污染防治技术指南，实施污染土壤环境影响评价制度，对新、改、扩建有较大土壤污染风险的项目，要开展土壤污染风险评价。严格执行土壤环境质量标准和农灌水质标准，控制农田污水灌溉强度。切实加强农村生活垃圾，防止对土壤造成污染。大力发展生态农业，加大有机、绿色和无公害农产品基地建设，减轻农药化肥对农田土壤的污染①。

控制农业面源污染。科学地进行污水灌溉，防止多种污水混合灌溉造成的无毒污水变成有毒污水的情况发生；根据土壤的特性、气候状况和农作物生长发育特点，实行配方施肥，增施有机肥，提高土壤有机质含量，提高土壤净化能力；强化对农药、化肥及其废弃包装物以及农膜使用的环境管理；大力推广以农作物秸秆、畜禽粪便、农产品废弃物为资源；开展地膜回收利用、蔬菜清洁生产、禽畜生态养殖的清洁生产技术，在种植业、畜禽养殖业等行业以及重点区域的农业和农村进行节能减排技术试点示范，以减少或消除污染物的排放。

① 浙江省发展和改革委员会：《浙江省农村环境保护规划》，2009 年。

改良土壤与培育地力。一是增加有机肥投入，改善土壤理化性状。针对新垦的农田（地）以及经土地整理的标准农田和分布在丘陵山地、滨海地区耕地等，因这部分耕地耕作年限短，培肥水平低，丘陵山地土壤还受水土流失影响，土壤有机质普遍较低，养分不平衡，增加有机肥的投入和针对性的施肥措施来提高土壤肥力，改善土壤理化性状。二是完善农田排灌系统，消除土壤渍害。在水网平原地区与河谷平原的低洼地、丘陵山区的冲、垄、谷地等由于所处地势低洼，排水困难，地表水、地下水、冷泉水长期渍涝，造成渍水潜育，要进一步完善排水系统，排除田间渍涝，降低地下水位，调节土壤水、肥、气、热，改良土壤。三是治理土壤盐碱，提高耕地质量。浙江省盐碱含量较高的耕地主要有围垦的耕地以及大棚土壤。对于这部分耕地需强化排盐脱盐措施和合理施肥技术的应用，以改善土壤性状，提高土壤的适种性。四是调整施肥结构，调节土壤酸度。浙江省地处红壤性土壤区域，山地土壤以酸性为主，平原土壤由于长期施肥不当，加上酸雨面积大，强度高，使浙江省耕地酸化面积扩大。因此，在用肥结构上需要进行必要的调整，提倡使用碱性肥料和推广秸秆还田，增施农家肥等①。

【参考文献】

[1] 赵哲远、华元春："浙江省标准农田建设调查"，《中国土地》，2003 年第 5 期。

[2] 鲁建平："当前我省农村土地整治现状、问题及对策"，《浙江国土资源》，2009 年第 9 期。

[3] 王辉、杨子生："农村土地高效利用若干途径的探讨"，载《中国山区土地资源开发利用与人地协调发展研究论文集》，2010 年。

[4] 陈学光、丁菡："浙江新农村建设进程中土地集约利用的创新

① 浙江省土肥站："浙江省耕地质量现状与对策建议"，http：//www. zjagri. gov. cn/html/main/observeView/101222. html。

经验研究”，《中小企业管理与科技》，2010 年第 12 期。

[5] 吕军、鲁成树、樊小凤等：“新农村建设中土地集约利用方式优化研究”，《资源开发与市场》，2008 年第 7 期。

[6] 纪晓锋：“农村土地产权制度与土地资源节约集约利用”，《中国国土资源经济》，2011 年第 9 期。

[7] 史延通：“当前我国土壤环境保护存在的问题”，《现代农业科技》，2012 年第 13 期。

[8] 刘成刚、孙翠兰：“当前我国农村土地集约利用存在的问题和对策”，《河南国土资源》，2005 年第 4 期。

[9] 程衔亮、单英杰、倪治华：“浙江省标准农田质量建设和管理现状及对策”，《浙江农业科学》，2011 年第 6 期。

[10] 孙小涵、任晋秀：“农村土地集约利用存在的问题及对策研究”，《吉林农业》，2010 年第 9 期。

[11] 金罗漪：“黄岩区耕地资源现状及发展对策研究”，浙江大学硕士学位论文，2010 年。

[12] 李耀杰：“中国农村土地集约经营发展路径研究”，《山西农业大学学报》，2011 年第 5 期。

[13] 吴海峰：“适应现代农业发展的土地集约经营方式探索”，《黄河科技大学学学报》，2012 年第 6 期。

[14] 伍学林：“我国农村土地集约利用政策与集约利用方向”，《社会科学家》，2011 年第 5 期。

[15] 牛玮玮、韩万渠：“浅谈我国农村土地集约利用的问题和对策”，《才智》，2010 年第 27 期。

[16] 杨亚杰、薛红霞：“新农村建设背景下农用土地集约利用评价研究”，《广东土地科学》，2008 年第 4 期。

（**本章执笔：**李植斌、邓洪娟）

分论之四：水资源利用与水环境保护

水资源是人类生存发展不可缺少的自然资源，更是农业发展的短缺资源（李科，2007）。生态农业往往以大农业综合经营为主体，农牧渔多业并举，有利于农业水土资源集约利用。同时，水资源的合理利用与水环境保护又有助于生态农业更好地发展。浙江省积极探讨水资源合理开发、高效利用以及保护水环境的方法与途径，在水资源利用、水资源管理、水环境保护的工作过程中积累了宝贵经验，取得了一定的成效，同时也存在一些问题，有待于进一步改善，从而实现水资源高效利用以及生态农业的可持续发展。

一、水资源利用与水环境保护的做法与举措

1. 水资源利用

浙江省主要开展了改造主要灌区、推广节水技术、优化农业结构等工作，以合理开发利用水资源，促进农业节水。

（1）改造主要灌区

农业节水的核心是提高农田灌溉水的利用系数，主要途径有：减少灌溉渠系（管道）输水过程中的水量渗漏损失，提高农田灌溉水的利用率；减少田间灌溉过程中的水分深层渗漏和地表流失，在改善灌水质量

的同时减少单位灌溉面积的用水量；减少农田土壤的水分蒸发损失，有效地利用天然降水和灌溉水资源。因此，改造灌区，可有效提高农田灌溉水的利用系数，促进农业节水。浙江省于2004年实施“千万亩十亿方节水工程”，积极对全省大中型灌区及重点小型灌区的骨干渠道和泵站装机进行改造，并出台了《浙江省农业综合开发重点中型灌区节水配套改造项目管理实施细则》以及《农业综合开发水利骨干工程项目灌区管理体制和运行机制改革指导意见》等政策措施，促进农业节水，改善生态环境。“十一五”期间，全省改造主要灌区面积1200万亩。至2010年底，全省改造建成大中型灌区220个，灌排渠道20余公里，机电排灌泵站55060座。

以武义县源口水库灌区为例，在改造建设方面取得了良好的成效，也提供了宝贵的经验。主要做法可以概括为四点：一是重视项目前期统筹规划。在听取了多方面的意见和建议后，于2003年委托具有相应资质的咨询单位，根据灌区现状和存在的问题结合灌区中长期发展的刚性需求，编制了《武义县源口水库灌区续建配套与节水改造规划》，报请武义县人民政府同意并获批复文件。该规划为源口水库灌区进行节水配套改造设定了目标和任务，指明了灌区中远期可持续发展方向，也为争取国家农业综合开发项目立项起到了极其重要的引导作用。二是充分利用国家政策，争取立项和补助资金。获得了1430万元的省级以上补助资金，使得灌区改造有了资金保障。三是严格项目建设程序，提高管理水平。成立项目建设领导小组，加强领导，并专门安排具有相应业务能力人员组成政策处理工作组和工程施工管理组，分别负责灌区建设的政策处理和施工管理工作。同时，实行项目法人制、招标投标制、工程监理制和项目公示制等“四制”，接受监督。四是强化项目建后管理。深化末级渠道参与式管理改革，理顺管理体制，以各种制度和机制为保障，真正建好管好田间水利工程设施。灌区改造项目的建成新增灌溉面积3万亩，改善灌溉面积1.2万亩，灌溉水利用系数由原来的0.45提高到0.6，年可节约水量630万立方米，取得显著的经济效益和社会效益（祝勇伟，2011）。

（2）推广节水技术

浙江省非常重视节水技术和治污技术的科技投入，大力推广节水技术。淘汰落后的用水设备和用水技术，积极进行农田水利和农村供水等方面的基础设施建设。采用喷灌、滴灌、微灌、管道灌溉、U 型混凝土渠道等工程和非工程的生物机理措施推广节水灌溉。推广节水技术具体表现在：一是对各大主要灌区重点实施渠道防渗工程和管道化灌溉工程，提高渠水利用系数。二是大力发展山区果园等的喷、微灌工程和以蓄为主，蓄、引、提相结合的工程模式，在非灌溉季节提（引）水补库、补塘，提高工程的利用效率。三是特种经济作物种植区和城郊蔬菜基地全面推广喷、微灌工程以及温室和蔬菜大棚的滴灌工程。四是大力推广水稻薄、浅、湿、晒灌溉技术和旱育稀植节水栽培技术，重视抗旱节水水稻品种的开发研究和推广工作。

（3）优化农业结构

浙江省一直致力于农业产业结构调整与优化，不断调整农产品结构，促进各类生产要素向优势区域、优势产业和特色优势产品集聚。采取的有效途径包括：一是大力发展以绿色有机农业、旅游农业、设施农业、品牌农业为特征的现代高效生态农业，努力构建以种养结合、地力培养为依托的物质有效循环、动态平衡的农业生态系统，逐步形成“立体农业”、“循环农业”、“精确农业”发展模式。二是加快农村土地承包经营权的流转，促进农业生产规模化经营水平的提高，切实解决农村居民单家独户经营的低效率和高消耗状况，促进农业产业结构的优化调整和高效生态农业的发展。三是积极研究推广农业循环经济模式，以提高资源利用效率为核心，以种养结合、地力培育为基础，以节地、节水、节种、节肥、节药、节能和资源循环利用为重点，推广和发展资源节约型、环境友好型农业建设，推进农业生产的资源利用方式从粗放型向集约型转变。通过调整农业和农村经济结构，保护和提高农业综合生产能力，加强农业基本建设和生态环境建设，促进农业可持续发展。

2. 水资源管理

浙江省水行政主管部门积极运用法律、行政、经济、技术等手段对农用水资源进行分配、利用和保护，通过制定和完善水资源管理法规、培养水资源管理人才、改革水资源管理体制等方式，积极满足生态农业对水的需求。

（1）制定和完善水资源管理法规

深入贯彻依法管水、科学治水的方针政策，不断加强法律法规政策建设，使水资源管理相关法律、法规、政策体系日趋完善。水资源利用与管理的法律法规政策有《中华人民共和国水法》、《取水许可和水资源费征收管理条例》、《浙江省水资源管理条例》、《取水许可制度实施办法》（国务院第119号令）、《浙江省节约用水办法》、《浙江省取水许可制度实施细则》（省人民政府令第202号）、《水污染防治法》、《浙江省水污染防治条例》等，这些法律法规政策明确管理机构职能和具体管理标准，一定程度上解决管理机构职能相互交叉、流域管理标准尚不统一、水环境管理法律效力不足、环保处罚与奖励不对称等突出问题，为积极探索通过生态补偿制度加强水资源管理提供法律依据。同时，我省还积极探索制定农村水环境保护的技术政策和法规，提高人口素质，加强生态、环境意识的教育和普及，建立环境保护工作的公众参与机制，让公众参与环境监督与环境管理，在不同程度上缓解对水资源采取掠夺式开发经营和破坏人与资源平衡的状况（游鑫，2009）。

（2）培养水资源管理人才

水资源管理人才队伍是做好水资源管理工作的组织保证。通过举办高级研修班、举办专题培训、网络远程培训、工作实践锻炼、自主选学培训等培训方式，针对防洪减灾、水资源保障、农田水利、水土保持以及加强水环境管理等重点领域，积极开展水资源管理人才培训，着力提高农业水资源管理人员的大局意识、创新意识、服务意识、法制意识以及责任意识，提升人员的管理能力与水平。同时，积极运用本省的水利院校，如浙江水利水电专科学校和浙江同济科技职业学院，造就一批有专业技术和管理能力的水利专业队伍，不断更新和提高各级领导和职工的专业技术水平，逐步建立起一支“思想过硬，业务精通，作风优良，执法公正”的水资源管理人才队伍。

（3）改革水资源管理体制

不断推进水利工程、水务管理体制改革，不断健全基层水利服务体系，逐步完善用水效率控制制度、用水总量控制制度、水功能区限制纳污制度、水资源管理责任和考核制度和水权交易的市场体系，积极推进水价改革和节水型社会建设，构建有利于水利科学发展的体制机制。

深化水利工程管理体制改革，推进落实水利工程管理体制改革实施方案，全面完成重要水利工程水管单位体制改革任务。规范水利建设市场，完善项目法人制，积极试行项目法人招标及代建制，完善水利建设工程质量与安全保障体系。

逐步建立源水、制水、供水、排水、污水处理统一管理、一体运作的水务管理体制，努力为水资源的长效保护、科学利用、合理开发和实现“一龙管水”创造条件。

各地积极探索符合当地实际和市场经济规律、有利于水资源利用和水环境保护的管理体制，推广民间协会管理等自主管理模式，调动受益区群众参与建设和管理的积极性，促进农业节水，改善生态环境。

3. 水环境保护

通过开展保护与修复水环境、控制农业面源污染、实施河道整治工程、保护农村饮用水源、科学保护地下水源、综合治理水土流失等工作，积极推进水环境保护，使水环境质量逐步得到改善。

（1）保护与修复水环境

重视水土保持、水环境改善和水生态修复工程的建设，对具有重要水环境功能作用的区域实施抢救性保护，使其生态系统和生态功能得到保护和恢复；注重水资源开发过程中的生态保护和恢复，坚决遏制资源开发中对水环境造成的破坏；加大农村水环境保护力度，逐步建设布局合理、生态良好、景观优美、适应现代化发展的农村水生态系统；提高防御自然灾害的能力，加大水土流失综合治理力度，积极开展小流域的综合治理。

加强自然保护区和森林等生态良好地区的生态环境保护，使这些区域保持良好的水源涵养功能；积极推进生态公益林建设，扩大八大流域源头和两岸山地生态公益林面积，开展森林抚育经营，提高森林质量，增强森林固土护坡、涵养水源、调节径流的功能。制定湿地保护规划，推进杭州西溪、淳安千岛湖、余杭南北湖、德清下渚湖、温州三垟、杭州湾、瓯江河口、南麂列岛自然保护区等湿地以及高山草甸的保护，充分发挥湿地在洪水调节、水质改善、生态环境保护等方面的作用[①]。

(2) 控制农业面源污染

农业面源污染是影响浙江省水资源质量的主要因素之一。按照生态省建设及农业现代化建设的要求，采取一系列措施来控制农业面源污染。一是大力引导发展循环农业。以减量化、无害化和资源化为方向，转变农业发展方式，加快形成“资源—产品—废弃物—再生资源”的循环农业模式；二是大力整治畜禽养殖污染，科学划定湖库集水区范围内的畜禽禁养区、限养区，合理确定畜禽养殖规模。新、改、扩建的规模化畜禽养殖场（小区）严格执行环境影响评价和“三同时”制度。积极推进规模以下养殖户和散养户的污染治理，鼓励散养户建设沼气池等治理污染，积极引导散养户向养殖小区集中，大力推广建设净化沼气工程。进一步加大畜禽养殖场环保执法力度，有效制止直排、漏排等环境违法行为。三是针对农村社会经济发展带来的水环境污染问题，研发并推广农村污水处理与综合利用、生活垃圾资源化循环利用、农田面源污染物控制与减排、畜禽水产养殖污染控制与资源化、新型有机肥、优质高效肥料和平衡施肥等关键技术，推动农村水环境污染治理。

(3) 实施河道整治工程

农村河道、湖泊、池塘既承担着防洪排涝的重要功能，也是农村水

① 浙江省发展和改革委员会、浙江省水利厅：《浙江省水资源保护和开发总体规划》，2003年。

资源和水环境的重要载体，与群众生产生活和农村经济社会发展密切相关。根据浙江省水利厅 2002 年调查分析，浙江省河道存在淤积、污染、防洪排涝能力低等问题，针对这些问题，2003 年，浙江省正式启动万里清水河道工程，省政府与 11 个市（地）政府签订了生态省建设目标责任书，确定全省目标任务为五年建设清水河道 1 万公里，并于 2006 年提前一年完成计划目标，2008 年，推出万里清水河道工程（二期）1 万公里。通过建设万里清水河道工程，显著提高农村河道行洪排涝能力；增加河网调蓄能力，改善农业生产条件；消除河道脏乱差现象，改善农村人居环境；缓解河道水质污染，水生态环境有较大改善①。

桐乡市通过实施浙江省万里清水河道工程，探索了如何进行平原河道综合整治、有效改善农村水环境的途径。首先，十分重视河道整治组织领导工作。桐乡市在 2004 年十三届人大二次会议上做出了《关于加快河道综合整治步伐》的议案，市政府专门建立了市河道综合整治工程建设领导小组，并在市水利局设立了办公室，统筹全市河道综合整治工作的实施。市政府与各镇（街道）签订了《河道综合整治目标责任书》，将河道综合整治任务以责任书形式落实到各镇（街道），要求各镇（街道）在新农村建设中牢牢把握河道综合整治、改善水环境这个重点，把村庄集聚、道路建设、垃圾收集、污水处理等配套措施纳入其中，通过河道水环境的综合整治，带动其他基础设施的建设。其次，认真制定规划。2003 年，桐乡市水利局抽调专门人员对平原河网地区的河道现状进行调研，广泛听取社会各界对河道综合整治的要求和建议，在此基础上，先后出台了《桐乡市 2004—2007 河道整治规划》、《桐乡市 2008—2011 河道整治规划》，规划提出了尊重自然，人水和谐的治水理念，突出河道清淤、护岸护坡、生态圩堤、河道保洁等主要工程内容。第三，突出工程内容建设。一是河道清淤，在实施中主要做到以下“三个结合”，即河道清淤与加固加高圩堤相结合、河道清淤与土地整理相结合、河道清

① 浙江省水利厅：“建万里清水河道，打造靓丽新农村”，http：//www. zstpc. org/P0_analecta-View1. do？analectaID = 124。

淤与淤泥制砖相结合。二是护岸建设，包括工程护岸、生态护岸以及植物型护岸。三是河道保洁，市政府先后出台了《桐乡市河道保洁长效管理办法》、《桐乡市河道保洁长效管理考核办法》、《桐乡市河道专项整治与长效保洁实施方案》。各镇（街道）以行政村为单位组建专业保洁队伍，采取专业管理和社会监督相结合的办法，做到定人员、定河道、定责任、定报酬。四是污水处理，在水利部门对河道进行综合治理的同时，农办、农经局等部门密切配合，着力对农村生活污水、农业面源污染、畜禽污染、地面垃圾同步进行了有效的治理，促进了河道生态功能的恢复，有效改善了水环境（朱岳明等，2010）。

（4）保护农村饮用水源

划定饮用水水源保护区。以农村集中式饮用水源地为重点，积极组织开展农村饮用水水源水质状况调查、监测和评估，排查影响饮用水源水质的各类安全隐患。全面开展县以下全部乡镇、单村、联村集中供水的集中式饮用水水源保护区的划定，编制和实施饮用水源地保护规划或方案，明确饮用水源保护区范围、保护目标和措施，设立饮用水源保护区标志牌、警示牌和界标，落实饮用水源保护区日常管理责任单位和责任人。加强农村地下水资源保护，开展地下水污染调查和监测，开展地下水水功能区划，制定保护规划，合理开发利用地下水，逐步禁止杭嘉湖和甬台温地区沿海平原地区承压地下水的开采。

建设集中式饮用水源保护区。依据《中华人民共和国水污染防治法》和《浙江省水污染防治条例》的有关规定，加强农村饮用水源保护区污染防治和监管。在保护区内严禁各种对保护水源不利的活动，切实保障农村饮用水源安全。整顿了一批在水库型城镇饮用水源保护区汇水区域发展休闲观光旅游和“农家乐”项目。实施了一批饮用水源保护区及其上游和外围区域的污染控制、水源涵养、水土保持、生态修复等工程建设，从更大范围保障饮用水源水质安全。不断推进“千万农民饮用水工程”建设和城镇集中供水延伸农村工程，因地制宜开展农村饮用水源和供水工程建设，改造提升现有供水工程，强化饮用水源和供水工程运行监督管理。同时，以向乡镇建成区供水的集中式饮用水源为重点，大力开展农村合格、规范饮用水水源保护区创建。

开展农村饮用水源地安全监督监测。建立和完善农村饮用水源地环境监测体系与相关制度，开展分区域定期水质监测，加强农村饮用水工程卫生学评价和水质常规监测，对农村饮用水取水、制水、供水水质实施全过程监管，逐步推进农村饮用水安全监督监测的制度化、常态化，及时掌握水质状况，保障农村生活饮用水达到卫生安全标准。建立环保、卫生、水利等部门的信息沟通和工作协调机制，合力保障农村饮用水安全。开展乡镇集中式饮用水源水质自动监测站建设。积极应用 GIS 平台等信息技术，建立饮用水水源地和水质信息系统，提高饮用水源水质监测管理的信息化水平①。

（5）科学保护地下水源

水资源水环境根据来源可分为地表水与地下水 2 个单元，在一定条件下又是联通的。对于地下水资源及地下水污染造成的破坏，往往是一个渐变的过程，往往不会被及时发现，长此以往，最后导致地下水污染的处理极其困难。在农业生产中，由于大量的使用化肥，造成了土壤中氨氮成分严重超标。大量使用农药也使土壤有害物质量增高，由于地表与地下水资源的交换作用，必将造成对地下水资源的污染。当前情况下，由于大量开发地下水资源，已经造成地下水资源的严重不足，部分区域已经造成了地表水对地下水的污染，导致地下水漏斗区的延伸与扩大，造成地面沉降的发生（徐宝荣等，2010）。浙江省十分重视地下水资源的保护工作，特别是加强农村地下水资源保护方面，逐步完善全省地下水监测网络，开展地下水污染调查和监测，加强对地下水动态和地面沉降的监测、评价。开展地下水水功能区划，制定保护规划，严格控制杭嘉湖和甬台温地区沿海平原地区承压地下水的开采，确保合理开发利用地下水。

（6）综合治理水土流失

① 浙江省发展和改革委员会、浙江省环境保护厅：《浙江省农村环境保护规划》，2009 年。

坚持充分发挥生态自然修复能力、综合治理、预防监督和监测为主的原则，重点对流域水土流失、水库水源区水土流失等进行综合防治，加强生态环境保护的监督管理，促进生态系统的良性循环。积极落实开发建设项目水土保持“三同时”制度的同时，做好水土流失生态修复和水土保持工作。根据流域水土流失特点，综合运用改坡、护岸、植草、退耕还林和建设水保林等工程和生物措施，大力推进全省范围内水土流失治理。积极推进经济林开发建设，在发展山区经济、增加群众收入同时，做好保持水土工作。

水土流失治理工作持续推进，治理水土流失的面积逐年增加，治理面积占水土流失总面积的比重也逐年增加（见表 4－1）。2000 年，治理水土流失面积 2117.45 千公顷，占水土流失面积的 75.08%；到 2011 年，治理水土流失面积达到 2457.64 千公顷，占水土流失面积的 86.61%[①]。

表 4－1　　2000—2011 年浙江省水土流失治理情况

指标	2000	2001	2002	2003	2004	2005
水土流失总面积（千公顷）	2820.35	2776.61	2718.38	2747.09	2758.38	2773.05
治理水土流失面积（千公顷）	2117.45	2067.35	2072.38	2134.01	2207.62	2227.95
占水土流失面积的比重（%）	75.08	74.46	76.23	77.68	80.00	80.30
指标	2006	2007	2008	2009	2010	2011
水土流失总面积（千公顷）	2779.00	2805.90	2830.23	2835.90	2838.42	2837.69
治理水土流失面积（千公顷）	2256.03	2336.72	2334.58	2401.85	2431.64	2457.64
占水土流失面积的比重（%）	81.18	83.28	82.49	84.69	85.60	86.61

二、水资源利用与水环境保护的成就与经验

1. 主要成就

通过加强水资源管理，合理利用与配置水资源，积极推进节水型社会建设，切实加强水生态环境整治，水资源开发利用与水环境保护取得

① 《浙江统计年鉴》，2005 年，2010 年，2012 年。

了显著成果，主要体现在下列四个方面：

（1）水资源管理工作稳步推进

严格水资源管理和保护，水资源管理各项制度逐步完善，管理能力不断提高，有力地促进了浙江省水资源的可持续利用。

管理制度不断完善。相继实施了建设项目水资源论证、取水许可、水资源有偿使用和水功能区管理等多项制度，形成了覆盖全省的水资源综合规划体系，水资源费收取基本实现全面覆盖，并不断加大水资源监测、水功能区监测以及承压地下水禁限采力度，承压地下水禁限采目标基本实现。

依法管理不断推进。有关方面颁布实施了《浙江省防汛防台抗旱条例》和《浙江省水利工程安全管理条例》等一批地方性法规和政府规章，以进一步加强水政执法机构队伍和执法能力建设，强化水资源依法管理。并编制和实施了主要流域综合规划和一批重大水利专项规划，指导水利工程建设。

管理水平不断提高。积极推进水资源管理信息系统建设，加强水资源管理相关统计工作，水资源管理的信息化程度逐步提升。积极开展水资源管理规范化建设，促进水资源规范化管理。积极开展水行政管理体制改革的探索，使得水行政管理更加高效。

水利改革稳步推进。水资源管理得到加强，实行了水资源论证制度、取水许可制度和水资源有偿使用制度，对水权、水市场和建设节水型社会进行了积极的探索；水利工程建设和管理水平得到提高，全面推行了建设管理的“四项制度”，开展了水管单位体制改革工作，强化了水库安全管理，水利信息化取得重大进展；加强了水利工程移民安置工作；水利科技改革与创新稳步开展，水利对外交流与合作工作取得成效；水利人才培养和教育得到重视和加强。

（2）水资源利用效率不断提高

浙江省大力推广效益农业、设施农业，创建节水型农业，不断改革传统灌溉方式，推广节水新技术，推进节水设施建设，开展了大中型灌区续建配套节水改造、节水增效示范项目和以“灌区骨干渠系工程改造、喷微灌工程”为主要内容的“千万亩十亿方”节水工程，并于“十一五”期间相继启动大中型灌区续建配套与节水改造、百万亩喷微灌工程等项目建设。水资源利用效率不断提高。

“十五”期末，全省节水灌溉面积已占有效灌溉面积的27%以上，万元GDP用水量下降到156立方米，约为全国平均的一半，农田灌溉水利用系数为0.52左右，高于全国平均水平（0.45），农田亩均用水量445立方米，与南方地区以水稻种植为主的省份相比处于中等水平。

“十一五”期末，全省新增节水灌溉面积450万亩，农田灌溉水有效利用系数提高到0.56，万元GDP用水量降到100立方米以下，多项节水指标位于全国前列[①]。

（3）水生态环境得到一定改善

组织实施“万里清水河道整治工程”和“千万农民饮用水工程”，大力推进生态清洁型小流域建设和经济林地水土流失治理，开展了诸暨陈蔡水库、德清对河口水库等供水水库的水源保护试点工作。2006年至2010年期间，全省共完成清理和整治农村河沟2.3万公里，新增水土流失治理面积4180平方公里，解决和改善了1159万农村居民的饮水安全问题，饮水安全人口占农村人口的比例提高到95.8%。

开展了丽水瓯江流域水生态系统修复试点和杭州引水入城等区域生态配水工程建设。加强开发建设项目水土保持监管，推进经济林地水土流失治理、生态清洁型小流域建设，全省新增水土流失治理面积4180平方公里，改善了水生态环境。

全面推进水污染治理。从2004年开始，浙江省以实施省内八大流域水污染防治规划为龙头，以加强城乡饮用水水源保护区的建设和监管为重点，全面推进水污染防治，其中以钱塘江、鳌江和杭嘉湖太湖流域运河水系为主要污染整治对象。截至2011年底，浙江已累计创建合格、规

① 浙江省人民政府：《浙江省水资源保护与开发利用“十二五”规划》，2012年。

范饮用水源保护区达 509 个，法定水源创建比例达 100%。截至 2012 年底，浙江省县级以上（含县级）集中式饮用水水源地水质达标率为 86.7%，其中 11 个设区市的 31 个此类水源地的水质达标率为 92.7%。2013 年 1—6 月，全省地表水环境功能区达标率为 69.2%，比 2010 年同期提高了 6.3 个百分点[①]。

（4）水资源保障能力明显增强

浙江省十分重视农田水利基础设施建设，水库、塘坝、堰坝、水闸数量不断增加，水资源保障能力明显增强。1995 年，浙江省水库总数为 3654 座，2011 年增加到 4243 座，增加了 589 座。其中，大、中型水库的数量由 1995 年的 124 座增加到 2011 年的 185 座；1995 年，浙江省大、中型水库总库容量为 344 亿立方米，到 2011 年增加到 398.58 亿立方米，增加了 54.58 亿立方米（图 4－1）。

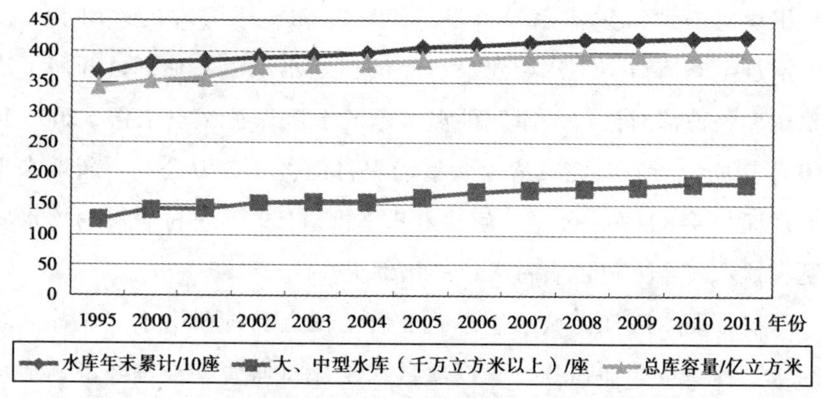

图 4－1 1995 年及 2000—2011 年浙江省水库建设情况

堰坝的数量由 1995 年的 4.72 万处增加到 2011 年的 5.36 万处，增加了 6400 处。水闸的数量由 1995 年的 2743 座增加到 2011 年的 5322 座，增加了 2579 座（图 4－2）[②]。

① 浙江新闻网："浙江省环保厅厅长表态曝出来的企业都要查"，http：//news.zj.com/detail/1470756.shtml。

② 《浙江统计年鉴》，2005 年，2010 年，2012 年，2012 年。

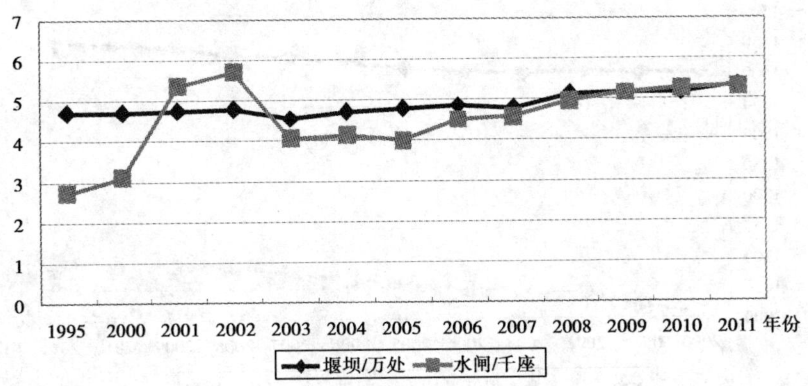

图 4－2　1995 年及 2000—2011 年浙江省堰坝、水闸建设情况

水利枢纽工程以及供调水工程也不断推进，水资源优化配置格局基本形成，有力保障各地区水资源供应。珊溪、汤浦、分水江等十大水利枢纽工程中大部分已建成投产并发挥效益，各类水利工程年供水能力已达 237 亿立方米。以浙东引水工程为代表的一批重点工程前期工作进展顺利。绍兴曹娥江大闸、宁波周公宅水库、湖州老虎潭水库、龙游沐尘水库等一批水源工程和嘉善太浦河取水一期、玉环引水、洞头陆域引水等一批引调水工程相继建成并发挥效益。浙东引水萧山枢纽、新昌钦寸水库、舟山大陆引水二期、平阳顺溪水利枢纽和楠溪江供水工程已开工建设，好溪水利枢纽和台州朱溪水库等工程前期工作取得了重大进展，水资源优化配置格局基本形成，全省新增年供水量达到 20 亿立方米。

通过农田水利基础设施建设以及水利枢纽工程、供调水工程建设，浙江省有效农田灌溉面积以及农田旱涝保收面积逐年增加。2000 年，浙江省有效农田灌溉面积以及农田旱涝保收面积分别是 1403. 24 千公顷和 1007. 92 千公顷，到 2011 年，分别增长到 1456. 80 千公顷和 1098. 29 千公顷[①]（图 4－3），为生态农业发展提供了可靠的保障。

① 《浙江统计年鉴》，2005 年，2010 年，2012 年。

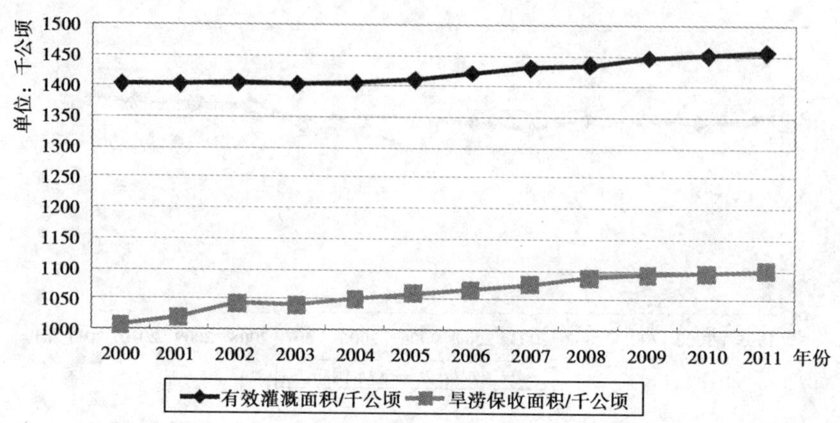

图 4－3 2000—2011 年浙江省农田灌溉及旱涝保收面积情况

2. 基本经验

浙江省在推进水资源合理有效利用以及水环境保护的过程的中积累了独具特色的经验，这对于未来浙江水资源利用与水环境保护依然会起到激励和借鉴作用。总体而言，可以概括为以下五大经验：

（1）制定政策法规

浙江省一直致力于加强水资源管理与水环境保护法规建设，水资源管理相关法规日趋完善。我国涉水法律已有多部：从水资源利用方面看，有《中华人民共和国水法》、《中华人民共和国渔业法》、《中华人民共和国河道管理条例》、《中华人民共和国防洪法》等；从防治污染和环境保护的角度看，有《中华人民共和国水污染防治法》、《中华人民共和国水土保持法》、《中华人民共和国海洋环境保护法》、《中华人民共和国水生生物资源保护法》等法律。浙江省在国家现有的法律基础上，充分考虑本省水资源管理的实际情况，制定了一系列法规条例（具体见表 4－2）。通过法律法规加强水资源管理，约束人们的取水用水行为，增强群众保护水生态和水环境的意识，建立环境保护工作的公众参与机制，让公众参与环境监督与环境管理，从而在不同程度上缓解对水资源采取掠夺式开发经营和破坏人与资源平衡的状况（游鑫，2009）。

浙江省也出台了相关政策文件，加快推进水资源利用与水环境保护工作。制定了《浙江省循环经济发展纲要》、《浙江省水资源保护和开发利用总体规划》、《浙江省海水利用发展规划》等系列规划，从宏观上指导水资源利用与水环境保护工作。2005年，浙江省政府发布《关于建设节约型社会重点工作的实施意见》，明确提出了要全面推进城市、工业、农业节水工作，推进节水型社会建设，并提出了相应的政策措施。全省各级水行政主管部门积极落实各项政策，推进取水许可和建设项目水资源论证制度的全面、深入实施，促使生态农业发展与水环境保护相协调。

表4-2　浙江省水资源管理与水环境保护重点法规条例

法规条例名称	通过/执行时间	颁布目的	依据法律法规
《浙江省水资源管理条例》	2002年10月（通过）	合理开发、利用、节约和保护水资源，发挥水资源的综合效益，保护生态平衡	《中华人民共和国水法》等
《浙江省水文管理办法》	2003年1月（执行）	加强水文管理，发挥水文工作在防汛防旱、水资源管理以及经济和社会发展中的作用	《中华人民共和国水法》、《中华人民共和国防洪法》等
《浙江省建设项目占用水域管理办法》	2006年5月（执行）	加强水域保护，规范建设项目占用水域行为，维护和发挥水域在防洪、排涝、蓄水、航运、生态环境等方面的功能	《中华人民共和国水法》、《中华人民共和国防洪法》、《浙江省水资源管理条例》等
《浙江省节约用水办法》	2007年10月（执行）	加强节约用水管理，提高水资源利用效率，建设资源节约型社会	《中华人民共和国水法》、《浙江省水资源管理条例》等
《浙江省水资源费征收管理办法》	2007年10月（执行）	加强和规范水资源费的征收、使用和管理，促进水资源的节约、合理利用和保护	《中华人民共和国水法》、《取水许可和水资源费征收管理条例》、《浙江省水资源管理条例》等
《浙江省水污染防治条例》	2009年1月（执行）	防治水污染，保护和改善环境，保障饮用水安全	《中华人民共和国水污染防治法》等

续表

法规条例名称	通过/执行时间	颁布目的	依据法律法规
《浙江省水利工程安全管理条例》	2009 年 1 月（执行）	加强水利工程安全管理，保障水利工程安全正常运行，发挥水利工程效能	《中华人民共和国水法》、《中华人民共和国防洪法》、《建设工程质量管理条例》等
《浙江省取水许可制度实施细则》	2010 年 7 月（通过）	加强水资源管理，节约用水，促进水资源合理开发利用	《中华人民共和国水法》、《取水许可制度实施办法》等
《浙江省河道管理条例》	2011 年 9 月（通过）	加强河道管理，保障防洪安全和排涝通畅，改善水生态环境，发挥河道的综合功能	《中华人民共和国水法》、《中华人民共和国防洪法》、《中华人民共和国河道管理条例》等
《浙江省饮用水水源保护条例》	2012 年 1 月（执行）	加强饮用水水源保护，保障饮用水安全，维护人民群众生命安全和健康	《中华人民共和国水法》、《中华人民共和国水污染防治法》等
《浙江省鉴湖水域保护条例》	1988 年 9 月（执行）	保护鉴湖水域不受污染，保障人体健康，更有效地利用鉴湖特有的优良水源	国家水污染防治法和其他环境保护法规的有关规定制定的条例
《宁波市甬江奉化江余姚江河道管理条例》	1997 年 3 月（执行）	加强宁波市甬江、奉化江、余姚江河道的管理，保障防洪（潮）安全，发挥河道的综合效益	《中华人民共和国河道管理条例》等
《浙江省钱塘江管理条例》	1998 年 4 月（执行）	加强钱塘江河道管理，发挥钱塘江水资源综合效益，保障人民的生命和财产安全	《中华人民共和国水法》、《中华人民共和国防洪法》、《中华人民共和国河道管理条例》等
《浙江省温瑞塘河保护管理条例》	2010 年 1 月（执行）	改善温瑞塘河生态环境和人居环境，保护温瑞塘河历史文化，促进人与自然和谐相处	《中华人民共和国水污染防治法》等
《浙江省曹娥江流域水环境保护条例》	2010 年 11 月（执行）	保护和改善曹娥江生态环境，保障曹娥江流域的经济和社会可持续发展	《中华人民共和国水污染防治法》等

（2）推广先进技术

推行农业节水高新技术。一是因地制宜推广不同的节水灌溉模式。杭嘉湖、萧绍宁、温黄等经济较发达沿海地区结合高标准农田建设，推广灌溉暗渠，明排衬砌，水稻采用浅湿、湿润灌溉等方法，建立现代化农业示范区。沙土地区，坚持以推广防渗渠道为主，有条件的地方积极发展管灌，对特种经济作物种植区和城郊蔬菜基地，全面推广喷、微灌工程。二是推广应用喷、微灌溉高新节水技术。首先在蔬菜、瓜果、花卉、特色作物等高产值、高效益的农业生产和以日光温室为主的设施栽培中推广使用喷灌、滴灌、渗灌等高新节水技术，然后再逐步扩大到其他农业生产中。三是不断加快节水灌溉设备的开发研制。推进节水灌溉先进科技成果的集成、转化和应用，建立节水灌溉设备研制、开发和生产体系，并加强节水灌溉设备的质量技术监督。

推进现代高效农业节水控污技术集成与示范区建设。以提高水的利用效率、控制农业面源污染为核心，研究充分利用降水、回归水，改进地面灌溉为主，其他节水技术为辅的耗能少、投入低、易掌握的符合省情民情的节水新技术；集成具有区域特色的农业面源污染物控源与减排综合技术，并进行农业面源同步脱氮除磷技术研究；研究规模化畜禽、水产养殖污水、废弃物多级利用的资源化技术，构建养殖业和种植业密切结合的生态系统工程。选取典型区域，通过技术的系统集成与优化，建设示范工程，为浙江省农业节水及面源污染控制提供技术支持。

加大农村面源污染控制技术研发力度。针对浙江省农村社会经济发展带来的水环境污染问题，研发农村污水处理与综合利用、生活垃圾资源化循环利用、农田面源污染物控制与减排、畜禽水产养殖污染控制与资源化等关键技术，为浙江省全面推进农村水环境污染治理提供技术支持。具体内容包括：生态农业高效节水技术、农田面源污染物控制与减排技术、村镇生活污水生物生态化处理技术及设备、农村生活垃圾处理处置与资源化利用技术、畜禽养殖废弃物污染控制与资源化技术、水产养殖业全过程污染控制技术、农业面源中有毒化学品污染控制与削减技术、农业面源污染的信息化管理技术[①]。

（3）加强综合整治

实施水资源统一管理模式，推进水资源综合整治。水资源的综合利用必须从全局出发，从社会总体经济效益出发，把水的开发利用与环境保护、维持生态平衡结合起来，把供水、灌溉、抗旱、水土保持、水力发电、航运、旅游、娱乐等结合起来。现实中，很多跨行政区的河流上游和下游的经济发展水平差异大，污染问题纷乱复杂，存在着上下游、干支流、水质水量、各利益集团间的相互冲突。而对水污染的治理基本上是地方各自为政，在水污染防治上，缺乏流域统一规划和统一管理。在这种管理模式下，往往是下游管好了，但上游没采取相应的控制措施，直接影响了下游的控制效果。因此，浙江省逐步实施流域的水资源统一管理模式，将与水资源管理有关的部门统筹起来，进行综合管理，强化流域水资源管理。

多种举措推进水资源节约利用与水环境综合整治。一是鼓励农业节水。浙江省重视推进农业节水，推广先进节水技术和工艺，推进农业高效节水工程建设，不断提高农业水资源循环利用水平，不断提高用水效率。二是开展节水城市试点，加强水环境整治。通过法律、行政、经济、工程和技术等措施，在义乌、玉环、舟山、余姚等地区进行节水型城市试点，积极探索节水制度和节水机制建设。此外，浙江省杭州、绍兴、宁波、嘉兴等城市全面开展创建节水型城市活动，取得明显成效。三是依法治污，认真落实水环境治理的法律法规。在《中华人民共和国水法》、《中华人民共和国水环境防治法》的指导下，不断加强依法治污力度，对在规定时间内排污不达标的企业依法进行严厉处罚（刘艳等，2009）。

（4）推进工程建设

推进基础保障水利工程建设。实施“千万农民饮用水工程”、“千万亩十亿方节水工程”，对全省大中型自流灌区、重点小型灌区干支渠及相

---

① 浙江省科学技术厅：《浙江省重大科技专项——水污染防治与水资源综合利用技术实施方案》，2007 年。

应的配套建筑物进行防渗配套改造；改造平原灌区灌排泵站装机，全面推广喷、微灌，积极推进小型农田水利工程建设①（具体工程建设见表4－3）。

表4－3　　浙江省基础保障水利重点工程建设

名称	工程简介	工程内容	工程效益
“千万亩十亿方节水工程”	农业节水的主要工程，投资40亿元，改造全省主要灌区，面积1200万亩，提高水利用率	一是在丘陵山区和部分平原地区共改造254个灌区，改造干支渠10967公里（其中干渠1100公里），改造渠系建筑物1万余处，投资25.2亿元；二是平原地区改造泵站191处，装机8.4万千瓦，其中大中型泵站5处，装机5.2万千瓦。三是应用先进的灌溉节水技术，改进传统灌溉方式，推广喷灌、微灌等高标准节水工程，使微喷灌技术广泛应用于效益农业的生产	增加粮食生产能力180万吨，年增节水能力12亿立方米，干旱年份可节水18亿立方米，年节电1000万度
千万农民饮用水工程	保障农民饮用水工程，总投资85亿元，改善农民饮用水条件	在全省县（市、区）实施工程，新增供水规模，解决农村人口饮水困难，明显改善农民饮用水条件，不断提高全省农村饮用安全自来水普及率，完善农村饮用水工程体系，提升农村居民饮用水标准	到2020年，解决100余万农民饮用水困难人口，全面改善1000余万农民饮用水条件，使全省农村饮用安全自来水普及率达到95%以上

推进水环境整治工程建设。实施“浙江省环境污染整治行动方案”和“万里清水河道整治工程”等水环境整治工程，落实以长效保洁为重点的河道管理，取得了很好的社会经济效益（具体工程建设见表4－4）。

① 浙江省发展和改革委员会、浙江省水利厅：《浙江省水资源保护和开发利用总体规划》，2003年。

表 4-4　　浙江省水环境整治重点工程建设

名称	工程简介	工程内容	工程效益
浙江省环境污染整治行动	整治环境污染的工程	建立与生态效益补偿机制相关联的跨行政区域河流交接断面水质管理制度；编制并实施八大流域水污染防治规划；制定城乡一体化的给排水计划；建设污水处理厂，同时建设和改造污水收集系统；实施农业农村污染整治	全省八大水系和主要湖泊、水库、河网水体环境功能区水质达标率达到60%以上，地表水交接断面水质达标率达到60%以上，其中钱塘江流域达到70%以上，城乡集中式饮用水水源地水质达标率达到85%以上
万里清水河道整治工程	总投资270亿元，整治河道长约3万公里，以改善水质为主要目标之一的水环境整治工程	至2007年，全省完成河道整治11000公里，全省主要河道实现“水清、流畅、岸绿、景美”，完成投资68亿元；至2010年全省再完成河道整治6500公里，完成投资58亿元； 至2015年，基本完成需要整治的3万余公里河道，完成投资150亿元	提高农村河道行洪排涝能力，增加河网调蓄能力，改善农业生产条件，消除河道脏乱差现象，改善农村人居环境，缓解河道水质污染，改善水生态环境

推进水资源保障工程建设。在节约用水前提下，采取对现有蓄水工程功能调整、新建水源工程和引调水工程、海水淡化等非常规水资源利用多种措施，建成集约高效、城乡统筹、量质并重、多源共济的水资源配置工程体系。主要的引调水工程见表4-5。

表 4-5　　浙江省主要引调水工程

工程名称	项目组成	地点	增加年供水量（亿立方米）	工程投资（亿元）
浙东引水工程	富春江引水枢纽工程、曹娥江大闸枢纽工程、曹娥江向宁波引水工程（分北线、南线）、钦寸水库引水工程、舟山大陆引水工程等	绍兴、宁波、舟山	12.84	40.26

续表

工程名称	项目组成	地点	增加年供水量（亿立方米）	工程投资（亿元）
宁波白溪引水工程	宁波白溪引水工程	宁波	1.74	9.5
楠溪江永乐引水工程	南岸水库、源头水库工程和永乐引水工程	永嘉、乐清、玉环	2.66	4.4
台州引调水工程	台州供水二期工程、朱溪水库、十三都水库、下岸水库引水工程	黄岩、仙居	2.77	10.5
玉溪引水工程	玉溪引水工程	丽水	0.48	1.84
浙北引水工程	方案一：杭州取富春江嘉兴取太湖方案；方案二：富春江引水方案；方案三：新安江水库引水方案	杭州、嘉兴	16.8	116.27
其他引调水工程	横锦水库引水、梓溪引水、好溪水利枢纽及引水、珊溪水利枢纽引水配套、桥墩水库江南联网供水、太湖取水、赋石老石坎水库引水、小溪引水等工程	—	12.6	33.51
合计	—	—	49.89	216.28

三、水资源利用与保护中存在的问题及原因

1. 存在问题

浙江省在水资源利用与水环境保护方面取得了一定成效，积累了一些宝贵经验，但也存在一些问题，包括水利工程老化严重、用水浪费仍然普遍、利用效率有待提高、水环境问题突出、管理体系亟待完善等。

（1）水利工程老化严重

保护水资源、改善水环境、提高水资源的利用效率、效益，需要通过一定的工程措施实现。但是，农业输水设施不足和失修，水分利用系

数低是浙江省水利工程利用的基本现状。农田水利工程普遍存在标准低、老化失修和效益衰减等问题，农村河道脏乱差现象严重。广大农村大量的输水设施，建设年代已久，老化失修，且建设标准低，输水过程中水量损失达40%—50%，水分利用系数仅为50%—60%。农田水利设施建设相对滞后，大部分农田水利设施利用效率较低，防灾抗旱能力较弱，迫切需要加强灌区配套改造和水源工程建设，促进生态农业发展，保障粮食安全和农产品供给。

（2）用水浪费仍较普遍

农业是浙江省用水大户，农业用水占全省供水总量的50%左右，尽管随着农业产业结构的调整其比例逐年下降，亩均用水量也不断下降，但农业节水仍然还有很大的空间。浙江省农业用水的现状是：农业灌溉渠道2/3仍是土渠，多数农民仍采用“大水漫灌”的灌溉方式，水利设施多年失修，有一半水资源在输送过程中渗漏，水分浪费严重，作物水分生产率低，全省平均用水仅为1.2千克/立方米，远低于世界发达国家的2千克/立方米。先进的灌溉制度和技术的推广应用处于较低的水平，微喷灌、薄露灌溉等先进灌溉方式在浙江省的应用仍不广泛。水资源利用浪费的现象在很大程度上与节水投入不足、节水意识淡薄有关系，并且由于缺乏有效的投入机制，管网改造和节水技术改造工作的开展都受到了不同程度的制约。

（3）利用效率有待提高

农业不仅是最大的用水户，且其用水效率也是最低的，其中浙江省农田灌溉用水量占农业总用水量的80%以上，所以农田灌溉用水系数是衡量农业用水效率的关键指标，提高农田灌溉用水系数是解决农业用水窘境的关键途径。2010年底，浙江省的农田灌溉用水系数为0.56，相比全国高出6个百分点，与发达国家的农田灌溉水利用系数0.7—0.8相比还有一定的差距，有待进一步提高。

另外，浙江省农业用水的生产效益也是农业水资源利用效率的衡量标准，农业用水生产效益低，一定程度上说明水资源利用效率低。用单位水的产值来表征水资源的生产效益，2010 年浙江的农业用水生产效益为每立方米 14.376 元，排名全国第 12 位，高于全国平均水平的每立方米 10.987 元，但与效益高的地区相比还有较大差距，全国农业用水生产效益最高的是重庆，达到每立方米 34.554 元，相差近两倍（唐海力，2012），具体如表 4 – 6 所示。

表 4 – 6　　中国部分省市农业用水的生产效益　　单位：元/立方米

地区	农用水生产效益	地区	农用水生产效益
福建	11.730	河北	15.338
浙江	11.956	辽宁	15.528
湖北	12.018	四川	18.122
海南	13.581	河南	20.051
吉林	13.782	山东	20.630
陕西	13.802	重庆	31.906
山西	13.881	全国	10.919

（4）水环境问题仍突出

农村河流水体遭受污染。浙江省山区河流和大部分水库水体水质普遍较好。20 世纪 80 年代以后，由于农村乡镇企业的快速发展，农业化肥、农药的普遍超量使用，以及生活废污水的增加，废污水排放总量有较大幅度增加。各级政府采取了一系列的截污治污措施，对污染物的排放实施控制，但由于农村工业发展迅猛，部分行业和企业环保意识的薄弱，措施不到位，污染物排放总量呈逐年增加态势，全省平原地区各河流水体不同程度受到污染，局部地区非常严重，已显现水质型缺水的现象，制约了当地水资源的可持续利用。

饮用水水源地安全隐患凸现。主要体现在：水库型饮用水源地面临富营养化问题；平原河网饮用水源地（如杭嘉湖平原）现状水质差，安全隐患多；大型河道型饮用水源地（如钱塘江、瓯江）受上游突发水污染事件和下游咸潮的双重影响。同时，由于地表水和浅层地下水的污染，不少平原地区过度开采和不合理使用地下水，已造成区域性地下水位下降、地下水资源衰竭和地面沉降等一系列环境问题，加上河道淤积严重，导致河网水体的流动性和自净能力减弱，加剧了水体的污染趋势，地面沉降还引起部分水利工程效益降低。

水生态环境形势严峻。浙江省虽然在水环境治理上采取了一系列措施，但由于种种原因，全省水污染还未能从根本上得以解决，水污染正从支流向干流、从下游向中上游延伸，从城市向农村蔓延，从地表向地下渗透，从区域向流域扩展。部分流域特别是平原河网和城市内河污染问题比较突出，许多河段的入河污染物远远超过水体的纳污能力，水质呈逐年下降趋势，加剧了水资源的紧张状况，并对许多供水水源地造成威胁。据八大水系、运河和湖库的省控河段断面水质监测结果统计显示（见表 4－7），从 2000 年到 2012 年，监测断面水质达到或优于地表水环境质量 I 级标准与 II 级标准的比重均呈现下降趋势，而无法用于饮用水源的 V 类与劣 V 类的比重则呈现上升的趋势。图 4－4 更清晰地显示，2000 年浙江省地表水水质中 II 类所占比重最多，为 50.3%，约为 2012 年 II 类水质所占比重的 2 倍，而 2012 年浙江省地表水水质中 III 类所占比重最多，为 29.9%。2000 年，无法用于饮用的 IV、V 与劣 V 类所占比重为 21.6%，而 2012 年 IV、V 与劣 V 类所占比重为 35.7%，由此可见，浙江省水质状况呈现下降趋势，水环境形势严峻。

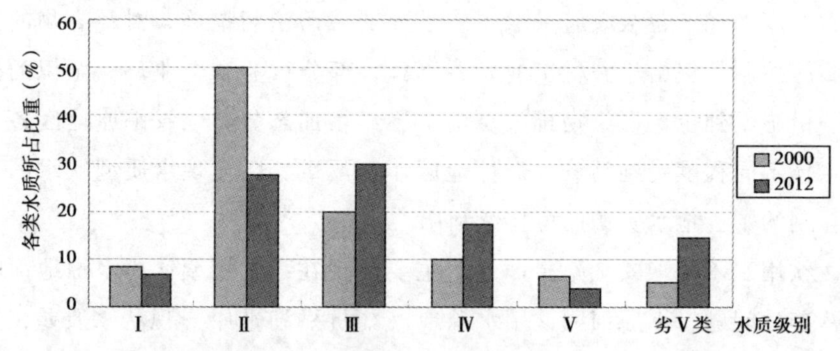

图 4－4　2000 年与 2012 年浙江地表水水质情况对比

表 4－7　　2000—2012 年浙江省地表水水质状况　　单位：%

年份＼级别	I	II	III	IV	V	劣 V 类
2000	8.2	50.3	19.9	9.9	6.4	5.3
2001	8.2	37.1	7.1	25.9	2.4	19.4
2002	10.0	27.6	28.8	10.6	11.8	11.2
2003	3.5	28.1	31.0	14.0	9.9	13.5
2004	4.1	24.9	23.1	16.6	10.6	20.7
2005	2.9	27.5	34.5	14.6	6.4	14.1
2006	4.7	31.0	26.3	17.0	7.0	14.0
2007	4.7	28.6	33.9	11.7	4.7	16.4
2008	4.1	32.7	33.9	9.9	6.4	12.9
2009	3.5	28.7	42.7	7.6	8.2	9.4
2010	6.4	36.3	31.6	15.2	2.9	7.6
2011	6.8	25.8	30.3	12.7	5.9	18.6
2012	6.8	27.6	29.9	17.2	4.0	14.5

注：依据地表水水域环境功能和保护目标，按功能高低依次划分为五类：Ⅰ类主要适用于源头水、国家自然保护区；Ⅱ类主要适用于集中式生活饮用水地表水源地一级保护区、珍稀水生生物栖息地、鱼虾类产场、仔稚幼鱼的索饵场等；Ⅲ类主要适用于集中式生活饮用水地表水源地二级保护区、鱼虾类越冬场、洄游通道、水产养殖区等渔业水域及游泳区；Ⅳ类主要适用于一般工业用水区及人体非直接接触的娱乐用水区；Ⅴ类主要适用于农业用水区及一般景观水域。

资料来源：浙江省环境保护厅：《浙江省环境状况公报》，2000—2012 年。

（5）管理体系亟待健全

水利管理的薄弱环节，在一定程度上影响了水资源利用与水环境的保护工作。虽然浙江省的水资源法制化、规范化管理取得重大进展，《浙江省水资源管理条例》等相应的地方性法规和政府规章，增强了全社会的水法制意识，但在现行的水资源管理体制下，由于各地区往往从局部利益出发，过度利用区内水资源，导致上下游、地区间、部门间在水资源开发利用方面存在诸多矛盾。区域水量分配、监控体系建设等工作滞后，节约用水的约束、激励和保障机制不够健全，水污染监管不够到位，必须加快落实水资源用水总量控制、用水效率控制、水功能区限制纳污控制“三条红线”制度。

水资源管理制度还不完善，没有建立起符合市场经济规律、促进节约用水的水价形成机制，对水资源保护监督管理的能力不足。欠发达地区水利投入不能满足建设的需要。涉水事务管理制度尚不完善，水利社会管理和公共服务的能力不足。水资源价格与水资源使用效率以及与地区或行业的效益间的关系不密切，水量与水质、地表水与地下水、供水与排水的管理没有很好衔接，水资源配置的市场机制尚未完善，优水劣用浪费现象普遍存在，水利用效率不高，供水水价亟待改革。水资源费和水源保护费的收取、节水考核体系、合理的水价价格机制等尚未建立健全，给水资源管理工作带来了一些困难。

节水管理体制不够健全，管理工作力量薄弱。虽然“三定”方案（定职能、定机构、定编制）已明确规定各级水行政主管部门组织指导全社会节约用水工作，但目前大部分地区没有专门的全社会节约用水管理机构和人员编制，节水工作力量薄弱。随着水资源节约和综合利用在更广领域、更深层次上推进，相关的技术性规章、规范、标准等仍显薄弱，制度框架亟待充实完善。节水的扶持政策、标准体系、监督队伍建设、资金筹措等方面的职责尚待进一步明确和落实。

促进水资源高效利用的激励机制不完善。浙江省的水资源费和水价仍偏低，使这一重要的经济杠杆起不到推动节约用水的作用。虽然2004年浙江省调整了水资源费标准，但相比其他省区浙江省水资源费仍偏低。水利工程原水水价低于成本，全省平均水工程供水水价仅是成本的一半，且实际收取率不高，低水费的现象长期以来未得到有效扭转，喝“大锅水”、“福利水”现象还有不同程度存在。农业灌溉水费长期偏低，为减轻农民负担，部分地区免收农业水费或进行财政转移支付，形成了“政府供水、农民种田”的局面，水未被当做商品，造成农业用水管理的机制尚未建立健全。据统计，浙江省居民用自来水平均水价也远低于北京、天津、重庆、深圳等城市。现行价格水平未能充分反映水资源稀缺性的中长期趋势，是造成用户节水意识淡薄，用水浪费的原因之一，间接造成地下水被大量开采使用，并使中水回用、污水资源化等节水措施难以得到推广。

2. 原因探析

浙江省水资源利用与水环境保护工作方面存在问题的原因主要是节水意识亟待加强、法规体系不够完善、水利设施比较薄弱、管理工作有待加强等。

（1）节水意识亟待加强

水资源利用依然粗放，节水意识亟待加强。虽然浙江省用水管理的思路逐步向节约用水和提高水资源的利用效率转变，并提出了建设生态省、节水型社会等目标要求，但还有许多部门、单位认识不到位，在节约用水意识上还存在一些模糊认识。这些模糊认识的代表性观点有：富水地区不必节水、节水不如引水、节水阻碍发展、节水治污分离等。有些地方政府已深切感觉到水资源紧缺的危机和压力，但仍首先考虑如何开辟水源，并未对节水减排工作引起足够重视。由于对节水减排的重要性、紧迫性和长期性认识不足，造成浪费水的现象仍较为普遍，水资源粗放利用的现象十分严重，水资源和水环境的承载压力巨大。农民群体对经济利益的追求以及缺乏环境教育与知识，使得农民的行为个体化，漠视个体行为的后果，造成农村污染物排放增多，环境脏乱，加剧了农村水环境的恶化趋势。

（2）法规体系不够完善

农业面源污染控制有关政策法规存在不足。当前造成流域水体质量下降的主要原因大都是总氮、总磷浓度高，这其中约一半是由于农业面源污染造成的。形成这种局面，主要是由于当初在制定水污染防治法规和政策上，没有重视农业面源污染问题。表现在：一是针对农业面源污染的法律法规缺位。我国现有法律体系中除2008年新修订的水污染防治法列有单独针对非点源污染的法律条文外，针对农业面源污染的专门立法还没有出台；二是对控制农业面源污染政策支持少和资金投入不足。财政投入“重点源、轻面源”，对农业非点源污染源头的控制行动计划投资甚少。另外“重城市、轻农村”。农村从财政渠道几乎得不到污染治理和环境管理能力建设资金（许继军等，2010）。

农业水污染防治法规缺乏。由《中华人民共和国水污染防治法》和一系列相关的法律法规、规章和标准组成的水污染防治方面的法律体系却缺少了对于农业水污染防治的规定，没有适用于农村生产、建设的法律制度及其实施手段和形式，也没有关于农村水污染的法律责任的规定，从而使农村水污染日趋严重（游鑫，2009）。

节水立法工作滞后。节水立法工作滞后也是影响节水型社会建设的又一个原因。浙江省现有的水资源费和水价偏低，水的价格不能够反映水的价值，这就使得经济杠杆在节水型社会的建设中没有起到应有的推动作用，并且水价偏低也是造成水浪费的主要原因之一。尽管省、市、县三级政府相继出台了一些地方法规和条例。但浙江省还没有一部完整的关于全省性的节约用水的地方性法规，在节水体制、节水制度、节水设备、工艺、技术的开发推广和应用方面，未作出相应的法律规定。节水立法工作的滞后，影响了节水工作的进一步开展（裘江海，2007）。

（3）基础设施投入不足

与全国其他地区一样，浙江省长期城乡二元分治的社会结构，在环境保护与治理上表现为政策向城市倾斜，随之资金与技术在政策的引导下也向城市集中。在提升城市环境品质的过程中，城市污染向周边的农村转移，而农村地区却基本没有环境保护与治理的投入，加剧了包括水环境在内的农村生态环境的恶化。

农村环境基础设施不完善。污水与垃圾收集、处理的基础设施尚且不足，导致一些地方存在污水随意排放的局面，绝大多数污水在零处理的情况下就直接排入水体。

节水设施建设力度不够。各地城市节水专项资金占财政支出的比例偏低，受到资金投入的制约，浙江省节水设施建设滞后。部分乡镇、农村自来水管网长期老化失修、漏水严重，得不到及时改造；部分乡镇工业企业内部的生产用水管理基础薄弱，对水平衡测试工作认识不足，忽视节水设施改造；灌溉渠道的水利用系数不高，计量装置不配套，粗放型管理的现象仍然存在。

各级财政投入普遍不足。国家在重点流域污水处理厂专项资金投入约占20%左右，其余投入主要靠地方各级财政、银行货款和市场化融资解决。地方财政投入普遍不足，银行贷款落实难度较大，投融资机制尚不健全，市场机制作用没有得到充分发挥。污水处理费与污水治理建设资金的需要相比，总体征收标准偏低，征缴率不高。

（4）管理工作有待加强

农业用水的法制化管理有待强化。浙江省对节水工作提出了要求，但有法不依、违法不究的现象仍然存在。对供水、节水违法违章行为、用水浪费行为的监督和处罚不够；新建、扩建、改建项目的节约用水措施必须做到与主体工程同时设计、同时施工、同时投入等节水制度尚未得到全面实行；废污水排放管理制度不完善，监督管理薄弱。

水权制度改革仍需推进。浙江省在全国率先开展了东阳—义乌水权交易和绍兴市的水权交易，但应进一步深化水权制度改革。浙江省经济发达有条件率先开展水价制度的改革，但是，水价不能显示水资源的稀缺程度、终端水价构成不合理、水价制度单一、自来水与循环水的比价不合理等问题都反映出浙江省水价制度改革进展缓慢的状况（沈满洪等，2010）。

水环境管理人员不足。随着社会经济的发展和人民对生活质量要求的提高，水环境保护面临的压力越来越大，而水环保编制和人员的有限，使环保工作面临着任务多而人员不足的局面。这使得一方面大多数水环境保护工作人员超负荷工作、节假日加班无休成为家常便饭。另一方面，水环境管理力量的不足，给基层一线监管工作带来了很大困难，使许多水环境管理工作无法及时有效开展。

四、水资源利用与水环境保护的思路与理念

在回顾了浙江省水资源利用与水环境保护的做法与举措，总结水资源利用与水环境保护建设过程中成就与经验，分析水资源利用与水环境保护工作中存在的问题与原因之后，需理清未来浙江省水资源利用与水环境保护的总体思路，从宏观上把握水资源利用与水环境保护方向和重点，注重人水和谐、节约集约、持续发展的理念，促进水资源有效利用与水环境保护，促进生态农业可持续发展。

1. 总体思路

深入贯彻落实科学发展观，坚持可持续发展的治水思路，以人为本，以改革创新为动力，以能力建设为保障，以农业水资源配置、节约和水环境保护为重点，以推进节水防污型社会建设为载体，以水功能区管理、双总量控制（取水总量控制、排污权总量控制）、双有偿使用（水权有偿使用、排污权有偿使用）、双交易机制（水权交易、排污权交易）等制度建设为平台，以水资源论证、取水许可、水资源费征收、入河排污口管理、水工程规划审批等为手段，实行最严格的水资源管理制度，全面提高农业水资源管理能力和水平，推进实施“千万亩十亿方节水工程”和渠道防渗工程及管道化灌溉工程，合理调整农业生产布局和农作物种植结构，加快节水灌溉设备研发和先进灌溉技术应用，促进农业水资源利用效率和效益的提升，充分保障水资源安全供给，提升农村水利服务生态农业的能力，以水资源的可持续利用支撑生态农业的可持续发展（朱法君，2010）。

2. 发展理念

（1）以人为本，人水和谐理念

坚持以人为本、人水和谐的发展理念，以水定人口、以水定产量。优先保障农民饮用水、农业粮食生产安全的必需用水，充分考虑“三农”利益，统筹农业灌溉、环境用水和其他各项用水。以不影响农业用水质量为前提，合理保留生态水，彻底改变对水资源掠夺性的开发和浪

费，通过提高用水效率和效益满足生态农业用水增长。农业水资源开发利用的目标、速度、规模、水平要与自然规律和经济社会发展相适应。充分考虑水资源承载能力和水环境承载能力，有针对性地解决农业用水中的突出问题，因地制宜、突出重点、注重效益、统筹发展，并建立高效的资源配置网络，实现农业水资源优化配置。

（2）节约水源，集约利用理念

坚持节水为先、治污为本、多渠道开源的发展理念，进一步加强对农业水环境保护，遏制对资源的破坏和浪费。以恢复和改善水体功能为目标，建立水质监测、超标预警、总量控制、排污许可、排污缴费等水环境保护制度，提高污水处理率。鼓励各用水户通过挖潜降低原水消耗，推行梯级水价，实行分质供水。坚持科学治水，积极推进科技创新，开发推广节水新技术、新材料、新产品、新工艺，把先进节水技术与常规节水技术相结合，提高用水效率和效益，实现农业用水的集约利用。

（3）合理开发，持续发展理念

农业水资源开发利用要尊重自然规律和经济规律，充分考虑水资源承载能力和水环境承载能力，减少或消除影响水资源可持续利用的行为，妥善处理开发与保护的关系，实现水资源利用从粗放型向集约型利用方式的转变，从强调供水管理向加强需水管理的转变，从一味索取的破坏式水资源利用向强调水资源和水环境承载能力的可持续利用的转变，不断改善生态环境，实现水资源的优化配置与合理使用，取得最大的经济效益、社会效益、环境效益和生态效益，保障生态农业水资源可持续利用。

五、水资源利用与水环境保护的对策与措施

水资源利用与水环境保护是一项复杂的系统工程，需要农户、生态农业企业和政府部门的广泛参与和积极支持。要坚持以人为本、人水和谐，节约、集约利用，合理开发，持续发展的理念，提高水资源利用效率和效益。针对水资源利用与水环境保护工作中存在的问题，提出如下

几点对策建议：

1. 大力开展节水宣传，增强水环境保护意识

充分利用现代传媒广泛开展节水宣传。组织广播、电视、报刊、互联网等媒体，开展广泛、深入、持久的水资源节约利用与水环境保护的宣传教育，使公民树立正确的用水观念，掌握科学的节水知识，在全社会形成节约用水、合理用水的良好风尚。

强化节水儿童教育宣传。加大省情、水情宣传力度，把水利纳入公益性宣传范围，纳入国民素质教育体系和中小学教育课程体系，纳入各类教育培训内容，将节约用水宣传教育工作从青少年、儿童抓起。

重视社会服务机构宣传作用。重视并发挥学会、协会等社会中介服务机构在规划编制、标准规范制定、技术培训、技术交流、技术咨询和服务等方面的作用，鼓励更多的公民、社会团体参与农业水资源利用与水环境保护的各项工作。

加强农村水环境宣教工作。把提高农民水环境意识列为农村精神文明建设的重点内容，从治理家居环境脏、乱、差入手，通过组织各种群众喜闻乐见的科普宣传和活动．破除陈旧的生产生活陋习，大力倡导科学、文明的生产生活方式和绿色生产、绿色消费，积极创建生态示范区、环境优美乡镇、生态示范村（组）和绿色学校，促使生活垃圾的节约化、减量化、无害化和资源化，创造“村容整洁”的新农村，从而保护农村水环境。

加强舆论监督。对浪费水资源、破坏水资源的不良行为加强舆论监督，形成“浪费污染水资源可耻、节约保护水资源光荣”的社会氛围。建设节水信息网站，提高节水信息公开化程度。建立和完善有奖举报等激励机制，为公众行使农业水资源利用与水环境保护的知情权、参与权、监督权创造条件。

2. 注重基础设施维持，发挥水环境设施效益

加大政府投入，保障水利建设。各级政府要将农田水利作为公共财政投入的重点领域，确保财政性资金对农田水利的投入总量和增幅都有

明显提高。要足额征收农田水利建设基金，专项用于农田水利建设与管理。要严格按照10%的比例从土地出让收益中提取农田水利建设资金。逐步完善水利项目的省补助政策。加强对各地水利投入政策落实情况的监督检查，进一步强化对水利资金使用的监督管理及绩效评价，确保投资落到实处、发挥效益。充分利用财政贴息、中长期政策性贷款等优惠政策，大幅增加农田水利建设的信贷资金。

积极推动农村环境保护基础设施建设。多渠道争取和利用资金，逐步加大对农村水环境保护的投入，着力解决制约农业发展过程中突出水环境问题，加快建设农村地区污水处理、垃圾处理、改水改厕等基础工程，使农村水环境保护工作尽快走上良性发展轨道。学习发达国家建设“污水净化与资源化生态工程系统”。应用现代生态学、环境科学、系统工程和高效生态工程学的基本原理和方法论设计和建构具有使污水净化和资源化的人工生态系统，将污水处理生态工程与农业生产相结合，既可降低污水处理费用，又可增强土壤肥力（夏研等，2009）。

建立多元化、多渠道的节水型社会建设投融资体系，增加节水设施建设投入。在对水资源合理开发利用和保护的前提下，制定优惠政策和资金使用管理办法，运用政策扶持、市场引导的机制，引导金融资本和社会资本参与农业节水设施、节水产品的开发和建设，开展节水技术和节水设备、设施、器具的研究开发及推广应用。发挥浙江省民营经济比较发达的优势，积极吸引民营资本投入经营性农田水利项目。

继续推进“千万亩十亿方节水工程”，更新改造水利设施。重点实施大中型灌区渠道防渗工程和管道化灌溉工程，加快骨干渠道及相应渠系建筑物、骨干排灌泵站配套改造和田间灌溉配套工程建设，提高灌溉水利用系数。加强渠首工程的配套、维修及渠系建筑物的配套工作，根据实际采用各类渠道防渗技术，更新改造渠系建筑物，减少渗、漏水损失。进行中小型泵站改造、提高泵站效率，加强灌排渠系建筑物与田间建筑物的配套改造。发展管道输水技术，组织创建“节水型灌区”。

3. 加强人才科技支持，提高水资源利用效率推进节水技术创新，提高水资源利用效率。加大农业节水技术的研究、开发和推广，支持研制与推广农业节水产品、工艺、设备等。加强技术培训，努力提高农业节水管理人员的技术水平，加强与国内外先进农业节水地区的技术交流，建立和完善农业节水技术推广和服务网络，努力提高农业水资源的利益效率。

强化队伍建设，提供人才保障。深入实施生态农业水利人才战略，以拔尖人才、年轻人才和新技师为重点，加大高层次、高技能人才培养力度，积极构建生态农业水利创新团队。着力完善人才评价、考核、激励机制，进一步营造有利于优秀人才脱颖而出的用人环境。加强领导班子和干部队伍建设，创新干部选拔和培养方式，推进竞争性选拔干部工作，加大干部双向交流和实践锻炼力度，增强干部队伍活力。以基层单位特别是基层水利服务体系有关人员为重点，推进管理人员培训工作，提高水利工作者业务素质和履职能力。

4. 加大环境治理力度，维护水生态环境健康

加强组织管理保障体系建设。水环境治理和保护是一项涉及跨部门、跨区域、多专业的综合性系统工程，需要各级各部门齐抓共管、形成合力。要进一步强化和完善水环境治理领导小组的组织机构和领导职能，加快完善水资源保护相关制度，建设信息共享平台，完善协调机制，加强协调协商联动，统筹水资源与水环境的保护和治理工作，监督治理方案及相关规划的制定和实施，分解落实水环境综合治理的各项任务和政策措施。

加强考核监督与评估。一是政府部门要加强农业水资源利用与水环境保护工作的考核与监督。在各级政府主导下推进，明确各地节约用水与水环境保护指标（如用水量年增长率、单位 GDP 耗水量、废污水处理率、农业灌溉水利用系数等）的年度工作目标，并将其纳入各级政府领导的考核体系，以保障农业水资源利用与水环境保护各项工作的顺利推进。各有关部门应对重点农业单位的节水工作与水生态环境保护工作进行全面的统计、监测和评价。二是加强群众监督。拓展公众参与渠道，

保障公众知情权、参与权和监督权，鼓励社会各界依法有序监督水资源利用与水环境保护工作。三是强化舆论宣传。通过电视、广播、网络等平台大力宣传水资源合理利用与水环境保护的重要意义，提高社会对该项工作重要性和紧迫性的认识，同时，定期奖励农业节水与环境保护工作突出的个人和单位，推动节水意识与水环境保护意识的提高。

积极加强水土资源综合治理，实现水资源优化配置。农村水环境保护与改善问题还涉及水资源的优化配置问题，要正确处理流域的上下游、左右岸、国民经济发展用水与生态环境用水、地表水与地下水以及污水处理回用等多水源的联合应用。实施退耕还林（草），涵养水源；实施小流域综合治理，减少水土流失；发展雨养农业，改善农村生产、生活环境。

积极发展节水型农业，优化种植业结构。根据水资源承载能力，与生态建设相协调，合理安排作物种植结构和发展灌溉规模，优化农业产业结构和布局，着力发展高效生态农业。水资源短缺地区要严格限制和压缩高用水、低产出作物种植面积，优先发展旱作节水农业，如瓜果蔬菜、茶叶等；积极培育和推广耐旱的优质高效作物品种，发展雨热同期作物。生态、灌溉水质条件较好的地区，应充分考虑当地水资源条件，安排商品粮、棉、油菜等基地建设，合理调整农、林、牧、渔业用水结构，发展节水型农业。

5. 健全管理体制机制，加强水资源管理调控

加强科学管理，促进灌溉节水。实行节水灌溉，因地制宜地大力推广各种节水工程和技术设施，并采取组织和经济手段加强管理，以保证和促进节水灌溉工作的顺利进行。如合理计收水费、建立合理的价格体系、利用经济手段和产业政策，促进节约用水。在缺水地区推行定量供水、按方收费、超量加价、预收水费等制度。同时还要配套设施比较完善的灌排渠系、控制和量水设备、健全的管理体制、必要的规章制度、严明的职责分工和熟悉业务的管理人员。

建立协调、高效的水资源统一管理体制。推进水资源管理体制改革，

逐步建立分级管理、职责明确、运转协调、行为规范的水资源统一管理体制，实行统一规划、统一调配，实现地表水和地下水、水量和水质的统一管理，进一步提高水务一体化程度，建立健全有利于水资源利用与保护的体制。

建立用水总量控制和定额管理制度。逐步建立和完善区域水资源分配、用水总量控制制度，实现地表水和地下水用水总量控制。研究提出水资源宏观分配指标和微观取水定额指标，推进国家水权制度建设，全面实行区域用水总量控制与定额管理。严格取、用、排水的全过程管理，实行源头控制与末端控制相结合的管理；强化取水许可和水资源有偿使用；全面推进计划用水，加强用水计量与监督管理；加强水功能区和排污口管理，建立健全节水型社会管理体系。

建立健全科学的农业水价形成机制。进一步深化农业水价改革，逐步建立以节约用水、优化配置、提高效率、促进水资源可持续利用为核心的农业水价机制。完善分类水价制度和供水计价方式，对农民生活用水逐步推行阶梯式计量水价制度，对非农民用户单位逐步实行超定额用水累进加价办法。积极推行农业灌溉计划（定额）用水，研究超计划（定额）加价收费的措施。

完善用水统计制度。各行业管理部门要做好农业的用水量、用水效率和效益的统计工作。农业用水单位应加强用水计量的管理，建立相应的统计报表制度，规范统计报表和科学合理的计算方法，定期向水行政主管部门或其他节水管理单位报送报表、资料。研究建立全省农业节约用水信息发布制度，定期向社会发布农业节水工作情况。选择以行政区域或灌区为单位，开展农业灌溉取水许可制度试点工作，浙江省灌区管理类型众多，各有特点，宜选择不同类型的典型区域进行试点，探索方法，积累经验（杨铁锋等，2011）。

6. 完善政策法规体系，加强水环境执法监督

建立和完善水环境保护法规体系。水环境保护是国家对资源管理的行政行为，建立健全法规体系是依法保护水环境的前提。浙江省要在现

有农村饮用水源保护等法规体系的基础上，对农用水源预警及应急处理制度、水质标准制度、水质监测制度、生态补偿机制、政府责任制度、保护投入制度等方面作进一步的补充完善和深化细化，尤其要建立农村饮用水水源地污染突发事件应急预案制度。同时，实现部门联动和协商的制度化，进一步细化行政执法责任追究制度、民事赔偿制度、违法行为的处罚标准等，以形成良好的法制环境，为依法保护和治理水源地提供法律保障（王洪霞等，2012）。

建立健全节约用水法规体系。要依据《中华人民共和国水法》和《浙江省水资源管理条例》，抓紧制定和修订促进水资源有效利用的法规规章和规范性文件。在《浙江省节约用水管理办法》基础上，研究制定浙江省农业节约用水管理办法，推广节水技术，规范执法主体，加大惩戒力度等。并完善农业节水管理制度，明确农业节水的激励政策。

严格执法监管。积极推动制订有利于农村、农业水环境保护的地方性法规、规章或规范性文件，强化依法管理农村、农业水环境。加大水环境执法力度，切实加强对污染源的监管，依法及时查处农业企业偷排漏排等环境违法行为。在藻类易发期，对可能影响农村河流、水库水质安全的污染源采取限产、限排、停产等措施减少污染排放。对未按规定建设和运行污染治理设施的企业和单位，要挂牌督办、限期整改。各农业地区要及时公布农村河流、水库水质监测监控、污染源排污、水污染事故应急处理等信息，鼓励和引导社会各界依法有序参与和监督农村、农业水环境保护工作。

【参考文献】

［1］李科：“我国农业水资源可持续利用的对策研究”，成都理工大学硕士学位论文，2007 年。

［2］祝勇伟：“浙江省武义县源口水库中型灌区节水配套改造项目建设管理经验”，《城市建设理论研究》，2011 年第 21 期。

[3] 游鑫："南京市农村水环境保护与防治"，《管理观察》，2009 年第 7 期。

[4] 朱岳明、陆建富："桐乡市在实施浙江省万里清水河道建设中的几点做法"，《水利建设与管理》，2010 年第 10 期。

[5] 徐宝荣、徐晓雪、李晓刚："水资源水环境保护与管理中应关注的几个问题"，《现代农业科技》，2010 年第 14 期。

[6] 刘艳、崔长龙、何建峰："基于南黄泥河流域水土保持与水环境保护"，《黑龙江水利科技》，2009 年第 2 期。

[7] 唐海力："浙江省水资源的利用状况研究"，浙江农林大学硕士学位论文，2012 年。

[8] 许继军、桑连海："流域水环境保护政策与法规探讨"，《中国水利》，2010 年第 11 期。

[9] 裘江海："论绿色水利与浙江省节水型社会建设的关系"，《浙江水利科技》，2007 年第 1 期。

[10] 沈满洪、高登奎、陈庆能等："节约用水制度研究——以浙江省为例"，《水工业市场》，2010 年第 11 期。

[11] 朱法君、王亚红："浙江省水资源可持续利用总体思路及对策研究"，《浙江水利科技》，2010 年第 4 期。

[12] 夏妍、彭鹏、崔凤云等："农业生产对水体环境污染的影响及防治措施"，《环境科技》，2009 年第 2 期。

[13] 杨铁锋、王冠："浙江省农业取水管理现状调查"，《浙江水利科技》，2011 年第 4 期。

[14] 王洪霞、陈琳："宁波市中心城区饮用水水源地水环境分析与治理对策"，《中国水土保持》，2012 年第 4 期。

（**本章执笔：** 李植斌、邓洪娟）

分论之五：美丽乡村建设与农业现代化

美丽乡村建设不仅是社会主义新农村建设的一项提升工程，更是一项全面建成小康社会的系统工程，也是推进农业现代化、实现“四化”同步发展的有效载体。自从党中央提出科学发展观以来，浙江省牢固树立城乡统筹的发展理念，把工作重点和力度进一步向农村倾斜，坚持以工业化致富农民、产业化提升农业、城镇化带动农村，以农村人力资源开发为抓手，大力推进新型工业化、新型城镇化、农业规模化、农村教育现代化，扎实抓好农村内部与城乡之间的生产要素的转移、分化、整合和重组，积极探索农村就地就近城镇化、农民有条件市民化和农业逐步规模化新模式，落实生产发展、生活富裕、乡村文明、村容整洁、管理民主的新农村建设要求。

一、浙江美丽乡村创建工程的发展历程

1. 旨在农村环境保护的“千村示范万村整治”

中共浙江省委、省人民政府在 2003 年决定实施“千村示范、万村整治”工程，即“用五年时间，对全省 10000 个左右的行政村进行全面整治，并把其中 1000 个左右的行政村建设成全面小康示范村”。该工程的总体指导思想是：“按照统筹城乡经济社会发展的要求，结合农村基层党

组织‘先锋工程’、创建民主法制村、争创文明村等活动，以村庄规划为龙头，从治理‘脏、乱、差、散’入手，加大村庄环境整理力度，完善农村基础设施，加强农村基层组织和民主建设，加快发展农村社会事业，使农村面貌有一个明显改变，为加快实现农业和农村现代化打下扎实的基础”。工程实施的基本原则是：农民自愿，因地制宜；规划先行，统筹安排；保护生态、协调发展；以民为本，整体推进；各方支持、密切协作。经过三年努力，“千村示范万村整治”工程取得明显成效（张俊伟，2006）：

（1）农村面貌得到改善，城乡差别缩小

浙江省各地市从治理“脏、乱、差”入手，以布局优化、卫生洁化、河道净化、道路硬化、四旁绿化为重点进行村庄整治，基本达到了“村美、民富、班子强”的目标，实现了水清、路平、灯亮、卫生、整洁。据统计，到2005年底，全省累计建设示范村480个，整治村庄5060个；新增公共厕所28775座，消除露天粪坑180571个；累计建设生活污水净化沼气池83.29万立方米，年处理生活污水10133万吨，农户生活污水处理率，示范村达到了80%，整治村达到了70%。嘉兴市基本实现等级公路通村和路面硬化，全市951个行政村，有793个已经通了公交。该市还投资3亿多元，铺设供水管网2840多公里，投资20多亿元建设污水集中处理工程，加快了城乡供水一体化进程。

（2）为农民增收开辟了新的来源

许多地区把村庄整治与改善当地投资环境、保护古村落，发展农家乐、渔家乐、休闲旅游结合起来，为农民开辟了新的收入来源。2002年5月，长兴县的农家乐才刚刚起步，随着农村环境的综合整治，农家乐也迎来了快速发展。2010年，全县已发展各类“农家乐”300多家，拥有床位1500多张，直接从业人员1700余人，全年共接待游客52万人次，收入达到4700多万元。长兴县“农家乐”平均每户净收益在4万元左右。据不完全统计，2010年浙江34个县共有各种“农家乐”、“渔家乐”3000多户，户均增收5000余元。开展农家乐、渔家乐旅游，在使游客观赏农家风情，品尝绿色、健康食品的同时，也促进了农村特、优、新产品的宣传和销售，促进了农村产业结构的优化升级。

2. 社会主义新农村建设的“美丽乡村”建设

2005 年 10 月，党的十六届五中全会提出建设社会主义新农村的重大历史任务，提出了“生产发展、生活宽裕、乡风文明、村容整洁、管理民主”的具体要求。2007 年 10 月，党的十七大在北京召开。该次会议提出“要统筹城乡发展，推进社会主义新农村建设”。“十一五”期间，全国很多省市按十六届五中全会的要求，为加快社会主义新农村建设，努力实现生产发展、生活富裕、生态良好的目标，纷纷制定美丽乡村建设行动计划并付之行动，并取得了一定的成效。2008 年，浙江省安吉县正式提出“中国美丽乡村”计划，出台《建设“中国美丽乡村”行动纲要》，提出用 10 年左右时间，把安吉县打造成为中国最美丽乡村。安吉县美丽乡村建设不但改善了农村的生态与景观，还打造出一批知名的农产品品牌，带动农村生态旅游的发展，带动农民收入增加，为中国社会主义新农村建设探索出一条创新的发展道路。2009 年，北京大学中国地方政府研究院院长彭真怀、国务院研究室副主任李炳坤率中国美丽乡村建设与经济发展调研组调研后认为，再用 5 年时间，一个山美水美环境美、吃美住美生活美、穿美话美心灵美的中国最美丽乡村就会出现。时任中央农村工作办公室主任的陈锡文在考察安吉后说：安吉进行的中国美丽乡村建设是中国新农村建设的鲜活样本①。尽管安吉的“中国美丽乡村”建设不足四年时间，但已在全国引起强烈反响，成为全国关注的焦点。

2010 年，受安吉县“中国美丽乡村”建设的成功影响，作为落实生态文明建设的重要举措和在农村地区建设美丽中国的具体行动，浙江省出台《浙江省美丽乡村建设行动计划（2011—2015 年）》。根据县市域总体规划、土地利用总体规划和生态功能区规划，综合考虑各地不同的资源禀赋、区位条件、人文积淀和经济社会发展水平，按照“重点培育、

① 百度名片：“美丽乡村”，http：//baike. baidu. com/link? url = UdAr8vB6UaoKdz_onCezCqpNtTq0H46fCLAgIT0R6 RToZ5trZLaq3zQ6YGYEW - YUH_WAbPxVhwKPk6Dtur225q。

全面推进、争创品牌”的要求，实施美丽乡村建设行动计划。到 2015 年，力争全省 70% 左右县（市、区）达到美丽乡村建设工作要求，60% 以上的乡镇开展整乡整镇美丽乡村建设。

美丽乡村建设是浙江推进生态文明建设和深化社会主义新农村建设的新工程、新载体，是统筹城乡发展，建设社会主义新农村实践的又一重大创新。全面推进美丽乡村建设是深入推进“千村示范万村整治”工程，全面提升村庄整治、新社区建设、农房改造和农村生态环境建设水平的内在要求。

3. 生态文明建设视角下的“美丽乡村”建设

随着经济社会的不断发展，全社会对生态文明的关注和认识也不断进入新的阶段。2002 年，党的十六大报告在《全面建设小康社会的奋斗目标》一章中提出：“可持续发展能力不断增强，生态环境得到改善，资源利用效率显著提高，推动整个社会走上生产发展、生活富裕、生态良好的文明发展道路”（江泽民，2002）。2003 年，《中共中央国务院关于加快林业发展的决定》中提出：“建设山川秀美的生态文明社会”，生态文明一词开始出现在党的文件中。2007 年，党的十七大报告将“建设生态文明”作为实现全面建设小康社会奋斗目标的五大新的更高要求之一，标志着我国生态文明建设进入了新阶段。而党的十八大报告，更是理论化和系统化地赋予了生态文明新的内涵。党的十八大报告提出，要把生态文明建设放在突出地位，融入经济建设、政治建设、文化建设、社会建设各方面和全过程，努力建设美丽中国，实现中华民族永续发展。从中可见，十年来，生态文明建设理论的脉络日益清晰，对生态文明的理解和诠释也愈发深刻，生态文明的理念正逐步贯穿于社会主义经济建设、政治建设、文化建设、社会建设科学发展的全过程。

党的十八大报告提出：“必须树立尊重自然、顺应自然、保护自然的生态文明理念，把生态文明建设放在突出地位，融入经济建设、政治建设、文化建设、社会建设各方面和全过程，努力建设美丽中国”（胡锦涛，2012）。这对于浙江省“美丽乡村”建设具有极大的指导意义。“美丽乡村”是社会主义新农村建设的精彩篇章，是贯彻落实科学发展观的成功实践，也是建设物质富裕精神富有的现代化浙江的生动铨释。总体要求是“四个美”，即“规划科学布局美、村庄整治环境美、创业增收生活美、乡风文明素质美”，与之相对应，具体开展“四个行动计划”，即“生态人居建设行动”、“生态环境提升行动”、“生态经济推进行动”、“生态文化培育行动”，以生态文明引领，建成一批全国一流的宜居、宜业、宜游的美丽乡村。

党的十八大提出了全面建成小康社会、实现“两个翻番”、“四化”同步发展和建设美丽中国等一系列经济社会发展的新方略。这些新方略给农村带来了发展机遇。美丽乡村建设是在农村地区建设美丽中国的具体行动，建设美丽乡村产业发展是基础，生态环境是关键，与新型农业发展密切相关。

二、浙江美丽乡村建设的典型模式

1. 中国美丽乡村国家级标准化示范县——湖州市安吉县

浙江省湖州市安吉县地处长三角中心，距上海 220 公里、距杭州 60 公里，是杭州都市区的西北节点。县域总面积 1886 平方公里，人口 46 万人，2011 年城市人均收入 27750 元，农民人均纯收入 14152 元，城乡居民收入比为 1.96:1。

从 2008 年开始，安吉县根据中央、省市对新农村建设工作的总体部署，创新提出以生态文明理念为指导，以建设“县域大景区”为总思路，以“村村优美、家家创业、处处和谐、人人幸福”为目标，以“环境提升、产业提升、服务提升、素质提升”四大工程为支撑，按照“规划、建设、管理、经营”四位一体的发展体系，着力推进社会主义新农村建设。2010 年，安吉被国家质监总局命名为“中国美丽乡村”标准化建设示范县。2011 年，中共浙江省委将安吉美丽乡村建设作为全省战略全面推广实施。2012 年，该县又提出：未来五年要率先全面建成中国美丽乡村和现代化山区县，争创生态文明建设全国示范，打造城乡统筹发展全国样板，努力建设富裕美丽幸福安吉。2012 年，安吉县作为亚洲唯一的县域单位获联合国人居署设立的“联合国人居奖”。

安吉以科学发展观为指导，以农村生态环境为基础，以建设美丽乡村为抓手，促进县域经济又好又快发展，实现了经济社会同步协调、城市乡村和谐相融，形成了“生态为本、农业为根，产业联动、三化同步，乡村美丽、农民幸福”的安吉发展模式（杨晓蔚，2012）。安吉美丽乡村建设的主要模式是：

（1）生态为本、农业为根，建设安吉美丽乡村

安吉始终坚持“环境就是生产力”的发展理念，将生态环境作为县域发展的根基，形成节约资源和保护环境的产业结构；以绿色生态农业为“生态立县”方略的首要实现载体，推进规模化、园区化和产业化，发展壮大特色农业；加大美丽乡村建设力度，打造农村人文景观，提升农村文化内涵，推动农村各项社会事业持续发展。通过生态保护、绿色发展，推进美丽乡村建设。

（2）产业联动、三化同步，打造绿色产业链条

安吉始终坚持内生发展，同步推进工业化、城镇化与农业现代化，构筑了协调共进的县域经济体系。重点围绕毛竹和白茶两大特色产业，发展绿色农产品加工业和生态休闲农业，做精做好现代农业；严格筛选工业项目，推进工业集群发展；强化产业发展与城镇建设规划协调，培育一批设施齐全、功能完备、环境优美、产业发达的特色城镇，逐步构筑起“三产联动”、“三化同步”的发展新格局。

（3）依托环境、融入文化，发展壮大休闲农业

安吉依托良好的生态环境，不断加强园区和景区建设，充实文化内涵，丰富产业形态，打造休闲农业品牌，推进形成乡镇“一版块一主题”，乡村“一村一品”、“一村一景”的休闲农业格局。安吉休闲农业走上了特色化经营、精品化发展的道路，成为带动农民就业增收的朝阳产业，成为县域经济的重要支柱产业。

（4）创建品牌、树立形象，提升美丽乡村美誉度

安吉实施从产品品牌到区域品牌的一体化发展战略，显著提升了县域整体形象。制定特色农产品品牌培育规划，打造绿色农业品牌，引领传统农业向品牌农业发展；加大投入力度，打造美丽乡村品牌，使美丽乡村成为安吉的靓丽名片。通过品牌建设，同步推进产品品牌和区域品牌发展，提升了安吉的美誉度。

（5）乡村美丽、农民幸福，实现城乡协调发展

安吉统筹推进城乡规划建设，保持相关投入向农村倾斜，农村面貌焕然一新；将公共服务延伸到农村各个角落，形成覆盖全域的公共服务网络，实现城乡社会事业发展协调；持续巩固农村文化阵地，农民文化生活不断丰富，文化创意产业日益繁荣。安吉在统筹城乡发展中，实现了乡村美丽、农民富裕、农村繁荣、社会和谐。

2. 以“生态旅游”为特色的美丽乡村——宁波市滕头村

宁波奉化市滕头村，位于宁波南郊、奉化城北，全村区域面积 2 平方公里，村民 344 户共 854 人，是一个典型的江南风情小村。从 1965 年起，滕头人发扬“一犁耕到头”的精神，与时俱进，开拓创新，村里先后迈出改土造田、旧村改造、兴办企业、发展三产四大步，较快地实现了由温饱到小康，由小康到富裕的跨越式发展。把一个贫穷的旧滕头建设成了生产发展、生活富裕、生态良好的社会主义现代化新农村，相继荣膺全球生态 500 佳、世界十佳和谐乡村、国家 5A 级旅游区、全国首批文明村、中国十大名村、全国先进基层党组织、全国模范村委会等 60 多项国家级荣誉称号。长期以来，滕头村致力于生态环境建设，营造了“花香日丽四季春，碧水涟涟胜桃源”的乡村美景，以及独具魅力的乡村风情和丰富多彩的农耕文化，走出了一条生态旅游为主线、辐射相关产业联动的生态发展新路（邹志平，2010）。乡村美景也吸引四方游客前来休闲旅游，2012 年，滕头村共接待游客 130 万人次，门票收入 3220 万元，旅游综合收入 1.37 亿元。滕头美丽乡村建设的特色有以下几点：

（1）营造魅力，打造独特的村容景致

与传统景区不同的是，滕头村属于村、景合一的乡村景区，村即是

景，景即是村，建成了全国少有的乡村 5A 级旅游景区。滕头村发挥传统的园林绿化产业优势，持续绿化村庄，2012 年村庄的绿化覆盖率达到 67%，形成了草坪、灌木、乔木、墙面绿化、屋顶绿化等全方位的绿色系统。村民建筑充分保留乡村特色，黑瓦马头墙的古典民居、新潮时尚的小康别墅和生态节能的村民公寓组成了错落有致的滕头民居，绿树花草掩映其间，各种鸟类飞掠其上，营造出一幅绝美的原生态乡村画卷。各类基础设施在滕头村均已配齐，污水处理系统、三个三星级以上生态公厕、满足步行滑行骑行要求的乡村道路系统、风光能路灯，构成滕头村的低碳乡村系统。滕头村的外围由几条河道包围，与村内的景区民居融为一体，村庄又增添了江南水乡的风韵。凭借在村庄建设方面的成绩，滕头村在 2011 年被评为全国人居环境案例奖。

尽管滕头村早已达到小康生活水平，但村里还是保留着传统的民俗文化，村民自觉采取步行等出行方式，采用手洗方式洗衣服，利用太阳能等清洁能源，以减少污染。滕头的民居之间均不设围墙，村民之间经常相互串门走动，保留着浓厚的乡情。

（2）培育活力，建设浓郁的乡土文化

在建设美丽村庄的同时，滕头村围绕农俗文化做文章，提升滕头的魅力指数，增加游客参与的积极性，吸引游客前来休闲。一些在现代农村早已不见的农俗活动在滕头村应有尽有，村里设立了农耕文化展示厅，陈列脚踏、手拉、牛拉等各类水车，再现早期的农村车水画面，吊桶、风车、石磨等可由游客操作，体会旧时的农村生活。滕头村兴建了婚育新风园，配备了花轿、婚车，让前来拍照的新人披红绸、坐花轿，把宁波一带特有的十里红妆特有婚俗搬到村里，满足新人体验中式婚礼的需求。

为满足游客参与活动的要求，滕头村修建了百年老屋，把一些已经失传的老行当集中起来，向游客展示，让游客参与。打年糕、做姜糖、看杂耍、捏面人、做糖人等，让游客既参观学习，又参与操作。为让游客更多了解农事活动，滕头村专门开辟了几个农事活动体验区，温室生态大棚以栽种珍奇植物和体现先进的种植方式为主题，拥有自动降温系统、自动外遮阳系统、自动灌溉系统和智能化控制系统，向游客展示立体农业、高效农业的内容。水果采摘区分为夏秋冬三个季节，夏天采摘葡萄，秋天采摘黄花梨和翠冠梨，冬天采摘草莓，让游客在动手的同时增加相关农业知识。

作为首批全国文明村和全国优秀基层党组织，滕头村的基层组织建设一直走在全国的前列，由此也带来了和谐和乐和美的社会环境，长期以来，村里形成了尊老爱幼、尊师重教的良好风尚，租住在滕头的外来务工人员可免费享受放电影等服务，数以千计的外来务工人员与滕头人共建和谐大家庭。滕头村的良好风尚也成了滕头村的独特一景，游客在观赏美景、参与农事的同时，还可体验滕头村的淳朴民风。

(3) 增强实力，拓展多元的产业功能

滕头村向外人展示了独特的乡村美景、乡村风情和乡土文化，综合魅力指数的提升也吸引各地游客，纷至沓来的游客带动了旅游综合经济的上升。

传统农业功能得到充分的延伸，向观光农业、休闲农业、农业旅游转型，传统农业已经升级为高效农业。果农由挑篮卖向游客上门摘转变，生态养鸡场的鸡蛋由论斤卖到论只卖转变，农业生产过程演变为流动的风景线，苗木基地承载起植物科技教育、天然氧吧体验、丛林观光等综合功能。

农业、农村与休闲、旅游的紧密结合也促进滕头农民的转型，旅游相关产业成滕头农民转型的主方向，餐饮、土特产、旅游纪念品、零售、宾馆等全面带动，据统计，滕头村有三分之一村民从事旅游相关产业，旅游综合收入超亿元，实实在在起到了旅游富民的作用。

长期以来，滕头村坚持人力物力双投入，软件硬件两手抓，提高基础建设水平，丰富民俗文化内涵，营造和谐和美环境，提升观光休闲功能，朝着中国最有魅力乡村的目标努力前进。

3. 以“洁净乡村”为特色的美丽乡村——丽水市遂昌县

遂昌县位于浙西南，地处钱塘江、瓯江源头，东倚武义、松阳，南邻龙泉，西接江山和福建浦城，北与衢江、龙游、婺城相连。全县总面积2539平方公里，总人口23.1万人，辖2个街道、7镇11乡、203个行政村、7个城市社区。

2009年，遂昌围绕美丽乡村建设目标，着眼于建立长效机制、改变生活方式、打造区域品牌和培育乡村特色产业，因地制宜启动了“中国洁净乡村”建设行动。2010年，遂昌县启动了整乡整镇美丽乡村建设工作，以公路沿线的大柘镇、石练镇、焦滩乡、北界镇、应村乡、高坪乡、垵口乡、柘岱口乡等9个乡镇为重点，文明公路创建、兴林富民、生态县等工程建设取得了阶段性成效，使三际线公路成为生态公路、和谐文明公路，公路沿线的村庄更加美化、绿化、净化、亮化。2012年，整乡整镇美丽乡村建设占全县乡镇数的45%。同时，加大村庄整治工程投入，2011年县财政增加投入560万元，对全县未列入省级整治的村庄进行整治。2011年，在浙江省“建设美丽乡村深化千万工程”现场会上，遂昌县被授予全省首批美丽乡村创建先进县。围绕创建省级和国家级生态县的工作目标，2004至2012年年底，共创建市级生态村100多个①。

遂昌县坚持以生态文明为引领，以“中国洁净乡村”建设为载体，创造性地谋划推进美丽乡村建设工作，努力实现村村洁净、处处美丽、户户发展、人人和谐，城乡面貌焕然一新，不仅有效改善乡村群众人居环境，富裕了当地农民、繁荣了农村经济、弘扬了乡土文化，更走出了一条以“洁净乡村”建设推动新农村全面发展的好路子，为全省生态文明建设和全面小康建设做出表率。遂昌的“洁净乡村”建设被浙江省农办确定为全省美丽乡村建设的3个样本之一（葛学斌，2011）。遂昌县建设美丽乡村的主要特色有：

（1）重在建立洁净长效管理机制

---

① 遂昌县旅游局：“洁净乡村，让我们生活更美好——美丽乡村创建的遂昌样本”，遂昌旅游网，2011年11月，http://www.gotosc.gov.cn/gzdt_view.aspx?CategoryId=21&ContentId=8924。

遂昌相继出台了《遂昌县洁净乡村建设实施意见》、《遂昌县农村生活垃圾集中处理实施方案》，探索建立一整套长效管理体制；组建5个督查小组，全面开展洁净乡村工作月督查，并将督查结果向社会公开。除每月督查考核外，还进行综合评比排名，并建立县、乡、村三级榜单公示，在县内各媒体、乡村各醒目位置公告栏对各种不良行为和陋习进行公开曝光。同时，建立洁净乡村专项资金，县财政每年投入不少于1000万元。

2012年底，乡镇、村垃圾中转站、固定垃圾箱、流动垃圾箱等环卫基础设施已基本配套到位；农村日常保洁进入了常态化管理阶段，农村生活垃圾收集处理率达到100%；合格饮用水源保护区创建达标率达100%，生态公墓村庄覆盖率达100%。以整治村、生态县建设、旅游景区建设、下山搬迁新区建设为重点，大力整治农村环境。充分发挥改厕项目和“千村示范、万村整治”工程带动作用，开展农村改厕工作，卫生户厕比例达到89.98%。

（2）保护历史文化村落，书写文化诗篇

2012年，中共浙江省委、省人民政府出台了《关于加强历史文化村落保护利用的若干意见》。遂昌紧抓机遇，把乡村的自然资源和民俗文化作为最大的比较优势和后发优势来抓，明确提出把保护、传承和利用历史文化村落及优秀传统文化作为农村经济社会发展的重要支撑，作为美丽乡村建设的重要内容。《遂昌县“十二五”文化发展规划》对文物保护和生态文化村建设作了规划，提出了建设文化遗产综合保护区的设想。在此基础上，县农办按照“保护为主、抢救第一、合理利用、加强管理”的方针，根据《关于开展全省历史文化村落普查工作的通知》的精神，成立由文化、建设、财政、农办、国土、林业、旅游等部门组成的普查工作小组。同时，整合资源，充分利用第三次全国文物普查成果，各部门协同配合，到村到点，通过现场踏勘进行全方位普查。在掌握详细的文化村落资料后，坚持“保护为主，适度开发”的原则，对云峰街道长濂村、焦滩乡独山村、新路湾镇蕉川村和濂竹乡大竹小岱村等历史文化和生态村落做好改造、修整，普查工作小组邀请相关专家深入实地查看，根据改造修整方案，积极向省农办申报历史文化村落保护利用项目。

（3）宜居宜业宜游，谱就和谐乐章

第一，加快中心村建设，引导人口集聚。按照布局合理化、产业规模化、人口集聚化、设施配套化、服务社区化、环境生态化的要求，全面推进中心村建设。2010 年，启动大柘镇大田村、三仁畲族乡小忠村等第一批中心村建设，到 2013 年已基本完成；启动了应村乡应村村、新路湾镇焦川村、蔡源乡蔡和村、云峰街道马头村、北界镇白水村等中心村建设，共集聚人口 1200 多人。

第二，推进农房改造，改善人居条件。2009 年起，按照“改造空心村、撤并自然村、建设新农村”的要求，对危旧房较集中的村，连片拆除危旧房，进行旧村改造。截止 2012 年，全县累计投资 5.53 亿元，实施农村危旧房改造 10566 户，拆除危旧房建筑占地面积 52.47 万平方米，新建房屋建筑占地面积 47.57 万平方米，启动实施旧村改造 56 个村，完成旧村改造 15 个村，集体土地使用权证累计发放 50963 户，农村房屋所有权证累计发放 6241 户，199 个规划保留村庄全部编制完成建设规划，提前实现市提出的村庄规划全覆盖的目标。

第三，继续加大“三沿”整治工作力度。2012 年重点对丽龙高速出口至三墩桥、三墩桥至王村口、三墩桥至桂洋、新路湾至三井、北界至高坪公路沿线综合整治，目前已完成投资 6200 万元。通过整治，三沿区域环境面貌焕然一新。依据遂昌县低丘缓坡综合开发利用规划和土地利用总体规划，已启动大柘镇黄垵村、西畈乡渡坑村、蔡源乡郭家岭村、新路湾镇夹路畈村、王村口镇弓桥头村等 5 个农村土地整治项目。

第四，完善基础设施，促进公共资源均等化。深入实施农村联网公路、农民饮水安全、农村电气化等工程建设，促进城乡公共资源均等化。2011 年联网公路计划项目 5 个计 10.5 公里（含路基路面），同时制定了《遂昌县农村公路养护与管理办法（试行）》，建立农村公路养护机制。

截至2012年，累计新建电气化村51个，农民饮用水安全达到全覆盖。

（4）构建农业“两区”，奏响富民强音

第一，按照产业布局合理、要素高度集中、多功能有机融合、循环清洁生产、三大产业联动发展的要求，加快现代农业综合区建设，促进农业转型升级。建设以大柘、三仁为中心的两个省级现代农业综合园区，总面积5.48万亩。同时，成功申报了毛竹、板栗、油茶、生猪、有机鳙鱼等五个主导产业示范区。按照建设良田、应用良种、推广良法、配套机械、推广良制的要求，建设6万亩路、渠、沟、电配套，地力提升良好的粮食生产功能区。仅2010年，就完成粮食生产功能区建设项目5个，面积7020亩。

第二，加快原生态精品农业园区建设，实现农业经济质的转变。2010年，在浙江省率先以县人代会表决形式通过了《关于加强发展原生态精品农业的决定》，提出了举全县之力发展原生态精品农业。制定了《遂昌县原生态精品农业发展规划》，提出了以提高市场竞争力为核心，以科技为支撑，充分发挥生态优势，弘扬传统农耕文化的“五园五区”建设，打造100个原生态农产品生产核心基地。通过三年努力，全面限制使用化肥、农药、激素，实现原生态农产品标准化生产，完善各项安全检测手段，建立农产品产地准出制度和质量可追溯制度。目前，全县已建立20个原生态农产品生产基地。

在“美丽乡村”建设工程的推动下，遂昌的县域知名度和美誉度越来越大，国内外游客纷至沓来，有力推动了乡村休闲旅游的发展。据统计，2012年1至11月，遂昌“农家乐”接待游客达135.94万人次，同比增长33%；经营收入达13028万元，同比增长43%。

4. 以“秀水家园”为特色的美丽乡村——杭州市淳安县

淳安县，位于浙江西部，新安江—钱塘江上游，东与建德、桐庐接壤，南连衢州、常山，西与徽州休宁县、歙县毗连，北接临安。淳安县是著名国家级风景区千岛湖所在地，是浙江省面积最大的县，又是浙江省人民政府批准的革命老根据地县。

以景区景点的标准来把握城乡统筹发展建设要求，是淳安最显著的特色。淳安是一个欠发达地区，需要加快发展，而美丽乡村是淳安五大战略中的重要组成部分。淳安群众对城乡统筹的关注度极高，需求也最迫切。2012 年以来，淳安县上上下下紧紧围绕“以湖兴县，蝶变淳安”的新目标，以新型城镇化为主导，以全县景区化为引领，突出产业融合发展，大力推进城乡统筹发展，致力于把广大乡村建设成精致和谐的美丽景区。立足于坐拥千岛湖这一特殊县情，结合全县景区化战略实施，并注重与打造环湖休闲度假圈相结合，着力推进环湖美丽乡村精品带建设——这是淳安美丽乡村创建工作的重中之重。

在美丽乡村等重点工程建设中，突出生态环境的保护、山水魅力的彰显和乡村风情的展示，变建美丽乡村为建精品景区，达到“建好一个项目、造就一个景点、形成一片风景”的目标，形成全县村村如画、处处皆景的美丽景致。淳安积极推进“一湖两镇六区七线十四板块”建设，以此为基础提升发展乡村游，形成下湖休闲游、环湖自驾游、离湖乡村游等多种休闲度假模式，加速旅游从湖区向周边辐射、景点从县城向农村延伸，致力于把淳安全境打造成“大千岛湖”景区。为此，淳安县专门出台“秀水家园、美丽乡村”建设的实施意见，明确以“一环三线”为重点的建设区域，“一环”即环千岛湖美丽乡村精品旅游线，“三线”即千汾运动休闲线、05 省道养生度假线和杭千高速山水景观线——把美丽乡村精品带建设作为千岛湖旅游的核心产品来打造，从理念、规划、体制机制等方面与打造环湖休闲度假圈统筹融合、共享互促①。淳安县建设美丽乡村的主要做法如下：

（1）打造美丽乡村精品带

2011—2015 年，淳安计划培育建设 60 个左右精品村、特色村，以“一环三线”为重点区域，串点成线打造美丽乡村精品带。一场意义深远的改变正在千岛湖沿岸的城乡阡陌之间发生。这些旅游风情小镇、中

① “美丽乡村创建先进县：淳安纯美安然宁静致远”，浙江在线新闻网站，2012 年 10 月，http：//zjnews. zjol. com. cn/05zjnews/system/2012/10/09/018858315. shtml。

心村、精品村、特色村等节点整治与建设后，将共同组成环千岛湖休闲度假圈，成为千岛湖旅游从观光游向休闲度假方向转型、湖区旅游向周边扩展、纵深辐射的重要载体。

淳安在环湖沿线道路畅通的基础上，追求高品质的绿道建设，着力建设国内一流的景观长廊和自驾骑行精品线。沿湖依路建设慢行系统，按照春夏秋冬四个季节的不同主题设置景观风貌，并加强自行车专用道、驿站、观景平台等配套设施建设。到2014年，千汾线、淳杨线、排岭半岛绿道将实现首尾相接、拥抱成环。

在精品带的建设过程中，淳安县政府对环湖沿线的村容村貌、道路绿化、种养殖棚、产业景观带、企业环境、广告牌等方面下了很大功夫，但进一步提升沿线绿化、美化档次，也需要村民们的共同协助。事实上，美丽的风景由外而内，也在不断提升村民们的审美情趣和精神修养。与此同时，淳安还积极探索长效机制，注重整治与管理并重，建立“谁开发、谁受益、谁整治”机制，巩固整治成果，防止反弹。

（2）创建美丽乡村精品村

淳安县文昌镇王家源村由王家、丰源和塔心三个村合并而成。2011年王家源村被列入杭州市美丽乡村精品村创建规划。规划确定了三个功能建设区块：即以原王家村为主的生态人居集聚区块、原塔心村为主的农家乐自然观光区块、原丰源村为主的乡村旅游休闲区块。

如今的王家源村，青山绵延，竹林苍翠，流水映小桥，亭台衬楼阁，既有山中乡村的清幽，又有集镇汇聚的热闹；既有农家的别样风情，又有城市园林的气度。精品村建设项目的实施，极大地改变了村容村貌，改善了村民人居环境，提高了村民的品质生活。淳安在美丽乡村精品带建设上，坚持把其作为一条发展产业、增收富民的“黄金带”来打造：

一是以景兴村富民。在精品带沿线开发建设一批人文气息浓厚、自然风光秀丽、民俗风情别样的特色村镇，并同步配套旅游、商贸服务设施。沿线节点建设中，富文青田、文昌王家源、界首云濛、浪川芹川等旅游特色村、精品村已成为游客休闲旅游的好去处，成为带动当地群众致富的样板。

二是布局产业平台。重点启动建设沿千汾运动休闲线的汾口浪川城乡统筹产业示范区，部署发展生态农业、生态工业，该示范区将是今后若干年淳安的经济发展主战场、产业融合新平台、城乡统筹示范区。

三是加快产业融合发展。推进沿线农业向旅游业拓展延伸，大力开发农业休闲观光项目。千汾线精品带沿线一产正加速向三产融合，到2012 年已建成鳌山精品水果园、汾口茅屏蔬菜观光园等一批高品质的农业观光园，十八坞林场精品休闲农业观光综合体等项目正在抓紧建设中，下步还将实施沿线观光油菜项目。

四是实施项目"捆绑招商"。明确沿线节点地块项目招商中，引进三产项目时，捆绑生态工业、生态农业项目，如 2012 年引进的沿淳杨线的安阳白象湾项目，就是集旅游度假、农业种养和生态加工于一体的大型综合体项目。同时明确在土地出让中预留部分地块支持当地村庄发展，让沿线群众共享项目推进的成果。

（3）多元投入共享共赢

美丽乡村建设以来，各地的创建模式不断推陈出新，尤其在资金筹措上，体现了实实在在的"功夫"。淳安建设美丽乡村，尤其是精品带的创建过程中，非常注重创新投入机制。除县财政安排精品带专项资金外，淳安县积极创新资金筹措及管理机制和项目资金安全运行监管机制，切实加强投融资管理，形成了多元化的精品带资金投入体系。

一是构筑公司化融资平台。组建成立淳安县新农村建设开发有限公司，下设子公司和分公司，在此平台上积极开展融资工作。一方面进行行政事业单位所属经营性资产整合，把位于乡镇的经营性资产全部划入新农村建设公司，提高公司的融资能力；另一方面加强与金融机构的对接，2012 年上半年 5 个中心镇子公司完成融资 6.6 亿元，为项目建设提供了有力保障。同时，整合各类扶持资金，在公司平台上所有资金一个口子进、一个口子出，区县协作资金重点用于精品带和 5 个中心镇节点建设，而这非常有利于县级层面对精品带建设的盘子统揽和重点投入。

二是吸引国有企业代建经营。充分运用区县协作机制，积极吸引市县国有企业参与精品带项目开发建设，如杭州市工投公司、财开集团参与姜家镇农民集聚区二期、商业街开发建设等项目，2012 年总投资额达 11 亿元；杭州市教育集团参与界首旅游教育综合体开发建设；县工贸公司、供销社参与枫树岭镇、临岐镇等中心镇建设；十八坞精品休闲农业观光园由县开发总公司投资建设；浪川芹川古村落的保护开发经营由县旅游集团整体实施，下一步还要介入枫树岭镇和下姜村乡村旅游整体开发经营。通过吸引国有企业参与建设，更好地解决项目推进中资金、人才、市场等要素制约问题，大大提升了项目的建设品位。

三是鼓励民间资本参与建设。树立大气开放理念，强化招商引资，吸引社会资本参与资源开发，先后引进投资额达 300 亿元的华联、雨润、文广、万象等综合体项目，传化农业综合体项目也已经达成初步意向，这些都对精品带节点建设起到关键作用。

淳安县美丽乡村的创建工作才刚刚起步，但在创建的同时，淳安全县上下更加注重工作效率，更加注重质量品位，更加注重产业支撑，更加注重民生福祉，这一定是一个朝着物质富裕、精神富有前进的良好开端。

5. 以“绿色家园”为特色的美丽乡村——杭州市临安县

临安县是浙江省杭州市属县，省重点林业县之一。临安县位于杭州市西部，邻安徽省。面积 3124 平方公里，人口 49. 44 万人。临安为山区县，县境以天目山脉为主。林业资源丰富，以“天目青顶”茶和昌化山核桃最为闻名。名胜有西天目山，辟有天目山自然保护区。先后荣获“国家卫生城市”、“国家森林城市”、“国家环保模范城市”、“国家生态市”等称号，被列为浙江省唯一的全国生态文明试点市。

面对加快城乡统筹推进社会主义新农村建设的新形势和新任务，按照省委、省政府建设美丽乡村的总体要求，2010 年，临安创造性地提出了“绿色家园、富丽山村”建设的战略部署，以“一轴三纵五区”为重点区域，通过“整治村”、“特色村”、“精品村”三大层级，打造绿色新环境、提升绿色新产业、建设绿色新社区、培育绿色新文化四大工程。十年磨一剑，逐步把临安的农村建设成为环境优美、经济富裕、内涵丰富、领先全国的“美丽乡村”品牌。临安县以“村美、家富、社兴、人和”为主要目标，以实施“打造绿色新环境、提升绿色新产业、建设绿色新社区、培育绿色新文化”四大工程为主要内容，全面推进“绿色家园、富丽山村”建设的主要措施有①：

（1）围绕“村美”——实施绿色新环境打造工程

临安以“拆房运动”、“围墙革命”和“绿色行动”为三大工作载体，严格执行“一户一宅”制度，大力拆除危房、旧房、附房；全面实施庭院整治；以打造“最清洁乡村”为目标，村村配备环卫设施和保洁员，农村生活垃圾集中收集处置、河道保洁、鱼类资源增殖保护和清洁庭院等工作实现常态化。

通过实施“拆房运动”、“围墙革命”和“绿色行动”三大工作载体，村庄环境质量全面提升。到 2012 年为止，“拆房运动”中已拆除“三房”面积 21 万平方米，实际净增空地 6 万平方米，不仅解决了“建新不拆旧”的老难题，又为农村土地综合整治作出了有益探索，“拆出”一片新天地；通过“围墙革命”，建成通透式围墙 5 万多平方米，整治竹园、菜园篱笆 2.3 万平方米，形成了道路两边的景观带。

（2）围绕“家富”——实施绿色新产业提升工程

临安坚持“富”、“丽”并举，按照“一村一品”、“一村一业”的要求，重点推进农村三大产业联动发展。

农业方面，在做精做强竹笋、山核桃等传统产业的基础上，大力扶持香榧、杨桐柃木等新兴产业发展。2011—2012 年，创建村共实施山核桃生态化经营、退化竹园改造、设施水果和蔬菜、生态循环畜牧业等产业发展项目 232 个，补助资金 4000 多万元。发动了“香榧运动”，用三年时间实现家家都种香榧树、人人都有香榧树的目标，目前已累计新种

① “美丽乡村创建先进市：临安，绿色家园处处是美景”，浙江在线新闻网站，2012 年 10 月，http：//zjnews.zjol.com.cn/05zjnews/system/2012/10/08/018855154.shtml。

香榧 98.5 万株。

工业方面，依托镇、村工业平台和集聚区，加快形成龙岗坚果炒货、玲珑宏渡电缆、藻溪闽坞轻纺等块状集聚的乡村工业，大力发展农村来料加工业和现代家庭工业。

服务业方面，充分发挥生态旅游的龙头作用，带动特色餐饮业和休闲娱乐业发展，规范农家休闲旅游，培育发展农家乐等特色村。

通过实施绿色新产业提升工程，一产“接二连三”，临安已经成为杭州西郊重要的“长三角”地区优质农产品的生产基地，农业总产值的年均增幅处于杭州地区各县（市、区）的前列，农民群众的“钱袋子”更加富足。新时期临安美丽乡村建设的特色品牌正在确立，外界的认可度不断提高、影响面不断扩大，每年都吸引着大批游客前来观光旅游。

（3）围绕“社兴”——实施绿色新社区建设工程

改革推动发展，近年来临安深入推进集体林权制度改革，所有创建村建立村级土地流转服务中介，加速农村土地流转。2011—2012 年创建村完成土地流转和规模经营 3100 多亩，集体林权制度改革任务基本完成。

据临安农办的相关负责人介绍，创建村通过项目实施、盘活资产等途径，增强了自身“造血”功能。如杨岱村利用十余亩集体土地建造厂房、宿舍出租，每年有 100 万元租金收入；闽坞村把 20 亩集体土地出让给“山人行”金沙湾拓展基地，并把出让所得 60 万元资金投入到该基地经营中，每年获得 6 万多元的收益。在今年的创建村中，横鑫村以农民专业合作社的形式，建立了 1800 亩黑李产业园和 500 亩蔬菜基地，月亮桥村引进了总投资 2000 万元的天目溪漂流项目，增强了村集体经济实力，带动了乡村旅游发展。

同时，按照“五室三站两栏一校一场所”要求，临安还全面加快农村社区基础配套建设，逐步实现城乡医疗、环卫和公交一体化。2012 年，已建成社区便民服务中心 203 个，村卫生服务室实现全覆盖，新建休闲小公园和文体广场 35 个。

此外，还全面推行“服务百姓档案”，建立了市、镇、村三级联动的信息管理平台和民情“实时收集、定期分析、分级办理”的服务机制，通过干部办事档案、组团式服务、民情热线、村干部挂牌值班的方式，帮助办理民情事务、解决百姓难题。

（4）围绕“人和”——实施绿色新文化培育工程

山水等生态元素是临安得天独厚的资源，文化是一个地方的灵魂。临安全力实施绿色文化培育工程，通过创新农村精神文明创建载体，着力打造“村容美、文体兴、民风正、邻里和、村规明”的社会主义新农村。

一方面，深入开展了“文明乡风进万家”、“种文化”等活动，有效发挥了“和事佬”调解队、“山里人”文艺队和“志愿者”服务队三支队伍的作用，形成了上田村国术队、钱王铺村钱王歌舞合唱队、天目村游客村民同乐晚会、南庄村秋收庆典、闽坞村文艺晚会等一批村级民俗文化品牌。通过新建和改造相结合，建成了首批 50 个具有礼堂、学堂和村史廊、民风廊、励志廊、成就廊和艺术廊等多种功能的村级“文化大礼堂”，成为广大村民们的精神家园。另一方面，深入实施农民素质提升工程，积极培育有文化、懂技术、会经营的现代农民，农村劳动力参训率达到 90% 以上，每年培训农村实用人才 1500 名以上。

临安“绿色家园、富丽山村”建设已经实现从点到面的扩展，每年的创建村在不断增加，今年精品村、特色村、中心村已达到 91 个，占行政村总数的 31.7%，并已经实现村庄整治的行政村全覆盖。2012 年 8 月，临安已通过浙江省美丽乡村创建先进县的现场核准。以此为基础，临安将按照十年规划的部署和“抓点、连线、扩面”的要求，在抓好 29 个杭州市级中心村和 100 个以上的精品村、特色村创建的同时，同步推进天目山休闲度假、太湖源山水田园、天目溪活力乡村、浙西民俗风情等精品线建设，加快实施太湖源镇、天目山镇等重点镇的整镇创建，进一步拓展提升“绿色家园、富丽山村”建设，加快美丽乡村全覆盖。

三、浙江美丽乡村建设的基本经验

1. 坚守农业产业、坚持内生发展，实现兴县富民

依托特色农业，延伸产业链条，实现兴县富民，是浙江美丽乡村建设的重要经验。一是以农业规模化推进农业现代化。立足特色农业资源，不断壮大农业特色产业规模，在此基础上，积极推进农业标准化、园区化、品牌化，使特色资源逐步成为兴县富民的现代农业产业。二是以延伸农产品加工业提升农产品附加值。以农业为基础，发展农产品加工业，创建农产品绿色品牌，提高农产品的附加值和品牌价值，实现农业高效；适当选择科技含量高、污染排放少的工业项目予以发展。三是以发展休闲农业拓展农村服务业。充分利用农业生态环境和农村自然环境，拓展农业休闲功能，重点发展休闲农业和乡村旅游，实现乡村旅游规模和效益倍增。

这一经验启示是：第一，农业和农业产业链同样能够兴县富民。对绝大多数农业县来说，推进农业产业化，内生发展第二和第三产业，是一条最基本、最直接、最现实的县域经济发展道路，比单纯引进植入性工业的发展方式，更具有活力和可持续性。第二，创建品牌，树立形象，能够提升美丽乡村的美誉度。一方面，依托特色农业产品，打造绿色农业品牌；另一方面，依托乡村建设，打造美丽乡村品牌。通过品牌建设，不仅可以实现农产品的品牌价值，而且能够增强美丽乡村的知名度和美誉度。第三，要努力提升农业产业链的科技支撑能力。现代农业离不开科技支撑，产业链的科技含量越高，产品市场竞争力就越强，就越能够在更高的层次上实现农产品价值，现代农业对县域经济的贡献率就越高。

2. 经营生态资源、追求生态效益，加速农村发展

保护生态环境，鼓励和倡导广大农民经营生态资源，把生态资源转化成生态效益、经济效益，成为农民增收的新途径，也是浙江美丽乡村发展模式的重要经验。一是树立经营生态的价值观，坚持保护与利用相结合，通过经营生态资源，把生态资源转化成生态效益和经济效益。二

是有效保护生态环境，为经营生态奠定基础。三是出台系列引导政策，鼓励农民经营生态资源，在经营生态资源中创业兴业。

这一经验的启示是：第一，要用新理念和思路去看待和经营农村生态环境。农村良好的生态环境是广大农民所拥有的共同财富，不仅要保护好、建设好，还要让生态资源焕发出新的活力，成为农民致富的聚宝盆。第二，应该重视保护农村生态环境，重视利用生态资源，鼓励农民维护好、经营好生态资源，不断发展休闲农业和乡村旅游，才能实现生态效益与经济效益的统一。第三，经营好农业农村资源，还可以充分发挥市场经济的驱动作用，进一步促进农村基础设施改善，推动农村社会发展、市场繁荣，推进农村生态文明建设和物质文明建设协调发展。

3. 突出生态建设、推动绿色发展，改善农村环境

浙江乡村的最大优势是生态环境，最稳定、最有特色的产业是农业，以农为根、绿色发展是浙江美丽乡村模式的重要经验。一是从实际出发选择发展道路，以生态立县作为发展定位。二是坚持绿色发展的理念，以现代农业发展引领县域经济发展。以现代农业为支撑，通过绿色发展，衍生出一条条绿色产业链，交织成县域经济发展的绿色网络，保持经济社会发展持久永续的活力。三是以美丽乡村建设提升人居环境质量。建设“美丽乡村”，顺应了农民对生态家园、人居环境和精神生活的更高追求，立足当前、着眼未来，保持可持续发展并惠及子孙后代，让新型农民生活得更体面、更有尊严。

这一经验的启示是：第一，农业与县域经济最直接，生态与区域发展最密切，农业发展好了，不仅可以直接实现农民就业增收，还可以为建设绿色家园、发展生态经济，走生态富民的道路奠定基础。第二，依托生态环境优势，以美丽乡村建设为有效载体，不断完善县域基础设施建设，持续推进农村环境治理，着力改善农村人居环境和城乡发展环境，提升城乡居民生活质量。第三，党的十八大提出建设美丽中国的宏伟目标必然要求以建设美丽乡村为基础，不断满足广大农民日益增长的生活预期，保证农民应有的尊严和地位，保持农村应有的环境和风貌。

4. 坚持统筹发展、加强农村建设，缩小城乡差距

始终把统筹城乡发展作为缩小城乡差距的有效途径，是美丽乡村发展的又一重要经验。一是统筹城乡规划与建设投入。在城乡发展一体化规划的基础上，重点加大向农村倾斜力度，推进农村面貌显著改善。二是统筹城乡产业发展。统一规划产业布局，推动现代农业、农产品加工业、休闲农业和农村文化产业集聚发展。三是统筹“三化”同步发展。按照“宜工则工、宜农则农、宜游则游”的原则，建设各具特色的小城镇，通过产业与镇村融合发展，改变农村面貌、繁荣农村市场、推动了农村社会发展。

这一经验的启示是：第一，城乡统筹重在顶层设计。要始终把城市和乡村作为一个整体，统一规划、同步建设；要扭转重城市、轻乡村的建设倾向，真正实现新农村建设与城镇化发展双轮驱动。第二，城乡统筹发展必须坚持以缩小城乡差距为根本取向。“城乡统筹”重点在“乡”、难点在“统”，必须坚持以人为本，把农民利益放在首要位置，积极改善农民福利，不断壮大现代农业，逐步改善农村面貌。第三，做优做美特色村镇，推进农村城镇化。强化县域规划协调，不断改善发展环境，在推进农业产业化、工业集群化发展的基础上，统一布局中心城镇建设，使县域产业发展与中心城镇建设相互协调，培育一批设施齐全、功能完备、环境优美、产业发达的中心城镇。

5. 注重协调发展、推动全面进步，实现农民幸福

浙江始终把农村作为一个整体社会来发展，注重在农村全面推进经济建设、政治建设、文化建设、社会建设和生态建设以及党的建设，促进农村各项事业协调发展。一是发展现代农业、推动产业内生发展，使农业增效、农民增收；二是积极实施村务公开、基层民主选举等一系列保障农民基本权利的措施，使农民的民主权利得以充分实现，增加了农民在村务管理中的话语权，增强了农民的主人翁意识；三是构建了涵盖乡村文化资源、农村文化事业、农村文化产业的农村文化体系，丰富了农民的精神文化生活，改变了农民的精神面貌，提升了新型农民品质，

使农民得到全面发展；四是不断加强农村基础设施建设，不断提升农村教育水平，不断提高农村公共服务水平，不断改善农民基本社会保障，不断扩大农民就业途径，实现了学有所教、劳有所得、病有所医、老有所养、住有所居等民生基本要求在农村全覆盖；五是构建了生态环境良好、生态文化繁荣、生态产业发达、生态经济高效的生态文明格局，促进了生态文明建设与物质文明、精神文明、社会文明、政治文明建设的协调发展；六是基层党组织健全，党支部的战斗堡垒作用和党员的先锋模范作用得到充分发挥，党群关系、干群关系和谐融洽，党支部和党员充分发挥带头致富、带领群众共同致富的示范引领作用。各项农村社会事业全面协调发展，实现了“生产发展、生活宽裕、环境整洁、乡风文明、管理民主”的新农村建设总体要求，出现了“村村优美、家家创业、处处和谐、人人幸福”的繁荣景象。

浙江省几个典型美丽乡村的人均纯收入在浙江省排名均处于中等以上。在这样的收入基础上，同时享受着美丽乡村建设带来的优美的人居环境，完善的基础设施、健全的公共服务和充分的社会保障，给当地居民带来真实幸福。社会调查的结果表明，在收入水平并非最高的生态县，其居民的幸福指数却是最高的。

这一经验的启示是：经济是基础，在收入达到一定水平后，物质财富的多寡不再是决定幸福感的唯一因素，优良的生态环境、充分的民主参与、丰富的精神生活、基本的社会保障等因素在幸福指数中的权重将会越来越大；新农村建设要同步推进各项社会事业，不断满足广大农民日益增长的发展需求，实现农民的物质富裕和精神富有、农村的和谐稳定与繁荣发展。

浙江美丽乡村坚持生态立县，通过推进美丽乡村建设，促进了县域经济发展，实现了“生产发展、生活宽裕、环境整洁、乡风文明、管理民主”新农村建设的总体要求，形成了“生态为本、农业为根，产业联动、三化同步，乡村美丽、农民幸福”的新农村建设发展模式。浙江美丽乡村模式的形成有其必然性。我国地域辽阔，不同区域自然环境状况、经济社会发展水平差异较大，积极探索符合自身实际的新农村建设和县域经济发展道路，成为各地贯彻落实科学发展观，推进发展方式转变的必然选择。浙江美丽乡村模式正是在这种大背景下应运而生，成为我国新农村建设的又一成功典范，成为全国类似地区推进新农村建设、促进县域经济发展学习借鉴的样本。

四、美丽乡村建设推动农业现代化

1. 发展农村生态产业，推进美丽乡村建设

(1) 发展乡村生态农业

发展生态农业，建设美丽乡村，适应农业农村发展的客观要求，是实施生态立市、低碳建市战略的必然选择，是建设美丽乡村的有效途径，是转变农业发展方式、发展现代农业的重大举措，是贯彻落实党的“十八大”提出的全面推进生态文明建设的具体体现。发展生态农业是转变农业生产方式的一个发展方向，生态的本质就是节能降耗，是现代农业发展模式，通过技术创新、制度创新、产业转型、新能源开发利用等多种手段，尽可能地减少能源消耗，减少碳排放，实现农业生产发展与生态环境保护双赢。生态农业是生态经济的有机组成部分，是对可持续农业、低碳农业、循环农业等现有农业发展模式的升华，其本质是低耗能、低污染、低排放、节约型、效益型、安全型农业。发展生态农业，建设美丽乡村，适应农业农村发展的客观要求，是建设美丽乡村的有效途径，是转变农业发展方式、发展现代农业的重大举措，是贯彻落实党的“十八大”提出的全面推进生态建设的具体体现。发展农村生态农业，开展美丽乡村建设中，应着重抓好以下几方面工作：

一是在农业投入品使用技术上，全面推广高效低毒低残留农药和生物农药、测土配方施肥技术，减少农业面源污染，不断提高秸秆、人畜粪便处理利用率。

二是在生产技术上，主推四大绿色农业生产技术：①免耕覆盖、秸秆还田、增施有机肥、种植绿肥等土壤有机质提升技术；②测土配方、

氮肥运筹、智能化精准施肥等提高化肥利用率（我国化肥利用率仅为40%，比国际平均水平低20%以上）的科学施肥技术；③选用高产优质抗逆新品种和色诱、性诱、灯诱“三诱”杀虫、生物导弹、生物天敌、物理防治、健身控害等绿色防控技术；④采后无害化处理、清洁化加工、标准化控制等绿色加工技术。

三是在生态农业发展上，大力发展以沼气为纽带的种养结合循环农业，以林下畜禽养殖、林下菌菜（药）种植、稻田养鱼、粮经间套作等为主要模式的立体农业，以农副产品综合利用、深度开发为主攻方向的高效农业，促进农业由单一业态向复合业态发展。

四是生态农业生产模式上，积极探索国内外盛行的生态农业生产模式主要包括有害品投入替代模式、节地模式、节水模式、节能模式、清洁能源模式、清洁家园模式、低碳农业、循环农业模式、产业链模式、农业观光休闲模式等生态农业模式。

《浙江省美丽乡村建设行动计划》指出，2011—2015 年浙江省建设美丽乡村、发展乡村生态农业的主要任务为：深入推进现代农业园区、粮食生产功能区建设，发展农业规模化、标准化和产业化经营，推广种养结合等新型农作制度，大力发展生态循环农业，扩大无公害农产品、绿色食品、有机食品和森林食品生产。大力推广应用商品有机肥，实施“农药减量控害增效”工程，促进农业清洁化生产，到 2015 年，肥料、农药利用率均比 2010 年提高 5% 以上，商品有机肥使用量提高 30% 以上，高效低毒低残留农药推广使用面积达 80% 以上，规模化畜禽养殖排泄物综合利用率达到 97% 以上，农作物秸秆综合利用率达到 80% 以上。

（2）发展乡村生态旅游业

与城市相比，乡村的优势在于良好的自然生态。美丽乡村建设尊重这种自然之美，充分彰显山清水秀、鸟语花香的田园风光，体现人与自然和谐相处的美好画卷。因此，在逐步渗入现代文明元素的同时，通过生态修复、改良和保护等措施，全面营造农村“天蓝、山清、水绿、地净”的优美环境，充分彰显乡村美丽的田园风光，体现天人合一、人与自然和谐相处的境界。通过诚信经营，发展以“青山、碧水、野趣”为特色、“现代文明、田园风光、乡村风情”于一体的旅游休闲经济，精心打造都市人向往的魅力乡村。

利用农村森林景观、田园风光、山水资源和乡村文化，发展各具特色的乡村休闲旅游业，加快形成以重点景区为龙头、骨干景点为支撑、“农家乐”休闲旅游业为基础的乡村休闲旅游业发展格局。实施“农家乐加快发展与规范提升”工程，强化“农家乐”污染整治，“农家乐”集中村实行村域统一处理生活污水，推广油烟净化处理等设备，促进“农家乐”休闲旅游业的可持续发展。

第一，坚持政府主导，强化政策支持。要提高农民对发展乡村生态旅游的认识，将乡村生态旅游打造成农村经济发展的平台，将其纳入社会与经济发展范畴，作为建设社会主义新农村的重要手段，列为发展农村经济的头等大事。坚持政府主导，动员各方力量积极参与，在人力物力上大力支持，分别在土地的利用与开发、科学规划、公共设施建设、农业科学技术普及、农副产品加工、服务质量、经营管理等方面，给予政策支持。进一步完善农村土地流转制度，坚持在“依法、自愿、有偿”的原则下，实行土地转让、出租、入股，加快农村土地向种植大户、承包能手集中，实现规模化生产、集约化经营。降低市场准入门槛，健全农村信用贷款和担保体系，引导农民大力发展个体私营经济，积极推动全民创业。积极培育主导产业，扩大与乡村旅游相关的短平快“名、特、优、新、稀”增收项目产品生产，提高农产品商品化、专业化水平。

第二，深入调查研究，进行科学策划。解决乡村生态旅游缺少精品旅游景区，旅游资源开发分散、规模小、品质不高、联系不紧密、缺乏对游客的吸引力和市场竞争力的问题。抓住本地特色、树立典型样板，针对不同乡村的资源分布，地形地貌，地理位置，交通线的分布，对乡村生态旅游资源进行科学规划，建立乡村旅游项目库，打造引人入胜的旅游商品，使其充分发挥经济效益。

第三，协调各业互动，合理开发项目。旅游业是一个综合性很强的可持续发展产业，它往往涉及工业、农业、林业、房地产、餐饮娱乐、交通、商业、科技、信息通讯、矿产业、工商税务、医疗卫生等不同产业。所以，只有以政府主导，旅游行政主管部门牵头，其他相关部门积极参与，将各方面的资源整合起来，才能形成一种可以利用和开发的旅游资源。

大力发展乡村旅游，对统筹城乡发展，加快新农村建设，促进农民就业，增加农民收入和满足市民旅游消费需求意义重大，乡村旅游已经成为旅游业新的增长点。

（3）发展乡村低耗、低排放工业

美丽乡村建设，产业发展是基础、是根本，只有通过产业发展才能使更多的农民富起来。靠山吃山，靠水喝水，美丽乡村建设只能因地制宜，用生态的理念，依托于特色优势，促进特色发展。

按照生态功能区规划的要求，严格产业准入门槛，严禁“二高一资”产业到水源保护区、江河源头地区及水库库区入户。深入实施“百家升级工程”，推动乡村企业到乡村工业功能区集聚，严格执行污染物排放标准，集中治理污染。推动“技术创新推进工程”和“落后产能淘汰推进工程”在农村的实施，推行“循环、降耗、再利用”等绿色技术，调整乡村工业产业结构。鼓励有条件的村建设标准厂房、民工公寓，发展农民技能培训服务中心、来料加工服务点和村级物业等，不断壮大村域经济实力。

推动乡村企业到乡村工业功能区集聚，加快转型升级步伐，积极调整产业结构，加强环境保护，严格执行污染物排放标准，促使工业污染得到全面治理，低耗、低排放的乡村工业快速发展。

2. 加强农村环境保护，改善美丽乡村环境

新农村建设最突出的是以改善生态、生产、生活环境为主的农村发展，也可以说是一场生态革命。从生态建设、环境保护和可持续发展的层次上看，它的基本任务和工作是培育农村生态产业、保护农村生态资源、治理农村生态环境，以此推进农村经济建设、文化建设、政治建设

与和谐社会建设。

建设美丽乡村是推动生态文明建设的具体体现，也为加强农村环境保护带来重大机遇。加强农村环境保护，关系广大农村居民切身利益，关系社会和谐稳定，关系农村的经济社会可持续发展。从落实科学发展观的高度，提高对农村环境保护工作重要性和紧迫性的认识，把农村环境保护工作摆在更加突出的位置，切实加大农村环境保护工作力度，制定行之有效的措施，各负其责、齐抓共管，全力解决农村环境问题，着力推进美丽乡村建设，加快推进生态文明建设。当前，农村环境保护工作要以美好乡村建设为契机，围绕"生态宜居村庄美"目标，加快建设资源节约型、环境友好型乡村，努力打造宜居宜业宜游的农民幸福生活美好家园①。

（1）切实加强农村饮用水源保护

加快推进"千万农民饮用水"工程，采取农村自建饮水工程和城市供水管网延伸等办法，全面解决农村饮用水安全问题。加大对饮用水源周边生活等污水处理达标排放力度，进一步加强农村集中式饮用水源保护区的污染防治和监管，依法取缔水源保护区内的直接排污口，严格限制水源保护区内的各项开发活动和排污行为，重点防治转入农村的无证高污染小企业，强化水源保护区内化肥、农药、畜禽养殖、水产养殖、生活垃圾和生活污水的监管和治理。推进农村集中式饮用水源保护区规范化建设，创建坑口塘等合格饮用水源保护区。建立和完善饮用水源保护区应急预案，强化水污染事故的预防和应急处理。加强对农村饮用水源地水质的监测、评估，及时掌握水质状况，采取有效措施，确保农村饮用水安全。

（2）大力推进农村生活污染治理

结合生态镇街、生态村建设，因地制宜开展农村生活污水、垃圾污染治理。加快编制实施环保基础设施城乡一体化建设规划，实现城乡环

① 《浙江省人民政府办公厅关于进一步加强农村环境保护工作的意见》（浙政办发〔2009〕111号）。

保基础设施统筹规划、同步建设、资源共享。完善生活垃圾收集、清运和垃圾处理系统，加快垃圾填埋场等垃圾处理场建设，进一步改造提升城乡垃圾一体化处置体系，提高生活垃圾无害化处理能力。健全村庄环卫长效保洁管理制度，建立健全“户集、村收、镇街运、区域集中处理”的农村生活垃圾处置机制，推进农村环境保洁制度化、长效化。加快城镇污水处理厂建设，推进污水管网改造，完善污水收集网络。加强城镇污水处理设施及管网日常运行管理，着力提高污水处理厂运行负荷率和稳定达标率。加大对“农家乐”产业的环境污染监管力度，新建“农家乐”产业项目必须建设污水处理设施，现有“农家乐”经营场所要落实污染防治措施。继续以“千村整治、百村示范”、温瑞塘河整治、生态镇村建设等为抓手，多方式推进广大农村的生活污水治理，改善农村生态环境。

（3）加大农村工业污染防治力度

严格执行生态环境功能区规划和产业政策，严把建设项目准入关，逐步淘汰落后产能，从源头上控制农村污染。加强农村新建项目的审批管理，严格执行环境影响评价和“三同时”制度，防止城市工业污染向农村转移、污染严重的企业向边远农村转移。加大环境违法行为的打击力度，切实防止污染企业“上山下乡”和“十五小”、“新五小”在农村死灰复燃。加快农村工业企业布局和产业结构调整、优化升级，大力引导农村中小工业企业向工业园区集中，实行污染物集中治理。对影响、干扰农村居民工作、生活的污染源，实施限期整改或搬迁；对不按规定进行环保审批、没有建设污染处理设施和不能达标排放的违规企业，坚决整治或关停、取缔。加强对农村工业企业废水、工业固废、医疗废物和危险废物收集处置的监管。

（4）加强畜禽水产养殖污染防治

结合区域实际，科学划分和调整禁养区、限养区。禁养区禁止建设畜禽养殖场、养殖小区，已建成的限期关停搬迁；限养区内严格控制规模，不得新建、扩建，已有的畜禽养殖场要进行限期治理，逾期未治理达标的，依法予以关闭。水源保护区、生态敏感区内的散养场要严禁直排，污染严重、群众反映强烈的散养场要关、停、转、迁。积极推行规模化畜禽养殖场排污申报登记和排污许可证制度，对于新建、改建、扩建的规模化畜禽养殖企业必须严格执行环境影响评价和“三同时”制度，对现有超标排放污染物的，进行限期治理。积极引导在适宜地点建设养殖小区，对污染物进行集中治理，实现畜禽养殖废弃物的减量化、资源化、无害化。开展对畜禽养殖场的联合监督检查，每年至少组织开展1次以上的联合专项检查，依法查处畜禽养殖场的各种环境违法行为。建立规模化畜禽养殖场污染源信息库。开展水产养殖污染调查，根据水体承载能力和水环境的功能要求，按照布局科学，规模适度，结构合理的原则开展水产养殖。加强对库区、河塘水产养殖的监管，严格控制养殖规模，一级饮用水源保护区内禁止从事人工投饵性鱼类网箱、围网等水产养殖，集水区内严格限制特种水产养殖①。

（5）控制农业面源污染

调整农业产业结构，大力发展高产、优质、高效、生态、安全农业。积极实施“农药减量控污增效工程”，调整优化化肥使用结构，推广使用有机商品肥和测土配方施肥技术，着力提高肥料利用率。引导农民使用生物农药或高效、低毒、低残留农药，推广病虫草害综合防治、生物防治和精准施药等技术。认真做好污染源普查和土壤污染状况调查，摸清污染状况，加强土壤污染的监测和重点污染源的监管，着力提高农业面源污染的监测与防治能力。大力实施“沃土工程”，编制土壤污染防治规划，开展污染土壤修复和综合治理。加强对工矿废弃地的污染监管，严格控制有毒有害物质影响耕地。

（6）深入开展河沟池塘整治

开展农村河沟池塘清淤、清洁等水体生态修复行动，恢复和重建湿地生态系统，提高水体生态功能。加快河道建设和农村河沟整治进程。以河道疏浚、打通卡口为重点，以村为单位，对现有河道进行清淤、驳

---

① 《浙江省人民政府办公厅关于进一步加强农村环境保护工作的意见》（浙政办发〔2009〕111号）。

坎、绿化等建设改造，保持河道水域面积稳定，增强蓄水、排涝能力。加强执法监管，严厉打击侵占河道、随意填埋或改变河沟池塘用途的行为。建立健全河道保洁长效管理机制，以生态区建设、“千村整治、百村示范”工程和新农村建设为载体，重点做好水葫芦和水面漂浮物打捞清理工作。

（7）加强农村自然生态保护

把农村自然生态保护作为环境保护工作的重点工作来抓，维护自然生态保护良好的自然生态环境，维持生态系统功能稳定。加强对矿产、交通、旅游、水利、林业等资源开发活动的环境监管，努力遏制人为生态破坏；继续实施生态公益林等工程建设，切实提高森林覆盖率。加快水土保持生态建设，保护农村生物多样性。积极推进农业农村废弃物循环利用和清洁能源利用。深入开展“绿色示范村”创建工作，开展村庄道路、水体沿岸和庭院绿化，着力提高村庄绿化率，建立健全绿化管护长效机制，巩固绿化成果。深入开展生态区、生态镇街、生态村，卫生镇街、卫生村和绿色系列创建等活动。大力推进生态文明建设，着力改善生态环境，大力弘扬生态文化，不断完善生态体制。

3. 加大农业技术研发，提高农业科技支撑水平

科学技术是第一生产力，只有依靠科技进步、技术创新，才能在发展经济的同时，做到资源合理利用，环境有效保护。农村生态环境建设中面临的一个突出问题是缺乏简便易行、经济实用的相关适用技术。要把农村环保技术、生态技术作为科技攻关的重要方面，切实加强生态农业、农村污水处理、水源污染防治、土壤修复、秸秆综合利用等方面的技术攻关和推广使用。研究推广农村环保新技术，要充分考虑农民的接受程度和使用成本，尽量方便操作、高效实用，切不可贪大求洋、背离实际。要大力抓好环保技术的示范、培训和推广，把各种先进适用技术送到基层村组和广大农民手中，为改善农村环境和促进粮食增产、农业增效、农民增收服务。

农业科技是提高农业综合生产能力和竞争力的重要支撑，也是提高

农村生产力和实现农民生活宽裕的重要保证。健全完善的农业科技服务体系，是推广和应用先进农业科技、推动农业科技进步的重要保障。从建立完善农业科技服务长效机制出发，推动农业经济的快速发展，要着力抓好以下“五点”：

（1）深化农业科技体制改革

抓好农业和农村经济结构调整，坚持走“公司 + 科技 + 农户”的发展道路，以公司为龙头，以高科技为手段，推动传统农业向产业化、现代化、标准化农业转变。完善以政府为主导，科技人员、农民、企业家等广泛参与的多元化农业科技推广体系；建立以农业科技园区为载体的农业科技创新基地；发展作为农业技术创新主体的农业企业为主要内容的新型农业科技创新体系；建设跨区域、跨学科、跨专业的创新团队，积极探索以任务分工为基础，权益合理分配和资源信息共享为核心，项目为纽带的协作攻关机制；建立科技人员能进能出、职称能上能下，有利于农业科技人才脱颖而出、施展才能的选人机制；鼓励农业科技人员大胆创新、创业和深入农村第一线的激励机制。

（2）强化农业科技组织建设

根据农业发展的实际需要和今后发展的方向，强化科研、管理、推广、服务队伍建设，逐步形成队伍精干、管理有序的新型农业科技创新队伍。一是转变乡镇工作重心，打造服务型政府，健全农业科技管理体系。各乡镇要成立农业科技工作领导小组，明确分管领导和工作人员，专门从事农业科技工作的组织协调。二是健全推广运行机制。整合涉农科技推广机构，完善充实农业科研生产第一线和科技力量，设立综合性农业技术服务机构，专门从事农业科技成果的引进、试验、转化、及推广工作。三是完善农业科技社会化服务体系，既要积极培育和发展农村合作经济组织、农民专业协会，建立新型农业社会化服务组织；又要积极培育和发展农业科技企业，把农业生产和市场紧密结合的特点，推进农业科技成果产业化。四是培养高精尖农业科研人才，完善农业科技自主研发体系。彻底改革农业科研的立项、申报、资金拨付制度，建立农业科研成果评价机制，实施农业项目资金的直接拨付制度，减少中间周转化环节，最大限度地发挥资金使用效益。

（3）创新农业科技服务方式

建立一个灵敏高效的农业科技服务体系，才能更好地推动农村经济快速发展。一是健全农业科技服务网络。稳定农业技术推广队伍，提高素质，向知识化、综合化和实用化转变；拓宽服务领域，向产前拓宽，向产后延伸“联姻”，走产、学、研结合的路子，为农民提供全方位、集成化的服务；鼓励龙头企业通过给信息、供技术、建基地、搞示范、抓流通，为农民提供系列化服务。二是搞活市场和流通。进一步加强农产品市场、水果批发市场和城乡农贸市场建设，重视市场的研究和开拓，走以销定产的路子，力争在大中城市建立农产品销售窗口，扩大农产品销售渠道。发挥市场机制在资源配置中的基础作用，按照谁投资、谁所有、谁受益的原则，吸纳社会资本加强市场硬件建设，形成产地市场、批发市场、集贸市场相配套的市场网络，建立起纵横交错、上下贯通、左右连接的农产品大流通体系。鼓励商贸企业、农村大户发展农村现代流通业，形成集农产品收购、运输、储存、加工、配送等功能于一体的新型流通业。三是大力规范发展农村中介服务组织。通过引入市场机制，实行企业化经营，为农户提供生产过程特别是农产品销售加工等方面的服务。

（4）加大农业科技推广力度

要大力改进农业科技改变投入方式，把招投标机制引入农业科技创新和推广项目中。对县域每年拟推广的农业先进技术和农作物畜禽良种等项目，把资金任务捆绑在一起使用，明确实施范围时限、工作目标效果、政府投入资金数额，承担项目所需的资质等，面向各类农业科研推广机构和人员公开招投标，由专家、领导干部和基层群众综合评选，确定中标单位，谁中标，谁实施，谁支配资金。项目实施完成后，由政府组织评审委员会进行评估鉴定。以此提高政府投入资金的使用效益和农业科技的效果。另外，要积极鼓励农业科技人员以不同方式从事农业开发和科研项目，承包林场、农场，建设农业科研基地，创办都市农业园区，领办农业龙头企业和合作经济组织，开展有偿科技服务等活动，以自己的实际行为带动农民学科技、用科技，通过科技进步增加收入。

（5）加强科技成果转化和应用

一是加强农业科技成果转化与市场结合。科研和推广人员要树立起强烈的市场意识，研究开发和推广有市场前景和发展前途的成果，再依据市场反馈信息指导下一步工作，以形成研究、开发、推广、转化的良性循环。二是加强传统农业生产方式和现代农业生产技术的结合。要因时制宜、因地制宜，用以物化的技术，适宜个体、集约经营的技术来增强生产能力。三是强化农业科技成果与区域产品相结合。农业科技成果产业化是科技与经济结合的多层次的科技经营活动，是农业科技直接进入农业与农村经济的重要途径与模式。加速科研成果转化为现实生产力，要与区域农产品紧密结合，深化农产品精深加工，提升农产品科技含量，提高农产品附加值，形成产业链条，实现农产品有效供给，增加农民收入。

4. 完善农村基础设施，提升农民生产生活条件

省、市政府加大对美丽乡村的扶持力度，同时应加大对农村基础设施的投入。只有基础设施得到完善，建成美丽乡村的目标才能真正实现。坚持改善农田基础设施、农业生产设施和农场生活设施联动，大力推进农田园区化，推进工业化成果和工程技术应用，进一步提升农业生产条件。

（1）改进农田基础设施

实施农田质量提升工程，推进土地整理，改善农田排灌体系、电力系统和田间操作道，普及测土配方施肥，推广绿肥种植和增施有机肥，改造中低产田，建设一批旱涝保收高标准农田。严格保护耕地，加强标准农田占补管理，强化地力监测和培育，确保基本农田数量不减、质量提高。

（2）改进农业生产设施

实施农机化促进工程，健全农机科技创新与推广体系、教育与培训体系、质量与安全管理体系和社会化服务体系，强化农机化示范区和产业集聚区建设，加强先进适用农机装备研制推广，拓展设施装备应用领域。加快发展设施农业，扩大钢架大棚、避雨栽培、防灾减灾和畜禽饲养、储料等设施应用，推进粮油和主导产业生产机械化。改进产后处理设施，推广应用粮食烘干加工、农产品清选分级、储运保鲜等设施设备，完善农产品市场冷链系统，提高农产品附加值。

（3）推进生态家园建设

全面提升村庄整治和农房改造建设水平，是改善农村生态环境、建设生态家园的重大举措。随着农民收入的不断增加，农民对居住条件和村庄环境有了新的追求，从过去希望有完备的公共基础设施、宽敞的个人住房、洁净的周边环境提升为渴望有良好的公共服务、和谐的生态环境和美好的生态家园。根据新时期城乡经济社会变化的新特点，拓展村庄整治建设的内涵和领域，改进农房改造建设方式，不断优化农村生态环境，加快转变农村生产生活方式，提升农村人居环境、卫生环境和人文环境的质量，促进农村人口与自然和资源环境和谐相处，把农村建设成为环境友好、富裕文明的生态家园（孙建国，2010）。

全面提升村庄整治和农房改造建设水平，以改善农村基础设施为重点，改进村庄整治和农房改造建设方式，着力打造农村优美生态环境。一是在工作范围上加大整线连片推进力度。各地要在村庄整治和农房改造建设计划安排上凸显连线成片，避免打星星点点的“游击战”，尽快实现点线面结合、由点及面推进。要统盘考虑农房改造建设，努力提高村庄整治和农房改造建设的整体效应，从整体上改善农村环境面貌。二是在工作内容上要突出重点难点，有序开展项目建设。特别是整治方面，要把握村庄整治各个项目的特点，按照先实施污水处理、卫生改厕，后实施道路硬化、垃圾处理的顺序，扎实开展村庄整治项目建设。三是在成果巩固上强化机制保障。要坚持管理与建设并重，加快建立设施运营养护工作筹资机制和运行机制，从人员、制度、职责、经费等四个方面入手，强化村庄卫生保洁、设施维护、绿化养护和墙体保护等工作，巩固和扩大村庄整治和农房改造建设的成果。

5. 加大城乡统筹力度，实现“四化”同步发展

坚持环境友好、建设美丽乡村，突破点是“四化同步”，助推农业现代化。“四化同步”是新形势下推动现代农业科学发展、跨越发展的必由之路。应围绕现代农业产业体系建设，以工业化为支撑、以信息化为动力、以城镇化为依托，加快农业现代化和社会主义新农村建设步伐。这就必须充分发挥信息技术在现代农业发展中的作用，加强农村信息基础设施建设，不断完善农业信息服务平台，推动信息技术在现代农业生产经营领域中的集成运用，提高农村信息化水平。从实践意义认识，建设美丽乡村，应大力推进区域生态经济发展，以工业的理念和环保的要求，促进龙头企业特别是乡镇农工企业、涉农企业做大做强，充分发挥工业对农业现代化的支持作用。同时，充分发挥城镇的产业引领、规模化带动效应以及在吸引资金、更新技术装备和提升劳动者综合素质等方面的作用，实现城镇化与农业现代化相协调，构建美丽乡村的建设格局、现代生态农业发展格局和区域生态文明格局，着力破除城乡二元结构，着力提高农业现代化水平，建设农民幸福生活的美丽家园，推动城乡发展一体化（赵振国，2012；骆敏等，2012）。

（1）推进新型工业化

着眼推动发展、改善民生、吸纳就业，把新型工业化作为城乡统筹发展的第一方略，坚持先进制造业、现代服务业和新兴产业协调发展，支持国有经济、民营经济和外资经济竞相发展。不断赋予工业企业和产业更多市场化、现代化、信息化内涵，推动劳动密集型、资本密集型、技术密集型和信息密集型企业和项目优化发展。制定符合实际的工业发展规划和高效农业改造计划，重点把政府和社会投资优先转向强度低、污染少、见效快、就业度高的中小型工业项目，加快建设形成富有区域特色、产业朝气、亦城亦乡的农村先进产业，把农民群众热心参与新农村建设的积极性凝聚到产业链上来。

（2）推进新型城镇化

结合区域发展和产业优化，积极实施以要素集聚、产业联动、利益共享、有利于就业创业为导向的新型城镇化发展战略，抓好城乡中长期发展规划、基础设施、生产力发展和生态保护的对接，形成布局合理、功能完善、分工有序、开放互通的城乡发展格局。支持扩大县级主城区面积，加快形成以城市群为纽带、中心城市为龙头、县级城市为骨干、重点中心镇为依托、富裕中心村为支撑的城镇化体系，不断增强城市（镇）的向心力、辐射力和承载力。要不断提升城市发展规模和水平，树立差别化城镇发展理念，保障县级城市优先发展，引导中心城市全面发展，努力将更多重点中心镇培育成中小规模城市，积极探索有条件的富裕村就地城镇化的新路子。

（3）推进农村教育现代化

把农村劳动力转移作为实现城乡统筹发展、促进农村资源特别是土地资源整合的重要前提，长期坚持和大力培育。坚定不移实施科教兴国战略，加大对农村教育的投入力度，加大农村人力资源开发，推动农村劳动力转移由数量型向质量型转变，积极承接大中城市吸收农村劳动力转移的素质压力，努力实现农村劳动力转移的主要形式由以进城务工和创业式的低层次向经过职业技能培训和高等教育式的高层次转变，使更多农村劳动力通过接受系统培训和高等教育的途径转化为在城市（镇）能立住脚跟并能发家致富的新市民。要积极创造条件，探索户籍制度改革，促进农村劳动力转移。

（4）推进农业规模化

农村发展滞后的关键在于，小农经济经营模式制约了农村生产力的解放与发展。要把解决农村分散经营问题作为实现城乡统筹发展的关键环节，继续健全完善农村土地承包管理制度，制定中长期农村土地流转规划，在坚持土地所有权的基础上，不断激活经营使用权，逐步提升农业生产经营的规模度，不断提高农业劳动生产率。随着城乡生产力水平的提高，引导农村土地经营不断实现户级规模经营、村（组）级规模经营、镇级规模经营乃至县市级规模经营，使新型城镇化、新型工业化、农村劳动力转移每上一个大台阶，土地规模经营就提升一个规模经营档次。

五、推动美丽乡村建设和农业现代化的对策建议

1. 注重规划引领，完善美丽乡村建设规划

科学规划是龙头，坚持规划先导，把编制高水平的规划作为全面推进美丽乡村建设的基础工作。浙江省坚持把规划工作作为村庄整治建设的前提，使规划体现地域特色、传承历史文化、反映时代特征、引领科学发展（汪彩琼，2012）。

（1）高标准编制规划，把握整体性

坚持全域规划理念和“人口向县城、中心镇、中心村集聚，产业向工业园区、现代农业园区集中，农村环境整治向美丽乡村目标推进”的总导向，把城乡作为一个有机的整体，统筹村庄布点、精品线路、中心镇、中心村等区块布局，实现城乡规划一张图、建设一盘棋。按照不规划不设计、不设计不施工的理念，要求市县在工程初期用七分力量抓规划、三分力量搞建设。

（2）高起点挖掘资源，把握特色性

编制新农村生态建设规划，既要站在统筹城乡发展的战略高度，实行城乡统一规划，考虑农村城镇化建设发展格局，又要站在农村自然和文化发展脉络的角度，尊重农村的实际和特点，做到人与自然的和谐相处，把新农村建设与农村生态建设相结合，使生态建设有法可依、有章可循。规划的编制要分别提出长期、中期、短期的工作目标、任务和措施，做到立足当前、着眼长远，科学合理、切实可行，要明确不同区域的功能定位和发展方向，将区域经济规划和环境保护目标有机统一起来，并根据环境容量、自然资源状况分别采取优先开发、重点开发、限制开发、禁止开发策略，形成各具特色的发展格局，要充分听取广大村民的意见，经过村民代表大会讨论通过，乡级人民代表大会形成决议。

2. 创新体制机制，狠抓规划目标任务落实

（1）建立有效领导体制

建立党政主导、部门协作、纵向到底的领导体制，加强组织领导。县委、县政府专门成立“美丽乡村”工作领导小组和办公室。每年年初根据整体规划确定年度重点乡镇、重点村和重点项目，做好督察指导、考核验收工作。实行县领导联系创建村制度和部门与乡镇、村结对帮扶制度，落实建设目标任务，实行部门与乡镇捆绑制考核。

（2）建立考核评价机制

建立分类定位、激励为主的考核评价机制，加大对美丽乡村建设的投入。按建设美丽乡村考核指标与验收办法，实行百分制考核和财政“以奖代补”的激励政策。根据功能定位，将乡镇划分工业经济、休闲经济和综合3类，设置个性化指标进行考核。对美丽乡村创建村，根据考核评定，分精品村、重点村和特色村3个等级进行奖励。

（3）创新农村发展保障机制

创新农村发展要素保障机制，为美丽乡村建设创造条件。建立全县土地承包经营权流转管理服务中心，改革集体建设用地使用权取得和流转制度，加大农地、林地土地流转力度。率先开展农村土地整村整治工作，鼓励盘活集体闲置土地和资产，壮大村级集体经济实力，专项安排美丽乡村建设用地指标。积极探索美丽乡村建设投融资体系创新，引导金融机构增加对美丽乡村建设的信贷投入。

3. 发挥生态优势，实现经济环境目标双赢

（1）生态经济化：生态资源要转化成经济资源

农村的经济发展较落后，基础较差，但生态优势明显，生态经济潜力突出，应把大力发展生态经济作为培育区域竞争力的有力抓手，将起点放在“个性优势”上，构筑生态产业平台，大力发展生态农业，培育生态工业，拓展生态旅游业，形成有区域特色、有较强竞争力的生态经济发展新格局。

第一，引导和鼓励农民发展生态农业，加快农业产业化。生态农业

发展的重心主要在于：发展循环农业，推广秸秆气化、固化成型、发电等技术，开发生物质能源，开发适合农村特点的风能、太阳能等清洁能源。发展节约型农业，推广节地、节水、节肥、节药、节种型农业和集约化生态养殖业，提高农业投入品的利用效率，坚持清洁生产、安全生产，实现农业可持续发展。主要途径包括：①根据自然禀赋，发展特色农业。浙江省山川地理复杂多变、生物种质资源丰富多样、农耕文化历史悠久，各地都有不少开发价值很高的特色资源。可在努力保持基本农田面积和粮食生产能力稳定增加的前提下，以当地富有特色的土壤、气候、生物资源为依据，运用适当的科学技术，发展特色产业。特色农业其实是一种与规模农业相衔的效益型现代农业，以顺应自然环境、不任意移置生物种群或者随意扩大生产规模、可以永续发展并取得特殊效益为特征。②集约经营庭院，培育精细产业。庭院经济以农家庭院为中心，充分利用庭院土地、庭院环境、庭院小气候、庭院文化、庭院产生的可转化为有机肥料的人畜粪便和生物质垃圾，以及紧靠生活场所便于经营管理和利用富余劳动力、闲暇劳动时间等有利条件，把农业生产过程与居住环境建设有机结合起来，以获得最大的经济、社会和生态效益。庭院产业既是推动农业农村生态化发展的一项措施，也是农业农村生态化发展的一项精品。③推广立体种养，充分利用时空。利用不同作物的不同特性和生长时空差，科学安排间种、套种、混种、复种、轮种，形成多作物、多层次、多时序的立体交叉结构，不仅可以高效利用时间空间，而且通过生物种群（植物、动物、微生物）的相互作用，减少农药化肥施用量，降解部分残留化肥、农药。科学安排种植业与养殖业耦合，能将食物链条连接起来，实现物质与能量的良性循环和多级利用，促进生态平衡。④传承优良习俗，赋予科学内涵。应当肯定，传统农业农村与自然生态系统是比较和谐的，我国数千年农耕文明积累的一些生产生活方式，如垃圾凼沤、雏禽捉虫、土坯建舍、生活污水与人畜粪便熟化成为有机肥料等，都符合生态发展理念，要逐一加以研究，赋予新时代新科技内容，将其改造成为推进农业农村生态化发展的途径与方法。

第二，培育和壮大农村生态工业，促进农村经济发展。发展农村生态工业的核心任务是以农产品资源开发为基础，以大企业产业转移扩张为契机，以乡镇工业园区建设为重点，加强产业链条的衔接互通，增强农村产业发展抵御风险的能力和市场竞争力。主要途径包括：①充分利用粮食、畜禽、果蔬等农产品资源，发展农产品加工业，逐步形成完整的农业产业体系，提高农产品附加值；②鼓励和支持符合产业政策的中小企业发展，引导中小企业融入大型企业和企业集团的分工协作体系，利用大型企业集团和优势企业的市场份额及技术支持，增强其发展能力；③积极创造条件，开展乡镇工业园区规划建设，完善服务功能，加大招商引资力度，积极承接发达国家和地区的产业转移，引导各类企业和生产要素向园区汇集，实现农村产业集聚化、规模化发展。

第三，开发农村旅游资源，发展农村特色生态旅游业。农村生态旅游是以广大农村地区资源为特色，以农民为经营主体，以农业旅游资源为依托，以旅游活动为内容，以促进农村发展为目的的社会活动，对于农村农业、经济、文化、环境等诸方面的发展都具有重要的现实意义。因此积极开发农村旅游资源，发展农村生态旅游业，是加快农村生态经济化的一个重要战略举措。农村生态旅游开发应重点实施特色项目开发，包括：①开发特色休闲农业。结合各地区的特色农业优势，有针对性地进行农业产业开发，加快转变农村经济增长方式，推动农村产业结构的高级化。根据不同类型的农业资源优势，以特色经济为主导，把特色休闲农业放在优先发展的位置。休闲农业是一个集第一、二、三产业于一体的复合产业，它的发展能促进城乡文化的交流与融合，带动农村经济的发展，同时也给农村带来了新的理念和新的经营方式，为解放农民思想、开阔农民视野起到了极大的促进作用。②依托丰富的自然、人文资源优势，开发有特色的自然与人文旅游资源。一方面以自然风景区、自然保护区为依托开展以农家乐、家庭式旅游为主的景区与农户联动发展的战略；另一方面以历史文化名镇、名村与非物质文化遗产等文化资源开发为主开展农村文化之旅。③通过合理规划园区布局、开发新品种、引进新技术和新的经营管理体制，推动有机农业与旅游业的结合，把科技示范园建成具有有机农业、生态旅游观光、生态休闲度假等多项功能的有机生态旅游园。

（2）经济生态化：农业生产和农村生活要生态化

农业是人类生存的基础，农村是生态建设和社会管理的大头。随着我国现代化的快速推进，农业、农村已经成为生态破坏环境污染的重要源头和受害重点。在亟待改善农业、农村环境与持续提高农业生产能力和农民生活水平的矛盾冲突中，“经济生态化”成为农业、农村的必然选择。“生态化发展”强调用生态理论指导农村生产生活，其基本内容是：根据自然生态规律、区域自然条件和经济发展水平，按照“整体、协调、循环、再生”的原则，系统规划合理组织农业生产和农民生活，因地制宜运用现代科学技术，充分吸收传统农业技艺和农民生活精华，因势利导开发利用自然资源，努力争取生产生活生态和谐共荣。具体可从以下几方面着手推进。

第一，构建循环高效的产业体系，运用生态学规律来指导经济活动，按照清洁生产的方式，对资源及其废弃物实行综合利用，把经济活动组成一个“资源→产品（废弃物）→再生资源”的反馈式流程，具有能循环、高效率、少（零）排放的特点，从而达到资源节约增效和生态环境保护的目标，形成以高效生态农业为基础、环境友好型工业为重点、现代服务业为支撑的循环高效产业体系。一是按照高效、生态、特色的原则，大力发展高效生态农业。二是坚持走新型工业化道路，积极发展环境友好型工业，以园区为载体，大力普及循环经济和绿色生产，提升产业整体素质。三是按照市场化、产业化、社会化的方向，重点发展生产性服务业，积极发展消费性服务业，加快构建结构合理、功能完备、特色鲜明的现代服务业体系。四是强化人才和科技支撑，加强各类专业技术人才培育，加大技术研发和产业化投入力度，为建设循环高效的产业体系提供人才和科技保障。

第二，建立集约利用资源的开发模式，树立生态亦是资源的理念，积极探索资源节约和持续利用的有效途径，完善资源开发保护的长效机制，推进土地、水、矿产和海域资源的高效利用。按照生态亦是资源的理念，推进生态资源产权界定工作，建立使用生态资源付费制度，推进生态补偿机制建设，同时，在保护生态的前提下，积极推进生态衍生资源以及与生态资源具有密切联系的相关资源的开发利用。在资源开采环节，大力提高资源综合开发和回收利用率，同时加强对资源开发地的生态修复治理，尽可能减少生态破坏；在资源加工环节，大力提高资源利用效率，尽可能减少废物排放甚至实现零排放；在资源废弃物产生环节，大力开展资源综合利用；在再生资源产生环节，大力回收和循环利用各种废旧资源；在社会消费环节，大力提倡绿色消费。

第三，形成规范有序的空间开发格局，按照主体功能区的发展理念，依据不同区域的功能定位、资源环境承载能力、现有开发强度以及未来的开发潜力，统筹考虑生态保护、经济布局和人口分布，优化空间开发秩序和格局，形成集约开发区、控制开发区和核心保护区合理布局的总体框架，引导城市地区、农村地区和生态地区协调发展。对于集约开发区，按照“点状开发”的原则，着力发展生态产业和循环经济，促进产业的集中布局和集约发展。控制开发区主要包括承担水源涵养、水土保持、防风固沙和生物多样性保护的重点生态功能区，可因地制宜发展农副产品生产和加工、观光休闲农业等产业，在资源环境承载能力相对较强的特定区域，适度发展低消耗、可循环、少排放的生态工业。核心保护区主要包括有代表性的自然生态系统、珍稀濒危野生动植物物种的天然集中分布地、有特殊价值的自然遗迹所在地和文化遗址等，要严格限制各类开发建设活动，稳定生态系统结构，维持生态服务功能，构筑生态安全屏障。

4. 培育乡村文化，促进美丽乡村社会和谐

农村的主体是农民，只有农民行动起来，让农民群众真正在思想深处树立生态理念，使环保生态成为自觉遵循，农村生态环境建设才会成为有源之水、有本之木。要进一步加大宣传教育力度，建立公众参与机

制，让农民群众充分认识搞好生态环境建设的重要性，增强对相关知识的了解，调动他们参与农村生态建设的积极性和主动性。充分运用广播、报纸、黑板报等形式，加大生态知识宣传力度，培养农民的生态意识和可持续发展意识，引导他们掌握科学生态的生产方式，养成积极健康的行为习惯。积极探索村民自主管理的途径，组织引导农村干部群众参与管理，通过完善村规民约、聘请义务监督员等方法，加强巡查，及时管护，为全面改善农村生态环境提供有力保证。按照“乡风文明身心美”的要求，以提高农民群众生态文明素养、形成农村生态文明新风尚为目标，加强生态文明知识普及教育，积极引导村民追求科学、健康、文明、低碳的生产生活和行为方式，增强村民的可持续发展观念，构建和谐的农村生态文化体系。

（1）培育特色文化村

编制农村特色文化村落保护规划，制定保护政策。在充分发掘和保护古村落、古民居、古建筑、古树名木和民俗文化等历史文化遗迹遗存的基础上，优化美化村庄人居环境，把历史文化底蕴深厚的传统村落培育成传统文明和现代文明有机结合的特色文化村。特别要挖掘传统农耕文化、山水文化、人居文化中丰富的生态思想，把特色文化村打造成为弘扬农村生态文化的重要基地。

（2）开展宣传教育

深入开展文明村镇创建活动，把提高农民群众生态文明素养作为重要创建内容。深化开展“双万结对共建文明”活动和农村“种文化”活动，开辟生态文明橱窗等生态文化阵地，运用村级文化教育场所，开展形式多样的生态文明知识宣传、培训活动，形成农村生态文明新风尚。

（3）转变生活方式

结合农村乡风文明评议，开展群众性生态文明创建活动，引导农民生态消费、理性消费。倡导生态殡葬文化，全面推行生态葬法。

（4）促进乡村社会和谐

全面推行“村务监督委员会”制度，进一步深化“网格化管理、组团式服务”工作，积极推行以村党组织为核心和民主选举法制化、民主决策程序化、民主管理规范化、民主监督制度化为内容的农村“四化一核心”工作机制，合理调节农村利益关系，有序引导农民合理诉求，有效化解农村矛盾纠纷，维护农村社会和谐稳定。

5. 拓展融资渠道，保障美丽乡村建设

搞好农村生态环境建设，必须有充足的资金作保障。要加大公共财政投入，着眼于农村可持续发展，尽可能地将有限的财力向农村生态环境建设倾斜。针对农村生态环境建设中存在的问题，在科学规划的基础上，与国家支持项目相结合，千方百计争取上级资金支持。广泛动员社会力量，特别是发挥好龙头企业和农合组织的作用，引导其增加农村生态环境建设方面的投入，使企业发展与农村生态建设相得益彰、互促共赢。建立多渠道筹资机制，整合项目资金，加大资金投入，保障美好乡村建设顺利实施。

（1）加大对“三农”项目的财政补助

逐步提高财政预算中的农村生态环境建设支出比例，并优先纳入国民经济社会发展规划和新农村建设规划。研究制定支持农村循环经济发展和节约型新农村建设的财税和收费政策。加大公共财政对农村资源节约管理和农村节能改造的支持力度，对一些节约资源、发展循环经济的重大工程项目和技术开发、产业化示范项目给予直接投资或资金补助、贷款贴息等支持。积极探索农村生态资源有偿使用和生态环境恢复补偿办法，加大对生态良好地区的财政转移支付力度。

（2）鼓励社会资金投入农村生态建设

走生态建设和污染防治产业化、市场化、社会化之路，建立和完善政府引导、企业推进、公众参与的多元化投入机制。农民增收、生活宽裕是建设新农村的基本要求，建立和完善龙头企业与农户的利益联结机制，有助于农户从产业化经营中受益。龙头企业和农户可以根据实际情况选择不同的利益联结方式。要积极发展订单农业，形成相对稳定的购销关系；有条件的也可以确定最低收购保护价，或将部分加工、销售环节的利润返还给农户；在自愿互利的前提下，还可以通过股份制、股份合作制等形式，在产权上结成更紧密的利益共同体。要积极探索风险保障机制，提高农户抵御自然和市场风险的能力，努力使农民稳定分享整个产业链的平均利润。

（3）创新农村金融，引导金融资本进入新农村建设

加快推进农村金融体制改革，着力打造多层次广覆盖可持续的农村金融体系。构建适应“三农”特点的农村金融体系，是提升“三农”金融服务水平的基础和前提。目前，农村地区金融体系不健全，银行、证券、保险业发展不协调，金融机构网点覆盖率低，种类不齐全，供给不充足，竞争不充分，甚至不少地区还存在服务空白，严重影响了支农服务效果。因此，针对农村金融需求多样化的特点和社会主义新农村建设的需要，必须积极培育分工合理、投资多元、功能完善、服务高效的农村金融机构，通过拓宽政策性银行支农功能，强化商业银行支农社会责任，发挥农信社主力军作用，培育各类新型农村金融机构，规范引导民间金融健康发展，着力构建多层次广覆盖可持续的农村金融体系。

【参考文献】

［1］张俊伟：“浙江省‘千村示范万村整治’的成效和经验”，《科学决策月刊》，2006 年第 8 期。

［2］江泽民：《全面建设小康社会，开创中国特色社会主义事业新局面——在中国共产党第十六次全国代表大会上的报告》，人民出版社 2002 年版。

［3］胡锦涛：《坚定不移沿着中国特色社会主义道路前进，为全面建成小康社会而奋斗——在中国共产党第十八次全国代表大会上的报告》，人民出版社 2012 年版。

［4］杨晓蔚：“安吉县‘中国美丽乡村’建设的实践与启示”，《新农村建设》，2012 年第 9 期。

[5] 邹志平："安吉中国美丽乡村模式研究"，复旦大学硕士学位论文，2010 年。

[6] 葛学斌："遂昌：全力打造'中国洁净乡村'"，《浙江经济》，2011 年第 7 期。

[7] 孙建国："打造生态家园，建设美丽乡村"，《政策瞭望》，2010 年第 11 期。

[8] 赵振国："坚持'四化'同步，城乡统筹发展"，《现代管理》，2012 年第 1 期。

[9] 骆敏、李伟娟、沈琴："论城乡一体化背景下的美丽乡村建设"，《太原城市职业技术学院学报》，2012 年第 3 期。

[10] 汪彩琼："新时期浙江美丽乡村建设的探讨"，《浙江农业科学》，2012 年第 8 期。

（**本章执笔：**王颖、沈满洪）